KB043386

정조가 만든
조선의 최강 군대
장용영

정조가 만든
조선의 최강 군대

장용영

———

김준혁

더봄

정조가 만든
조선의 최강 군대

장용영

제1판 1쇄 발행　　　2018년 1월 15일
제1판 3쇄 발행　　　2018년 3월 9일

지은이　　　김준혁
펴낸이　　　김덕문

펴낸곳　　　더봄
등록번호　　　제399-2016-000012호(2015.04.20)
주소　　　경기도 남양주시 별내면 청학로중앙길 71, 502호(상록수오피스텔)
대표전화　　　031-848-8007　　**팩스**　031-848-8006
전자우편　　　thebom21@naver.com
블로그　　　blog.naver.com/thebom21

ISBN 979-11-88522-03-3 93910

책을 펴내며

○

2017년 10월 27일은 내게 참으로 기쁘면서도 한편으로는 가슴 아픈 날이었다. 그날은 『무예도보통지』가 유네스코 세계기록유산으로 등재된 날이었다. 그러나 아쉽게도 그 과정은 북한의 단독 신청으로 이루어졌다. 국채보상운동 기록물과 조선통신사 기록도 세계기록유산에 등재되었다는 뉴스가 있었지만 눈에 들어오지 않았다. 『무예도보통지』가 남과 북의 공동 협력이 아닌 북한의 단독 신청으로 세계기록유산으로 등재된 것에 대한 아쉬움 때문이었다.

필자는 조선 후기 정조시대 정치사와 군사제도사를 공부하고 있고, 그와 관련된 논문과 몇 권의 책을 내기도 했다. 필자가 정조시대에 대한 공부를 하게 된 것은 뭔가 알 수 없는 하늘의 인연이 있는 듯하다. 필자는 정조가 조선의 개혁을 위해 만든 만석거와 대유둔 터에서 성장하고, 그 부근의 초중고교를 다녔다. 역사책을 손에서 놓지 않던 초등학교 교사인 부친과 함께 그 시절 조기정방죽이라 불리던 만석거에서 낚시를 하며 들은 옛이야기를 통해 정조라는 이상적인 군주를 만나게 되었다. 그렇게 성장하고 박사 과정을 다니던 중 1999년 충격적인 장면을 목격하게 되었다. 바로 『무예도보통지』에 실려 있는 장용영의 무예였다.

1999년 10월, 경기문화재단이 주관하는 장용영의 무예 시연이 처음으로 화성 안의 연무대에서 열렸다. '한국의 전통무예'란 이름으로 개최된 행사에서 『무예도보통지』를 재연하는 무예라고 소개하며 50여 명의 무사들이 본국검과 조선세법 그리고 월도의 시연을 선보였다. 사실 그 무예를 이미 알고는 있었다. 1992년, 군에서 제대하고 대학 4학년으로 복학을 했을 때 학생들이 경당24반 무예를 익힌다고 목검을 들고 다녔다. 그 무예가 바로 『무예도보통지』의 무예로, 그때 필자도 그들과 함께 목검을 들고 몇 달간 수련을 한 적이 있었다. 당시 우리를 지도하던 분은 대학 선배였는데 오랫동안 이 무예를 수련한 고수였다. 그 선배 덕분에 무예를 잠시나마 익혔지만 당시의 시대상이 필자에게 다른 일을 하게 만들어 무예를 그만두고 학교를 떠났었다.

그 후 여러 일을 하다가 뒤늦게 역사공부를 하겠다고 마음먹고 대학원에 진학하여 정조라는 국왕을 만나 마음 깊이 우러나온 존경심에 그의 흔적을 찾기 시작했다. 그래서 나온 석사논문이 『조선후기 정조시대 불교정책』으로, 정조의 종교와 사상에 대한 포용론을 담은 것이었다. 계속하여 정조시대 문화사를 공부하던 중에 경기문화재단에서 개최한 전통무예전을 보고 공부의 방향을 바꾸게 되었다. 내가 해야 할 공부가 바로 이것이라는 확신이 들었다. 그런 면에서 당시 전통무예전을 만든 홍기헌 경기문화재단 사무총장(훗날 경기문화재단 이사장 역임)은 내게는 은인이다. 그날 이후 필자는 이분을 양아버지로 모시고 있다. 대학 친구의 아버지이기도 했고, 필자가 대학 2학년 때 아버님이 교통사고로 돌아가셨을 때 이분께서는 당신을 아버지로 생각하라고 하셨다. 지금까지도 그 사랑은 변하지 않고 계신다.

그날의 충격은 자연스럽게 정조가 만든 화성에 대한 관심으로 옮겨졌다. 정조는 왜 화성을 건설하였을까? 왜 장용영이란 군영을 만들었을까? 또 어떤 이유로 『무예도보통지』를 만들었을까에 대한 고민이었다. 그래서 여러 자료를 찾아보다가 마침내 『조선 정조대 장용영 연구』라는 박사학위 논문을 쓰게 되었다.

이렇게 정조와 화성 그리고 무예사에 대한 공부와 글쓰기를 하던 중에 2014년부터 『무예도보통지』의 세계기록유산 등재 추진을 시작했다. 2007년 7월 '조선왕조의궤'가 세계기록유산으로 등재되었는데, 그 첫 제안자가 필자였다. 당시 수원시 학예연구사로 재직하면서 화성축성 보고서인 『화성성역의궤』와 1795년 정조의 8일간의 화성행차를 기록한 보고서 『원행을묘정리의궤』를 세계기록유산으로 만들기 위해 동분서주했고, 그 정성이 하늘을 감동시켰는지 두 의궤뿐만 아닌 조선왕조 의궤 전체를 세계기록유산으로 추진하여 마침내 『조선왕조실록』이 세계기록유산이 되었다. 이러한 경험이 있었기 때문에 『무예도보통지』도 충분히 세계기록유산의 가치가 있으니 대중들의 관심도 높이고, 무예도 더 보급하면서 몇 년 동안 국제학술대회를 개최하여 세계기록유산으로 등재시키고자 한 것이었다.

그 과정에서 북한이 2016년에 『무예도보통지』를 아시아태평양기록유산으로 만든 사실을 알게 되었다. 당시 우리 정부에서는 북한이 단독으로 추진하고 있다는 사실을 알지 못했다. 이 사실을 알게 된 후 수원 지역의 문화예술인들을 중심으로 『무예도보통지』의 세계기록유산 남북공동 추진운동을 전개하였다. 그러던 중 지난 6월 말에 북한의 장웅 IOC 위원이 무주에서 개막하는 세계태권도대회에 참가하는 북한 태권도 시범단을 이끌고 10년 만에 남쪽 땅을 찾았다. 그 순간 『무예도보통지』의 세계기록유산 등재를 남북 공동으로 추진할 수 있는 하늘이 준 기회라는 생각을 하였다. 그래서 평소 해외로 유출된 우리 문화재 찾기 운동을 함께 하던, 고등학교 선배이기도 한 안민석 국회의원에게 전화를 했다. 혹시 장웅 위원을 만날 일이 있느냐고 물었다. 안민석 의원은 체육교육 전공으로 중앙대학교에서 교수 생활을 했고, 우리나라 체육계와 깊은 인연을 맺고 있기 때문에 장웅 위원을 만날 수도 있다고 생각했기 때문이다. 마침 안의원은 이틀 뒤에 박원순 서울시장과 함께 점심을 할 거라고 했다.

그 소식을 듣고 너무 기뻐서 이틀 만에 『무예도보통지』의 남북 공동 추진 기획서를 만들었다. 안민석 의원이 그 자료를 장웅 위원에게 전달했다. 이 내용은 당시 연합뉴스 등 여러 매체에서 보도되었다. 장웅 위원은 매우 의미 있는 일이라며 북으로 가서 담당 부서에 전달해서 꼭 함께 추진할 수 있도록 하겠다는 약속을 하고, 또 필자를 평양으로 초청하겠다고 했다. 평양으로 가서 북한 학자들과 남북이 협력하여 『무예도보통지』를 세계기록유산으로 만들 꿈에 부풀어 있는데, 아뿔싸! 북한이 미사일을 발사하기 시작했다. 그 바람에 남북 관계가 경색되어 서로 만날 수 있는 상황이 못 되었다. 그 뒤 북한이 단독으로 신청하여 세계기록유산이 된 것이다.

유네스코 세계기록유산 국제자문위원회IAC에서는 『무예도보통지』가 현대 북한 태권도의 원형이 됐고, 김홍도가 삽화를 그렸다고 강조한 점을 받아 들였다. 이 두 가지 내용은 우리 학계에서 공인된 것은 아니지만 이 기록유산이 갖는 역사적 의미는 매우 큰 것이었다. 왜냐하면 무예와 군사기록물에 대한 책 내용이 세계적으로도 인정받을 만한 독창성이 있기 때문이었다.

북한이 단독으로 신청했다는 점이 아쉽긴 하지만, 필자로서는 『무예도보통지』가 세계인들이 인정하는 기록유산이 되었다는 것에 큰 자부심을 갖고 있다. 『무예도보통지』는 정조시대가 낳은 위대한 기록유산이고, 이는 북한만이 아니라 남북 모두의 소중한 자산이기 때문이다.

그렇다면 정조는 왜 장용영이라는 특별한 군대를 만들고, 『무예도보통지』를 만들게 하였을까? 우리는 정조에 대해 얼마나 알고 있을까? 많은 사람들이 정조를 '학자군주'學子君主라고 하지만 정조가 갖고 있는 무인의 기질과 능력에 대해서는 거의 모르고 있다. 정조, 그는 진정 무인군주武人君主이기도 했다.

1997년 화성이 세계문화유산으로 등재된 이후 우리 사회 전반에서 정조시대에 대한 관심이 커졌다. 이러한 현상은 역으로 역사학계에도 영향을 주어 정조시대 사상과 문화가 새롭게 부각되고 정조의 위민爲民과 개혁정치가 주목을 받게 되었다. 더불어 최근 알려지기 시작한 그의 인간적 면모를 통해 정조 개인과 그의 시대가 조명되고 있다.

정조는 규장각을 통해 국가의 국정 이념을 정립하였고, 각종 연구와 출판사업을 통해 조선의 문화를 한 단계 끌어올리며 문예부흥 시대를 열었다. 동시에 정조는 무武에 대한 문文의 차별은 외세가 침략할 때 나라를 지킬 방어력을 약화시킨다는 경각심을 갖고 문무文武가 같이 나아가야 한다는 생각을 가지고 있었다. 그래서 정조는 학문을 육성하기 위해 규장각을 만들고, 무예를 발전시키기 위해 장용영을 만들었다는 '문치규장 무설장용'文治奎章 武設壯勇을 전면에 내세우면서 무武를 문文과 병행 발전시키려 하였다. 그리고 정조는 무의 발전을 통한 조선 국방개혁의 중심기관으로 장용영을 선택한 것이었다.

『무예도보통지』가 세계기록유산으로 등재되었다는 것을 처음 접하고 허탈해 하던 그 순간 전광석화처럼 뇌리를 스친 것이 바로 『무예도보통지』를 만든 장용영의 실체를 대중들에게 알리자는 것이었다. 그간 게으름으로 박사논문을 쉽게 풀어서 대중서로 만들자는 여러 출판사의 제안을 그냥 넘기고 있었는데, 이 날 내가 해야 할 일이 바로 이것이구나 하는 생각이 들었다. 그래서 그날부터 지금까지 박사학위 논문과 그 사이에 추가로 연구하고 썼던 관련 논문들을 대중들이 알기 쉽게 다시 정리하였다.

장용영에 대한 책을 출간하면서, 먼저 더우나 추우나 매일같이 화성행궁에서 무예24기 시연을 하고 있는 후배들과 내게 무예의 진정성과 장용영의 가치를 알게 해준 『조선의 협객 백동수』의 저자인 한국병학연구소 김영호 소장님께 진심으로 감사드린다. 이분들의 수고는 반드시 우리 역사에 기억될 것이다.

그리고 꼭 하고 싶은 이야기가 있다. 정조가 죽고 난 후 『정조실록』에 사관이 쓴 글이다.

"조선의 백성들은 선대왕의 백성으로 살았던 것을 자랑스러워했다."

이런 지도자를 만난다는 것은 정말 행복한 일일 것이다. 이제는 군주시대가 아니니 거꾸로 우리 스스로가 행복하고 기뻐할 지도자를 만들어야 한다. 그런 점에서 『무예도보통지』와 장용영을 만나는 것은 단순히 역사에 대한 새로운 지식을 접하는 것으로 그치는 것이 아니라 우리 전통문화와 자주적 국가 건설을 추구하던 사도세자와 정조에 대해 알게 되는 것이다. 그리고 나아가 남북의 평화를 얻는 것이기도 하다.

장용영과 만나는 순간, 여러분은 만주 벌판을 달리던 선조의 기개를 느끼게 될 것이다.

2018년 새해 아침, 대유평에서

김준혁

차례

책을 펴내며 05

프롤로그 15

1부 | 『무예신보』를 편찬한 사도세자의 꿈 29

1_ 사도세자는 무인세자인가? 31

2_ 사도세자는 담대한 무인 기질이었다 38

3_ 사도세자, 효종의 북벌론을 계승하다 47

4_ 조선 최초의 무예서, 『무예제보』의 발견 63

5_『무예신보』를 편찬한 사도세자의 꿈 73

2부 | 정조, 장용영에서 『무예도보통지』를 만들다 81

1_ 정조가 사도세자 현양 사업을 추진한 목적 83

2_『무예도보통지』 편찬과 사도세자 추숭 91

3_『무예도보통지』를 만든 사람들 96

4_『무예도보통지』의 시연자, 조선 최고의 협객 백동수 103

5_『무예도보통지』의 24기 무예 112

■ 무예도보통지·서 武藝圖譜通志·序 121

■ 진설 進設(경과보고서) 123

3부 | 정조, 호위부대를 만들다 129

1_ 정조의 즉위와 반대세력들의 견제 131

2_ 정조의 군제개혁 의지 142

3_ 정조 시해 음모와 숙위소 설치 151

4_ 홍국영의 역모와 숙위소 혁파 159

5_『정감록』을 신봉하는 홍국영 추종세력 역모사건 166

6_ 새로운 호위기구 장용위 설치 175

4부 | 정조, 마침내 장용영을 설치하다 181

1_ 성호의 친위군병론親衛軍兵論과 장용영 183

2_ 구선복의 역모와 장용영 설치 188

3_ 장용영 창설 목적·1−친위군 강화 197

4_ 장용영 창설 목적·2−균역법 혁파를 통한 민생안정 205

5_ 장용영 창설 목적·3−북벌을 위한 군사력 증강 213

6_ 장용영 대장의 지위와 성향 223

5부 | 장용영, 조선의 최정예 군대 237

1_ 장용영의 직제 개편 239

2_ 장용영의 직제 구성 247

3_ 장용영의 확대와 수어청, 총융청의 합병 258

4_ 백성과 함께하는 장용영 마을 265

5_ 장용영에 대한 특혜 274

6_ 장용영의 훈련−바람으로 머리 빗고, 빗물로 목욕하라! 281

6부 | 화성에 장용영외영을 설치하라! 291

1_ 장용영외영은 왜 만들었는가? 293

2_ 장용영외영의 정비 303

3_ 정조의 만석거 축조와 대유둔 조성 311

4_ 만년제·축만제 축조와 축만둔[서둔] 조성 319

5_ 장용영외영의 화성 방어와 어가 호위 325

6_ 장용영외영 협수군 체제 333

7_ 1795년 윤2월 화성행차와 백성들과 함께한 군사훈련 340

에필로그 354

참고문헌 363

정조대왕 어진(2006년 수원시 제작, 현재 화령전 봉안)
正祖大王 御眞

○

    기이한 인연이 있다. 바로 유네스코 세계기록유산으로 등재된『무예도보통지』武藝圖譜通志가 만들어지는 과정이다. 이 기이한 인연은 또 하나의 역사이고, 그 역사는 바로 장용영壯勇營의 역사이기도 하다. 그 기이한 인연의 끝은 백동수였고, 그 처음은 김체건이었다.

    전설의 조선검이라 불리는 김체건은 그의 아들 김광택에게 무예를 전수했고, 김광택의 무예는 임수웅과 백동수에게로 전달되었다. 임수웅은 사도세자의 최측근 무사였고, 백동수는 사도세자의 아들인 정조의 최측근 무사였다. 사도세자는 임수웅와 함께『무예신보』武藝新譜를 만들었고, 정조는 백동수와 함께『무예도보통지』를 만들었다. 그리고『무예도보통지』는 장용영의 기반 병서兵書로 신라의『무오병법』武烏兵法과 고려의『금해병법』金海兵法을 능가하는 우리 역사상 최고의 무예서가 되었다. 그러니 김체건으로 시작된 조선과 중국 그리고 일본의 무예는 백동수에 이르러 완성되었고, 장용영 모든 장교와 병사들의 무예가 된 것이다.

그렇다면 먼 훗날 장용영을 창건하는 나비효과를 일으킨 김체건은 어떤 인물이고, 그의 아들 김광택은 어떤 인물인가? 조선의 협객으로 이야기되는 백동수는 드라마와 영화를 통해 널리 알려진 인물이어서 일반인들도 깊이 있게 알지는 못하지만 정조시대 장용영의 초관哨官이란 사실은 알고 있다. 그러나 김체건과 김광책은 베일에 가려진 인물들이다. 이 두 부자는 몇 년 전 〈무사 백동수〉라는 드라마에 나온 적이 있지만, 실제와 너무 다르게 그려져서 그 실체를 알 수가 없었다. 그래서 이 두 사람이 조선의 무예사와 장용영 역사에 어떤 기여를 하였는지 알고 있는 사람은 거의 없다.

김체건에 대한 기록은 『무예도보통지』의 왜검조倭劍條와 정조시대 규장각 검서관을 지낸 유득공의 아들 유본학이 지은 『김광택전』에 실려 있다. 그리고 관찬사서인 『숙종실록』과 훈련도감訓鍊都監의 기록인 『훈국등록』訓局謄錄에도 일부 기록되어 있다. 그러나 이순신 장군이나 임경업 장군처럼 많은 자료를 바탕으로 그 사람의 실체를 알기에는 분명 한계가 있다.

일단 이 모든 기록을 종합하면 김체건은 매우 훌륭한 애국자이자 빼어난 무예인이었다. 『무예도보통지』 왜검조에서는 그가 달리기에 능하며 민첩하고 무예가 절묘한 인물이라고 하고 있다. 그는 숙종대에 통신사를 수행하여 일본으로 들어가 일본 검보劍譜를 얻어 기예를 수련하였는데, 이후 숙종肅宗이 김체건을 불러 시험해보니 칼을 들고 하늘에 매달려 허공을 나는 듯 돌고, 땅위에서 발뒤꿈치를 들고 있는데 실제 엄지발가락 하나만 세운 채 무예 시연을 하였다고 한다. 이를 보면 대단한 인물이 아닐 수 없다. 이 짧은 기록을 보강하는 기록들이 바로 『숙종실록』과 유본학의 『김광택전』이다.

숙종이 즉위하고 나서 조선은 효종의 북벌론北伐論을 계승하여 요동遼東을 치자는 의견이 대두되었다. 주로 영의정 허적과 훈련대장 유혁연 그리고 중국에 대한 조선의 자주를 주장하던 백호 윤휴의 주장이었다. 숙종은 자신의 아버지 현종대에 서인西人이 중심이 되어 정권을 유지한 것에 대한 불만으로 남인南人과 연대한 정치를 시작하였고, 그 과정에서 남인들의 북벌론을 받아들였다. 이때 유혁연이 주목한 무사가 바로 김체건이었다.

유혁연은 조선시대 가장 뛰어난 무사였음에도 불구하고 숙종 8년에 있었던 경신환국庚申換局(1680년에 당시의 세력파이던 남인이 몰락하고 서인이 득세하게 된 사건) 때 역적으로 몰려 죽음을 당해 정당한 평가를 받지 못한 비운의 무인이었다. 그는 훈련대장으로 있을 때 북벌을 위한 준비를 철저히 하는 한편 경상도 해안가에서 노략질을 하는 왜구에 대한 경계로 조선 전체 무사들의 실력을 높이는 방안을 연구하였다. 그래서 유혁연은 숙종에게 왜검倭劍을 익히는 것이 중요하다고 건의하였다. 『숙종실록』에 실린 기록이다.

유혁연이 말하기를, "검술은 천하에 모두 있는데, 일본이 가장 낫습니다. 우리나라만 홀로 전해 익히는 사람이 없어, (신의) 마음이 항상 분했습니다. 신이 1인을 동래에 내려 보내 전하여 익히도록 하고자, 부사 이서우에게 검술을 배울 수 있는지 여부에 대해 형세를 살펴보라고 말을 보냈습니다. 지금 그 답을 받아본 바 (검술을) 전할 수 있는 길이 있을 것 같다고 합니다. 신의 관리 하에 배울 수 있는 1인이 있으니, 이 사람을 내려 보내 검을 배우게 하고자 하는데, 어떠하겠습니까?"라고 하였다. 상이 말하기를, "보내라. 좋다"라고 하였다.

이때 유혁연이 보낸 이가 바로 훈련도감의 군교軍校 김체건이었다. 『숙종실록』에 기록된 대로 당시 동래부사는 이서우였는데, 이서우는 잘 알려진 인물은 아니지만 실제 조선후기 기호남인 계열의 실학자인 성호 이익의 스승이었다. 실용적 사고를 지닌 이서우는 남인이었기에 유혁연과 밀접한 인연이 있었다. 그래서 이서우는 유혁연의 지시를 받아 몰래 동래에 있는 왜관倭館에 김체건을 잠입시킨 것이다.

유본학의『김광택전』에 보면 이때 김광택은 동래 왜관에 노비로 들어가 수 년에 걸쳐 왜관의 무예수련장 옆에 구덩이를 파서 몸을 숨긴 채 일본 무사들의 검술을 보고 익혔다고 한다. 당시 동래 왜관에서 일본 무사들이 익혔던 검법은 신검술神劍術이라고 했다. 얼마나 대단한 무예였으면 신검술이라고 했겠는가? 일본 무사들은 이 신검술을 비밀리에 익히고 전수해서 조선의 무사들은 알 수가 없었고, 왜관에 있다 하더라도 일본무사들이 남들이 보지 못하게 수련하고 있어 알 수가 없었다. 그래서 김체건은 낮에는 왜관의 노비로 일을 하고 밤에는 비밀리에 파놓은 구덩이에 숨어서 무예를 관찰하면서 일본 무예를 익혔던 것이다.

이 과정에서 김체건이 어떻게 해서 일본 무사들의 비밀 수련 장소에 구덩이를 파고 무예를 보고 익혔는지 알 수 없다. 그런데 그 내용이『훈국등록』訓局謄錄에 간략히 기록되어 있다. 당시 유혁연의 지시를 받은 이서우는 김체건을 왜관에 보내 무예를 익히게 할 마땅한 방법이 없었다. 그래서 역관으로 동래에 파견되어 일하는 김익하와 상의를 하였다. 김익하는 동래에서 일본어를 가르치는 훈도의 일을 하고 있었는데, 그 과정에서 동래 왜관의 일본인들과 가깝게 지냈다. 김익하는 그중 특별히 가깝게 지내는 일본인을 매수하여 그로 하여금 김체건을 돕게 하는 것이 좋겠다고 판단했다. 그래서 훈련도감 관리청에서 보낸 3백 냥과 자신의 사재를 털어 일본인을 매수하였다. 그 일본인이 김체건을 왜관에서 은밀히 보호해주고 일본인들의 비밀 무예수련장으로 안내해 준 것이다. 완전히 특급비밀 첩보작전인 셈이다. 이렇게 일본인을 매수하여 익힌 왜검술은 장차 조선의 병사들이 일본 무사들과 싸워 이길 수 있는 기반으로 발전되었다.

사실 김체건은 '척이지사'斥弛之士였다. '척이지사'란 규율이나 관습에 얽매이지 않는 자유로운 인물로, 성격이 호방해서 호랑이 같은 존재라는 뜻이다. 자유로운 몸으로 주유천하周遊天下하는 강호의 무사가 나라의 국방을 위해 자신의 자유로움을 포기하고 몇 년 동안 왜관에서 노비가 되어 천한 대우를 받으면서도 오로지 일본의 검법을 익혀 조선의 병사들에게 가르쳤다. 김체건은 조선의 무사들이 다시는 일본의 무사들에게 패하지 않게 하겠다는 의지로 그 힘든 시기를 참고 버티었으니 그야말로 대단한 인물이라고 하겠다. 또 일본 왜관에 잠입하기 위해 사전에 김익하에게 일본어를 익히기까지 했으니 대단한 열정을 가진 인물이다.

그가 왜관에서 돌아와 숙종 앞에서 무예 시연을 보이자, 보는 이들은 모두 감탄을 금치 못하였다. 이때의 무예시연에 대한 모습이 『무예도보통지』에 언급되어 있다. 또한 유본학의 기록에 의하면, 김체건은 재를 땅에 뿌려놓고 맨발로 양쪽 엄지발가락만으로 재를 밟았고, 그리고 나는 듯한 칼춤은 고수의 경지에 이르러, 재에는 발자국 흔적조차 남지 않았다고 한다. 가히 무협지에 나오는 전설의 고수를 보는 듯하다. 그의 무예가 이렇듯 높은 경지에 이른 것이다.

김체건은 동래 왜관에서의 특별한 경험 때문에 청나라의 무예를 익혀 조선의 무사들에게 보급하는 일도 맡게 되었다. 경신환국 이후 조선 최고의 실세가 된 김석주의 지시로 김체건은 김석주와 함께 청나라 사신단의 일원으로 청에 가게 되었다. 김석주는 숙종 즉위 초반 남인의 실세인 허적과 유혁연, 윤휴와 함께 '도체찰사부'都體察使府를 만들어 북벌을 준비한 인물이다. 그러나 청나라가 한족漢族 출신들의 반란인 '오삼계의 난'을 진압하고 안정되자 김석주는 오히려 북벌론이 자신들을 위협할 수 있다고 판단하여 북벌론자들을 역모사건으로 엮어서 죽이고 권력의 중심에 서게 되었다. 그렇지만 도체찰사부의 총사령관을 역임했기 때문에 국방의 중요성은 누구보다 깊이 깨닫고 있었다. 그래서 김석주는 자신과 함께 청나라로 가는 사행단에 김체건을 포함시켰고, 김체건은 비밀리에 청나라에 가서 청의 무예를 섭렵하였다. 그리고 조선으로 돌아와 청의 무예를 중앙 오군영^{中央五軍營}의 병사들에게 가르친 것이다.

그렇게 중국과 일본을 거치면서 동아시아 3국의 무예에 정통했던 그가 인생 후반부에 어떻게 되었는지 남아있는 기록은 없다. 다만 그가 영조대 조선의 검선^{劍仙}이라 불린 김광택을 낳았고, 그의 무예가 김광택에게 전수되어 『무예도보통지』에 기록되어 장용영 무예의 기반이 되었다는 것만은 확실하다.

김체건의 아들인 김광택에 대한 기록은 영조대의 『승정원일기』와 유본학의 『김광택전』 그리고 정조의 외할아버지이자 혜경궁 홍씨의 아버지인 홍봉한의 막내 동생인 홍용한의 『장주집』^{長州集}에 실려 있다.

『승정원일기』에는 김광택의 출생에 대한 이야기와 영조^{英祖}와의 기이한 인연이 소개되어 있다. 『승정원일기』 영조 23년(1747년) 1월 22일 기록에 김광택의 이름이 처음 등장한다. 이날 밤 영조는 창경궁 환경전에서 병조판서 원경하와 같이 조선의 국방 문제를 의논하였다. 그 과정에서 환경전 밖에 대기하고 있던 김광택을 불렀다. 아마도 영조가 김광택을 활용하기 위해 대기시켜 놓은 것으로 보아야 할 것이다. 영조는 경종^{景宗} 2년에 자신을 대리청정하게 하여야 한다고 주장하다가 경종에게 사형을 당한 이이명과 특별한 관계에 있었고, 그에게 김광택의 이름을 개명하게 해주었다. 김광택의 원래 이름은 김국표였다. 김체건은 자신의 무인 기질을 물려받은 아들에게 국표^{國標}라는 이름을 지어주었는데, 영조는 연잉군 시절 이이명에게 국표라는 이름을 바꿔주라 하였고, 이이명은 영조의 의도를 알고 그 이름보다는 나라의 빛나는 연못이 되라고 해서 광택光澤으로 개명해준 것이다. 그러니 김광택은 이이명이 이름을 지어주었다고는 하지만 실제로는 영조가 지어준 것이나 마찬가지였다. 영조는 어전으로 들어온 김광택에게 '위국망신'爲國妄身이란 글씨를 쓰게 하였다. '위국망신'은 말 그대로 나라를 위해 자신의 몸을 희생시킨다는 것이다. 영조가 일개 무사인 김광택에게 국왕을 위해 '위국망신'이라는 글씨를 쓰게 한 것은 놀라운 일이 아닐 수 없다.

영조가 김광택에게 왜 이런 글씨를 쓰게 하였는지는 『승정원일기』 영조 33년(1757년) 11월 21일의 기록과 유본학의 『김광택전』에 나온다. 『승정원일기』를 보면 영조와 김광택의 관계, 영조의 외척인 풍산 홍씨 집안과 김광택의 관계, 그리고 그의 뛰어난 무예 능력이 기록되어 있다.

영조 33년, 영조는 관리에게 명해 김체건의 아들인 김광택을 들어오게 하였다. 이때는 영조가 김광택과 만난 지 10년이 지난 뒤였다. 10년 전 김광택은 영조를 만난 후 홀연히 사라졌었다. 영조는 직접 질문하지 않고 어영대장에게 명하여 질문을 하게 하였다. "네가 김체건의 아들이냐? 어린 시절 이름이 노미老味냐?" 어영대장이 질문을 하자 김광택은 맞다고 대답하였다.

영조는 김광택의 이름이 당시 국표였던 것을 몰라서 노미라고 부른 것이 아니었다. 예전에는 원래의 이름과 달리 천하게 이름을 부르면 오래 산다는 속설이 있었고, 대부분 어린 시절에는 천박한 이름으로 불렀다. 흥선대원군 이하응이 훗날 고종이 된 작은 아들 명복을 '개똥이'라는 천한 이름으로 부른 것이 그 예이다. 그러니 영조가 김광택을 이놈 저놈 할 때 사용하는 '노미'라고 한 것은 두 사람이 아주 가까운 사이라는 것을 증명하는 것이다. 그리고 그들만의 호칭을 부르며 같이 있던 고위 관료들에게 친근함을 알리고자 하는 의도도 있었을 것이다.

어영대장의 질문에 김광택이 맞다고 대답하자 그때부터는 영조가 김광

홍용한
洪龍漢

장주공長洲公 홍용한(1734~1809)의 초상화이다. 머리에 오사모를 쓰고 단령을 입은 채 의자에 앉은 전신상이다. 오른쪽 상단에는 1972년 7대손 홍승희가 서예가 김충현에게 의뢰하여 쓴 화제가 있다. 초상화와 관련해서 손자 홍직영洪稷榮(1782~1842)의 문집인 『소주집』小洲集에 「선왕고화상기」先王考畵像記가 실려 있어 참고가 된다. 홍용한은 홍봉한의 동생으로, 자는 명여明汝이고 관직은 동지돈령부사에 이르렀다. 혜경궁 홍씨는 『한중록』에서 "막내 작은 아버지께서는 어려서부터 주위의 기대가 높아 나중에 반드시 조정의 큰그릇이 되실 것으로 믿었더라"하며 홍용한을 회고하고 있다.

택에게 직접 질문을 하였다. "너는 지금 어디에 거처하느냐? 무슨 일을 하느냐?" 그러자 김광택은 이전 어영대장을 역임한 홍봉한의 집에 있는데 특별히 하는 일은 없다고 대답하였다. 당시 김광택은 세자빈의 아버지인 홍봉한의 집에 식객으로 있었다. 그가 홍봉한의 식객으로 있었던 것은 홍용한의 부탁 때문이었다. 홍용한이 어떻게 김광택을 알게 되었는지는 알 수 없지만 홍용한은 그의 문집인 『장주집』에 김광택의 특별한 무예에 대해 언급하고 있다. 홍용한은 김광택이 씨름을 매우 잘하였고, 특히 검무劍舞를 잘 추었다고 기록하고 있다. 홍용한은 김광택이 검무를 추다가 갑자기 검을 든 한쪽 팔을 쭉 펴면서 "이것은 춤이 아니라 무예다"라고 소리친다고 써놓고 있다. 숙종, 영조대의 무예계에는 검무의 열풍이 불었고, 무예 실력을 검무로 보여주던 시대였다.

그러니 김광택도 자신의 무예 능력을 검무로 보여주었고, 이것을 본 홍용한이 김광택이 검무에 능하다고 기록한 것이다. 아마 김광택은 1747년(영조 23년)에 영조와 만난 이후로 특별히 무관의 직책을 맡지 않고 홀로 도가道家 수행과 무예 수련을 하다가 사람들의 천거로 홍용한을 만났던 것 같다. 홍용한은 그가 보통 인물이 아님을 알고 자신의 형이자 정승의 반열에 있는 홍봉한에게 소개하여 그의 식객으로 보낸 것 같다.

영조는 김광택이 홍봉한의 식객으로 있다는 이야기를 듣고 다시 물었다. "너는 그렇다면 문인文人도 아니고 무인武人도 아닌 것이냐? 만약 내가 금위영禁衛營의 교련관 자리를 주면 일을 하겠느냐?" 일개 무인에게 조선의 국왕이 만나자마자 군영의 장교 자리를 주겠다고 하는 것은 쉽게 있을 수 있는 일이 아니다. 어쨌든 김광택은 영조의 명을 따르겠다고 하였다.

영조는 그 자리에 있는 신하들에게 자신과 김광택의 관계를 이야기하였다. 영조가 10살이 넘어 더 이상 궁중에 있을 수 없어 궐 밖으로 나와 사가

私家에서 살게 되었을 때였다. 조선 왕실에서는 왕세자를 제외한 나머지 왕자들은 모두 10살이 되면 궐 밖으로 나가야 하는 법도가 있었다. 영조가 궐 밖으로 나왔을 때 얼마나 막막했겠는가! 어머니 숙빈 최씨의 신분은 미천했고, 자신을 지지하는 세력은 없었기 때문에 영조는 참으로 외로웠을 것이다. 이때 영조의 신변을 보호하기 위해 파견된 인물이 바로 김체건이었다. 김체건은 영조의 시중을 드는 여종에게 마음을 두었고, 그녀와 관계를 맺어 김광택을 낳았다. 그러니 김광택은 여자 노비의 아들이었기 때문에 당대 법으로 볼 때 노비 신분이었고, 영조 잠저 시의 사적인 노비였다.

그러나 김광택이 처음부터 영조의 집에 있던 것은 아니다. 김체건과 따로 살던 그는 10살이 될 즈음에 영조의 집으로 와서 잠시 호위 겸 심부름꾼의 역할을 했다. 그때 영조는 숙종 46년(1720년)에 10살밖에 안된 김광택의 천부적인 서예 실력을 보고 '위선최락'爲善最樂이란 네 글자를 쓰게 하기도 했다. 그러고는 김광택이 어디서 살고 있는지 모르다가 10년 전에 잠깐 보고 이제 다시 만나게 된 것이다. 영조로서는 가장 힘들었던 시절에 자신의 말벗과 호위무사로 있었던 김광택을 만난 기쁨이 매우 컸을 것이다. 또한 영조는 김광택의 무예 실력을 알고 있었기 때문에 그에게 국왕을 호위하고 한양도성의 일부를 지키는 금위영의 교련관으로 임명하였다. 금위대장 구선복은 영조에게 김광택을 교련관으로 임명하겠다고 하며, 원래 교련관 자리가 25자리였는데 지금 20명밖에 임명할 수 없게 직책이 축소되었으니 원래대로 25자리로 회복해달라고 하였다. 이에 영조는 금위영 교련관 자리를 25자리로 회복시켜주면서 김광택을 야인에서 금위영 교련관으로 임명해 병사들에게 무예를 지도하게 하였다.

이와 같은 『승정원일기』의 기록과 연계하여 유본학의 『김광택전』에 그의 학문과 무예에 대한 능력이 기술되어 있다. 김광택은 태어날 때도 특별하였

영조 어진
英祖 御眞

1900년(광무 4년)에 이모移摹한 영조의 어진이다. 1744년(영조 20년) 육상궁
毓祥宮의 냉천정冷泉亭에 모셨던 어진을 조석진趙錫晉(1853~1920)과 채용신蔡
龍臣(1850~1941)이 본떠 그린 것이다. 1744년은 영조가 51세이고 사도세자
는 10세 때이다. 화면 우측 상단의 화제畵題는 고종황제가 친히 썼다. 좌
안 칠분면의 반신상을 취한 후 머리에 익선관을 쓰고 곤룡포를 입은 영
조의 모습에서 탕평군주로서의 위엄을 느낄 수 있다.

고, 어려서부터 무가자無可著란 자字를 썼는데, 이는 얽매이지 않겠다는 의미였다. 어려서부터 자유로움을 추구했던 것이다.

김광택이 일고여덟 살이던 때에 그의 부친 김체건은 아무도 없는 관청의 건물에 가서 붓에 물을 묻혀 김광택에게 관청 위의 현판을 베껴 쓰게 하였다. 어린 아들의 재주를 알아본 김체건이 특별한 교육을 시킨 것이다. 현판에 쓰인 글씨라면 매우 잘 쓴 글씨였을 것이고, 그것을 먹이 아닌 물이 묻은 붓으로 연습을 하게 했으니 말이다. 김광택은 이로 인해 큰 글씨 쓰는 법을 배우고 서예에 능하게 되었다. 유본학은 김광택의 큰 글씨는 예스럽고 아름다우며 사랑할 만하였다고 기록하고 있다. 이런 서예 능력이 있었기에 영조가 그에게 '위국망신'과 '위선최락'의 글씨를 쓰게 한 것이리라.

김광택은 그렇듯 글씨도 잘 썼지만 더욱 잘한 것은 당연히 무예였다. 아버지 김체건의 무예를 그대로 전수받고, 특히 당대 도가道家의 대가인 김신선金神仙에게 수련을 받았다. 유본학이 이야기하는 김신선이 누구인지는 정확히 알 수 없지만 연암 박지원이 이야기한 김홍기나 이덕무가 이야기한 김홍기일 가능성이 매우 높다. 두 김홍기는 같은 김홍기인데, 서울에서 풍악(금강산)까지 400리를 가는데 짚신 한 켤레로 3번을 왕복해도 신이 닳지 않았다고 한다. 김신선으로부터 몸을 가볍게 하여 나는 듯 빨리 걸어가는 일종의 축지법 같은 경신법輕身法을 배운 김광택은 그 또한 짚신 한 켤레로 금강산을 두 번을 오가고도 짚신이 닳지 않았다고 유본학은 쓰고 있다. 현실에서 전혀 가능하지 않은 상상할 수 없는 일이기는 하나 진정 내공이 극상의 경지에 이르면 불가능한 일도 아니라고 생각한다. 유본학은 김광택의 이야기를 아버지 유득공으로부터 자세히 들었을 것이다. 유득공이 이덕무, 박제가 그리고 백동수와 같은 백탑파白塔派(박지원, 이덕무, 박제가, 유득공 등으로 이루어진 지식인 집단)였기 때문에 백동수의 스승인 김광택을 직접 보았을 것이기 때문이다. 그래서 유본학은 김광택이 세상 사람들에게 무인으로 알려진 것보다 도가의 인물로 덜 알려진 것을 안타까워하였다. 그가 80세가 넘도록 어린 아이의 피부와 같을 정도로 도가의 수행을 높이 한 인물이라며 세상 사람들이 도가의 신선 같은 이는 김신선밖에 없다고 하는 것을 안타까워하면서 김광택 역시 김신선만 한 도가의 대가라고 한 것이다.

김광택은 어려서부터 아버지 김체건의 모든 무예를 전수받았고, 그 과정에서 금위영 교련관의 역할도 하였지만, 관직에 있지 않고 은거해 있을 때는 명문거족의 식객으로 그들을 호위해주며 젊은 무사들에게 무예를 지도해주기도 하였다. 이는 조선후기 무사들의 일반적인 양상이다.

김광택이 홍봉한의 식객으로 있다가 1757년에 영조를 다시 만난 것은 김광택과 사도세자 그리고 임수웅의 관계를 연결시키는 매우 의미 있는 기록이다. 김광택은 홍봉한의 동생인 홍용한을 먼저 만났다. 홍용한은 1734년 생으로 사도세자, 혜경궁 홍씨와는 한 살 차이다. 그러니 집안의 다른 사람들보다 가깝게 지냈을 것이다. 김광택의 나이는 『승정원일기』의 영조 기록에 의하면 대략 1710년 생으로 추정되니, 홍용한이 스무 살쯤 되었을 때 김광택은 마흔네 살쯤 되었을 것이다. 이때 홍용한의 식객으로 있다가 홍용한의 추천을 받아 그의 형인 홍봉한의 식객으로 간 것으로 보인다. 그리고 홍봉한의 부탁으로 여러 젊은 무인들을 지도하였는데, 그중 하나가 사도세자와 그의 최측근 무사인 임수웅일 것이다. 무인군주를 꿈꾼 사도세자 역시 비공식적으로 김광택에게 무예를 배웠을 가능성이 있다. 홍봉한은 군사제도 개혁에 상당한 관심과 지식 그리고 능력이 있었다. 훗날 정조가 그의 군사제도 개혁안을 대부분 받아들여 활용할 정도로 홍봉한은 군사적 능력이 뛰어났고, 따라서 당연히 김광택 같은 무인을 식객으로 두고 사도세자를 위해 젊은 무사들을 양성했던 것이다. 그러니 임수웅은 사도세자가 홍봉한의 추천을 받아 무사로 활용한 인물로 보아야 할 것이다. 비록 임수웅이 훈련도감의 교련관으로 있었지만 사도세자가 그를 마음대로 활용하지는 못했을 것이다.

홍봉한은 임수웅을 김광택에게 지도받게 하고, 사도세자는 임수웅과 함께 1759년 『무예신보』를 편찬하였고, 『무예신보』는 1790년(정조 14년) 무인 군주 정조의 명으로 김광택의 제자 백동수의 시연으로 장용영 서국書局에서 『무예도보통지』로 간행된 것이다. 참으로 기이한 인연이 아닐 수 없다. 김체건과 김광택 그리고 임수웅, 백동수로 이어지는 조선후기 무예의 계보는 단순히 무인들의 이야기가 아니라 장용영을 만들어가는 오랜 준비이고 인연이었다. 이와 같은 기이한 인연이 바로 정조시대 국방개혁과 무예 발전의 기반이 되었다. 이제 그 조선 최강의 군대로 평가받는 장용영의 실체를 드러내고자 한다. 🐉

1부

『무예신보』를 편찬한
사도세자의 꿈

1_
사도세자는
무인세자인가?

O

몇 년 전. 드라마 〈무사 백동수〉가 인기리에 방영되면서 백동수란 무사가 새롭게 조명되었다. 정조시대 『무예도보통지』 편찬의 주인공이고, 조선 최고의 협객으로 알려진 백동수에 대한 일대기를 그린 드라마였다. 무사 백동수는 백동수에 대한 사실적인 이야기를 한 것은 아니었지만 인기 절정의 남자 배우를 캐스팅하여 시청률은 상당히 높았다. 그로 인해 백동수가 일반에 알려지게 된 것 역시 사실이다.

하지만 이 드라마는 진실 2%와 허구 98%의 드라마였다. 이 중 1%의 진실에 해당하는 것은 사도세자思悼世子가 청룡언월도를 사용했다는 것뿐이다. 그리고 나머지 이야기인 사도세자가 뒤주에서 죽은 것이 아니라 흑사회의 회주와 진검 승부를 하다 죽었다는 내용부터 거의 전부가 허구였다.

무척 흥미로운 것은 이 드라마의 초반부에 사도세자가 비중 있게 등장하는데, 그 대부분이 사도세자가 북벌을 시도하다가 죽었다는 것이다. 이것이 과연 사실일까? 그렇다면 사도세자가 정신병 때문에 죽은 게 아니라는 말인가? 청룡언월도를 들고 병자호란의 치욕을 분개하면서 청나라에 대한 적개심을 가지고 국방을 강화하려는 노력을 보여주고 있는 사도세자의 모습은 실제인가?

사실 사도세자의 비참한 죽음은 드라마 소재로 더할 나위 없이 좋은 이야깃거리다. 장차 왕위를 이을 세자가 뒤주에 갇혀 죽은 이야기는 조선시대 500년 역사에서 가장 비극적인 사건이자 상상할 수도 없는 일이다. 더구나 세자의 죽음에 세자 주위의 온 가족이 관련되어 있다는 사실은 조선시대 정치의 비정함과 아울러 당파싸움의 본질을 확인할 수 있는 것이다. 또한 사도세자의 죽음, 즉 임오화변에 대해 아들인 정조와 부인인 혜경궁 홍씨의 해석이 다르다는 것은 이 죽음이 갖는 정치적 의미가 그만큼 크다는 것을 의미한다.

영조가 왜 사도세자를 죽였는지에 대해서는 단순히 영조와 사도세자와의 관계만을 볼 것이 아니라 그 앞의 이야기부터 풀어보아야 한다. 즉 숙종의 큰아들이자 영조 자신의 형이었던 경종과의 관계, 아니 그보다 앞서 영조의 어머니였던 숙빈 최씨와 경종의 어머니였던 장희빈과의 관계부터 보아야 한다. 이 앞선 세대의 질긴 악연이 영조로 하여금 자신의 아들인 사도세자를 죽게 만들었고, 손자인 정조를 선택하게 한 것이다.

사도세자의 죽음을 역사적 용어로 '임오화변'王午禍變이라고 한다. 임오년, 즉 1762년에 있었던 화변이라는 뜻이다. 화변이란 사전적 의미로 매우 심한 재변이란 뜻이니, 결국 임오년인 1762년에 일어난 국가의 가장 큰 슬픈 재난이란 뜻이다.

임오화변은 사건의 특수한 성격과 사건이 초래한 정치적 영향으로 인하여 많은 사람들의 관심을 집중시켰다. 그러나 사건의 발생 원인을 규명하고 이에 따라 책임 소재를 밝히는 데서는 난항에 부딪혔다. 사건의 직접적인

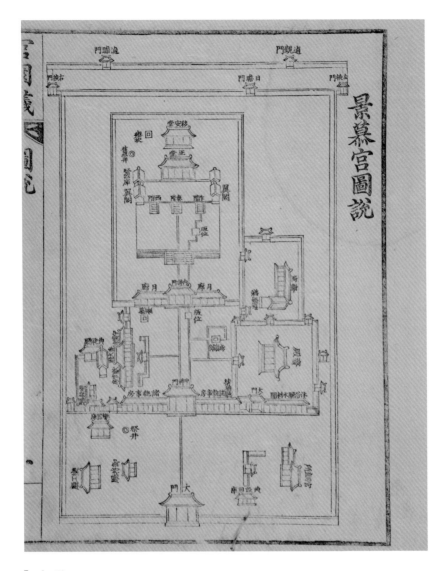

경모궁도
景慕宮圖

1776년 경모궁의 개건 과정을 기록한 의궤이다. 1764년 영조가 세웠던 사도세자의 사당인 수은묘垂
恩廟를 정조가 즉위하면서 증축 확대하고 이름도 경모궁으로 바꿨다. 의궤 내용은 좌목座目에 앞서 경
모궁개건도景慕宮改建圖, 신참도설神慘圖說, 신탑도설神榻圖說, 택일擇日, 상량문上樑文, 제문祭文, 축문祝文이
차례로 나오고 이어서 목록目錄을 싣는 등 체제가 다른 의궤와 다른 특징이 있다.

당사자가 군왕과 왕세자였기 때문에 사건의 성격이 분명하게 밝혀지지 못했고, 또한 사건에 대한 정확한 기록도 남기지 못했다.

임오화변은 사건 발생 이후 그에 대한 논의가 일절 금지되어 있었다. 이 때문에 사람들이 임오화변에 대해서 기록한다는 것은 대단히 위험스러운 일이었다. 임오화변을 기록한 사람들은 적어도 기록을 남겨야 할 어떤 절실한 필요성이 있는 사람에 국한되었다. 이러한 기록자의 절실한 필요성은 사건의 성격을 왜곡시키는 중요한 원인이 되었다. 기록자들은 사건 자체의 성격보다는 그들과 임오화변과의 이해관계를 중심으로 사건을 기록하고 설명했다.

사도세자가 죽은 원인에 대해서도 크게 두 가지로 나뉜다. 하나는 사도세자가 의대증衣帶症 등의 정신질환으로 왕세자의 자격을 상실하였기 때문에 영조가 국가의 미래를 위해 희생시켰다는 의견이다. 다른 하나는 사도세자는 대단히 뛰어난 인물이었는데 당시 권력을 장악하고 있던 노론의 음모로 뒤주에 갇혀 죽게 되었다는 것이다. 즉 어린 시절부터 소론 지향적이었던 사도세자가 노론 세력에 의해 제거되었다는 것이다. 전자는 사도세자의 세자빈인 혜경궁 홍씨惠慶宮 洪氏의 의견이고, 후자는 그의 아들 정조正祖의 의견이다. 혜경궁에 대한 극진한 효행을 실천하였던 정조가 생부 사도세자에 대해 어머니 혜경궁과 다른 견해를 갖고 있다는 것은 매우 놀랍다. 그러나 어쩌면 그럴 만한 사유가 있었기에 정조가 어머니와 다른 의견을 표출한 것이 아닐까?

두 사람의 견해처럼 사도세자의 죽음, 즉 임오화변에 대한 당시 사람들의 주장도 대략 두 가지로 요약될 수 있다. 첫째는 임오화변을 부왕과 세자의 성격적 갈등으로 설명하는 주장이고, 둘째는 임오화변을 당파 간에 벌어진 권력투쟁의 산물로 설명하는 주장이다. 임오화변을 부자간의 성격적 갈

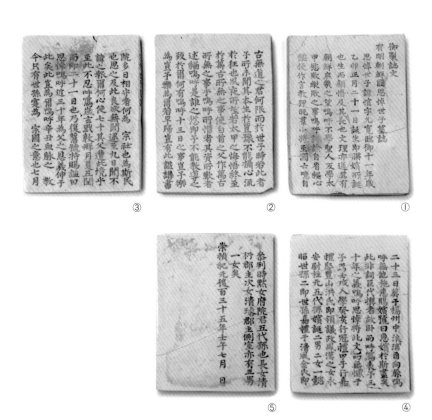

③ ② ①

⑤ ④

사도세자 묘지
思悼世子墓誌

1762년 7월에 영조가 친히 지은 사도세자의 묘지이다. 탄생부터 서거 때까지의 주요 일들을 연대기식으로 요약 정리하였다. 양주 배봉산의 사도세자 무덤인 수은묘垂恩墓에 부장되었다가, 1789년(정조 13년) 수원 화산花山으로 천장할 때 폐기되었는데 1968년 건물 신축 공사중에 발굴되었다. 발굴 위치는 서울시 동대문구 휘경동의 옛 삼육보건대학 자리로, 서울시립대학교 뒷산인 배봉산 자락에 해당된다.

등에서 비롯되었다고 하는 주장은 주로 임오화변에 대해 책임을 져야 할 사람과 그들의 입장을 옹호하는 사람들로부터 나왔고, 임오화변을 당파 간의 권력다툼의 결과라고 하는 주장은 주로 정치적으로 소외되어 있던 사람들과 그들의 입장을 이해하는 사람들로부터 나왔다. 그러나 임오화변의 결정적 원인은 구체적으로 파악하기 어려우며, 이 두 가지가 복합적 요소로 작용하고 있다고 볼 수 있다. 다만 확실한 것은 사도세자의 죽음이 정치적 판단에 의한 것이라는 것이다. 그 정치적 판단 중의 하나가 바로 사도세자의 무예 기질과 이를 정책화하여 무예서를 편찬하는 등 다양한 국방정책을 추진한 것이다.

혜경궁과 정조는 사도세자에 대하여 똑같은 사실에 대하여도 다른 평가를 내리고 있다. 그중 대표적인 사례가 무武에 대한 평가이다. 혜경궁은 사도세자가 영조에게 배척을 받았기 때문에 이를 해소하기 위한 일환으로 무예를 수련하였다고 평가하였고, 정조는 무인의 기질이 강했던 사도세자가 청나라로부터 자주적 국가 건설을 하기 위한 노력으로 무예에 관심을 두었다고 평가하였다. 이렇게 양측의 평가는 전혀 다르지만 실제 사도세자에게 무인 기질이 존재하였고, 조선의 무예 발전에 기여한 것은 명확한 사실이다.

사도세자의 죽음 이후 그에 대한 폄훼와 찬사 등 어떠한 평가도 역모에 해당되는 죄악이었다. 실제 정조가 즉위한 1776년(정조 즉위년)에 이덕사 등 남인 일부가 사도세자의 신원과 추숭에 대한 상소를 올렸을 때도 반역죄를 적용하여 사형과 유배형에 처하였다. 이는 영조의 유훈이었다. 그렇기 때문에 사도세자에 대한 평가는 거의 할 수 없었고, 고종 연간인 1899년(고종 36년)에 사도세자를 장종莊宗으로 추존할 때까지 조정에서는 사도세자에 대한 논의가 진행될 수 없었다.

하지만 민간에서는 달랐다. 사도세자에 대한 여러 평가가 있었고, 특히 그의 무인적 기질에 대한 긍정적인 평가가 지속적으로 이어졌다. 1924년 5월에 간행된 『개벽』 47호의 '사도세자'에 대한 글을 보면, 그의 무인 기질을 높이 평가하고 있다. 타고난 품성이 강건하고 용감하였으며, 무예가 절륜하고 학문도 겸비한 인물이라는 것이다. 당시 나라의 정세가 학문에 치중하여 군사력이 약하고 권신들과 외척들이 권력을 장악하여 혼란에 빠지자 사도세자는 이를 바로잡기 위해 외척을 멀리하고 당쟁을 없애기 위하여 노력하였지만 영조가 받아들이지 않았다. 그래서 사도세자는 남한산성과 온양온천을 다니며 치욕을 극복하기 위해 무예를 진작시키고자 하였으나 끝내 이루지 못했다는 것이다. 즉 사도세자는 백성들에게 무인 세자로 평가되고 있었고, 실제 그의 삶에 있어서 무武는 빼놓을 수 없는 존재이기도 하였다. 사도세자에게 '무'는 병자호란의 치욕을 극복할 수 있는 국방강화의 기반이었다. 실제로 그는 이를 위한 노력을 지속적으로 추진하였다.

이와 같은 무예 존숭과 자주적 국방의식이 사도세자의 정치적 고립을 가져왔고, 죽음에 이르게 된 원인이 되었다. 하지만 현재 사도세자에 대한 연구 성과에서 그의 무예와 국방의식, 무예서 편찬에 대한 연구는 거의 없다. 대부분의 연구가 노론과 소론 당파 간의 정치세력 다툼으로 사도세자가 죽었다는 것이다. 그렇기 때문에 사도세자가 대리청정을 하면서 이룬 큰 성과물이 『무예신보』의 편찬이었음에도 불구하고 지금까지 이 부분에 대해서는 소홀히 인식되어 왔다. 🍂

2_
사도세자는
담대한 무인 기질이었다

○

    영조는 1728년(영조 4년)에 큰아들인 효장세자孝章世子를 잃었기 때문에 1735년(영조 11년) 1월 21일 사도세자가 탄생하자 "삼종三宗의 핏줄이 끊어지는가 했더니 이제는 지하에 가도 열조列朝를 뵈올 수 있게 되었다"고 할 정도로 기뻐했다. 그리고 영조는 곧바로 사도세자를 원자로 책봉하고 왕비 정성왕후의 아들로 삼았다. 정조가 저술한 『현륭원지』顯隆園誌에 의하면 사도세자(장헌세자)는 세 살 때부터 글자의 뜻을 알았다. 왕王이라고 쓴 글자를 보고 영조를 가리키고, 세자世子라고 쓴 곳을 보고 자기를 가리켰으며, 또 천지天地·부모父母 등등의 63자의 글자를 알았다고 할 정도로 영특하였다고 한다.

    혜경궁이 궁중에 들어와 사도세자의 성장 과정에 대해서 들은 이야기를 기록한 내용에도 세자가 네 달 만에 걸었고, 여섯 달 만에 영조의 부름에 응대하였으며, 일곱 달 만에 동서남북을 가리켰다고 한다. 두 살 때 글자를 배워 60여 글자를 다 썼고, 세 살 때 다식茶食이 올라오자 '목숨 수'壽자나 '복 복'福자 찍은 것은 먹고 팔괘八卦가 찍힌 것은 따로 놓고 먹지 않을 정

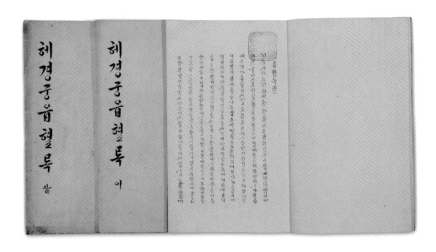

혜경궁 읍혈록
惠慶宮泣血錄

1795년(정조 19년) 혜경궁 홍씨가 친정 조카 홍수영洪守榮의 청으로 쓴 책이다. 사도세자의 삶을 가장 가까이에서 지켜 본 혜경궁 홍씨가 자신의 파란만장한 일생을 서술한 회고록 성격의 글이다. 내용중에는 사도세자가 부왕인 영조의 명으로 죽음에 이르자 자신도 자결하려고 하였으나 주변의 제지로 뜻을 이루지 못하였는데, 그 순간 11살의 어린 세손(훗날의 정조)이 눈에 밟혀 부끄러운 생각이 들었다는 부분도 실려 있어 당시의 긴박했던 상황을 짐작할 수 있다. 『혜경궁읍혈록』은『한중만록』,『한중록』등의 다양한 이칭異稱으로 전하며 여러 기관과 개인이 소장하고 있다.

도였다. 궁인들이 팔괘가 있는 떡을 먹으라고 권하면 팔괘는 먹는 것이 아니라고 할 정도였다고 한다. 이처럼 총명했던 사도세자는 어린 아기 때부터 비범한 자질을 보였기에 조정의 기대를 한 몸에 받았다.

1736년(영조 12년) 3월 15일에 세자로 책봉된 사도세자를 보고 경연관 조현명은 사도세자가 북벌론을 주장하며 국방력을 확장했던 효종孝宗의 모습을 닮아 종묘사직에 끝없는 복이 온다고 하였다. 이는 정조가 『현륭원지』에 의도적으로 인용해 놓음으로써 사도세자가 무인 기질이 강했다는 것을 보여 주고자 한 것이다.

동궁보묵
東宮寶墨

사도세자가 8세 때 쓴 글씨를 모아 엮은 필첩筆帖이다. 표제는
'동궁보묵'東宮寶墨이고 내용은 해서체楷書體 큰 글씨로 쓴 '군신
유의'君臣有義 군의신충君義臣忠 군신지분의'君臣之分義'이다. 말미에
첨부된 장악원첨정掌樂院僉正 이익준李益矯의 발문跋文에는 사도
세자가 자신의 아들 갑득甲得에게 써 준 것을 1746년 장첩하
였음을 밝히고 있다. 그리고 사도세자 글씨의 필획筆劃이 정대
正大하고 자체字體가 정엄精嚴하여 성덕成德의 기상氣象이 있다고
감상평을 남겼다.

실제로 사도세자는 어린 시절부터 무예에 관심이 많았다. 사도세자는 놀
이를 할 때도 반드시 병위兵威를 진설하곤 하였다. 『한중록』閑中錄을 보면 사
도세자가 어린 시절에 동궁에서 궁인이 나무와 종이로 만들어준 월도月刀와
활을 가지고 어린 나인들과 함께 생활했다고 쓰여 있다. 또 혜경궁은 경종
을 모셨던 소론 출신의 상궁들이 영조와 사도세자 사이를 악화시키기 위해

학문 수양을 유도하지 않고 무예에만 몰두하게 했다고 적었다. 이것은 홍봉한을 옹호하는 부홍파扶洪派를 대변하는 혜경궁의 입장에서 사도세자가 훗날 학문을 하지 않고 영조와 갈등을 일으켜 잘못된 삶을 살게 된 것이 소론 때문이었다는 것을 강조하기 위한 것이라고 볼 수 있다.

사도세자는 영조가 시험 삼아 그의 소질을 떠보려고 병법에 대해 물어보면 조목조목 대답을 해내곤 하였는데 매우 상세하였다. 또한 병서兵書를 좋아하여 속임수와 정당한 수법을 적절하게 변화시키는 묘리에 정통하였다.

사도세자가 정조를 낳고 뒤늦게 홍역을 앓아 치료를 받을 때 장인 홍봉한이 사도세자의 무료함을 풀어주고 학업을 위하여 책을 읽어주는 역할을 하였다. 그런데 『한중록』에 의하면 사도세자가 장인 홍봉한에게 읽어달라고 원하는 내용이 『삼국지』三國志의 '출사표'出師表였다고 한다. 사도세자는 출사표를 비롯한 전쟁 이야기를 좋아했고, 적을 물리치기 위해 목숨을 걸면서까지 군주와의 약속을 소중히 여긴 제갈량의 충성심을 좋아했던 것같다. 이처럼 사도세자는 무예에 대해 각별한 관심이 있었다.

혜경궁 홍씨는 사도세자가 본래 영웅의 기상을 타고 났는데 어린 시절 무예놀이를 과도하게 한 것이 성장하면서 영향을 주었고, 그것으로 인해 끝내 죽음에 이르게 되었다고 아쉬워하였다. 이로써 그가 어린 시절부터 무인의 기질이 강하였고 성장하면서 무예에 대한 관심과 기질이 북벌의식으로 변화되어 간 것을 확인할 수 있다.

사도세자는 세자로 책봉된 이후 왕세자 교육을 지속적으로 받았다. 영조는 세자의 교육을 위하여 강화도에 은거하고 있던 정제두를 초빙하여 보양관 및 세자시강원 이사貳師로 삼았다. 정제두는 정몽주의 후손이자 정승을 역임하였던 정유성의 손자였다. 정제두는 외세의 침략에 대한 역사를 깊이 생각하며 이에 대한 대응책을 고민하였던 인물이다. 정제두는 젊은 날 강화에 거주하면서 외세에 대한 치욕을 극복하고자 하는 의지를 갖게 되었을 것이다. 그는 실용적 학문관을 가지고 갑병甲兵, 전곡錢穀, 백가百家의 술수 등에 통달하지 않은 것이 없을 정도였다. 그래서 영조는 그가 80세가 넘은 고령임에도 불구하고 세자를 위하여 스승으로 초빙하였던 것이다. 영조는 즉위 초반 정제두를 조정에 출사시켰는데, 노론의 이정박 등이 그가 소론과 양명학파라는 이유로 탄핵할 때도 그를 신뢰하며 보호했었다. 그런 정제두에게 사도세자의 교육을 위하여 우찬성을 제수하는 것과 더불어 세자시강원 이사로 임명하였다. 이때 사도세자는 두 살이었기에 실질적인 교육은 이루어지지 않았지만 기본적으로 동궁전의 교육 방침의 밑바탕이 되었을 것이다. 소론이었던 정제두가 소론의 지지를 받았던 경종을 모셨던 동궁전의 나인들에게 영향을 주었을 것이고 이로써 사도세자의 숭무정신과 외세에 저항하는 북벌론이 싹텄을 것이다.

사도세자는 성균관에 입학하고 학문의 성과가 날로 올라갔다. 그가 쓴 글씨를 보배로 삼아 감상하고자 하는 신료들이 늘어났다. 영조는 신료들의 이 같은 요청에 동궁이 쓴 글씨의 진본은 세자의 교육을 담당하는 세자시강원인 춘방春坊에 두고 글씨를 원하는 이들은 이를 베껴가라고 하였다. 어린 시절 사도세자의 영특함을 보여주는 대목이다. 사도세자가 영조의 바람대로 성장하자 그의 덕을 칭송하는 글자를 주고자 하였다. 영조는 조정의 원로대신들과 육조의 정3품 이상 당상관의 직책을 맡은 주요 관료들을 불러 모아 왕세자의 덕을 나타낼 수 있는 글자를 의논해 정하라고 명하였다. 이때 신하들은 협의를 통해 3개를 추천하였는데, 두 번째 추천인 '윤관'允寬으로 최종 확정하였다. 윤관은 진실로 너그러운 사람이란 뜻이다. 사도세자는 통이 크고 담대한 성격을 지니고 있었는데, 영조와 신하들은 여기에 더해 너그럽고 따스한 사람이 되기를 희망했던 것이다.

이종성
李宗城

"경의 말이 절실하다. 이후로도 말할 만한 것이 있으면 경은 또 들어와 말하라." "그는 당 태종대의 위징魏徵과 같다." 이종성(1692~1759)을 평한 영조의 말이다. 마음에 품은 말은 하고야마는 성격이어서 직언을 서슴지 않는 그를 꺼려하여 영의정에서 내칠 정도였다. 영조대에 효강孝剛이란 시호를 받았고, 부친인 장헌(사도)세자에 대한 의리와 충절을 알고 있던 정조가 그의 시호를 문충文忠으로 고쳐주었다. 고종 때 장헌세자가 장조莊祖로 추존되면서 그의 묘정에 배향되었다. 초상화에는 시호를 효강으로 쓴 것으로 보아 영조대 그려진 것으로 보인다.

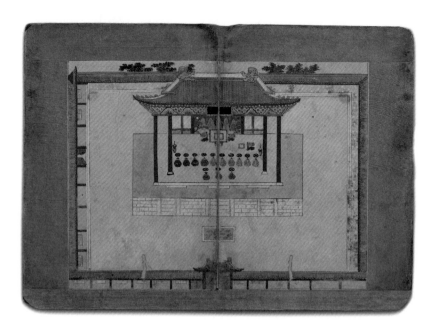

| 경현당 어제어필 화재첩
景賢堂御製御筆和裁帖

1741년(영조 17년) 6월 22일 영조가 경희궁 경현당에서 사도세자를 옆에 시좌(侍坐)시킨 가운데 승정원과 홍문관의 관원들을 불러 경연(經筵)을 시행한 후 주안상을 베풀고 어제시를 내려 참석자들로 하여금 화답시를 짓게 한 일을 기록한 책이다. 첫 장의 행사 기록화에는 전각의 중앙에 영조의 어좌(御座)를 표현하고 그 우측에 사도세자의 자리를 배치하였는데, 영조와 사도세자가 한 화폭에 등장하는 그림은 이것이 유일하다.

사도세자는 기본적으로 강인하고 굳센 성품을 가지고 있었다. 영조는 사도세자가 8세 때인 1743년(영조 19년) 세자시강원 빈객으로 형조판서 이종성을 임명하면서 사도세자의 강인한 성품을 인자함으로 보필하여 조화롭게 해달라고 부탁하였다.

이처럼 강하고 굳센 성격의 사도세자는 왕세자로서 나라를 이끌어갈 준비를 하였다. 사도세자는 '효도는 힘을 다해서 하고 충성은 목숨을 바쳐서

하는 것이 입신양명하는 길이다'孝當竭力 忠則盡命 立身揚名之道也라고 한 열다섯 글자를 써서 보관하고 있었다. 이 글은 영조가 미처 보지 못한 것이었는데, 영조는 양정합養正閤에서 홍문관과 세자시강원의 관원들을 인견하는 자리에서 이 글을 확인하였다. 영조는 사도세자의 글에 대해 격려하고 이 글씨를 모사하여 홍문관에 걸어놓고, 첩帖으로 만들라고 지시하였다. 그리고 스스로 이 첩의 제목을 '원량의 글을 가지고 이어 신하들을 면려한다'將元良書 仍勉群工는 여덟 글자로 지어주었다. 효도와 충성을 다하겠다는 것은 부친인 영조에게 세자로서의 역할에 충실하겠다는 것을 다짐하는 것이기도 하지만, 영조에게 보여주지 않을 스스로의 글에서도 충성을 생각하고 다짐하는 것은 그의 강인함에서 나오는 것이라고 할 수 있다.

영조는 사도세자의 특별한 무인적 기질을 알고 있었다. 그는 대리청정을 지시하기 전에 조현명에게 사도세자의 기질을 칭찬하면서 "태산泰山을 끼고 북해北海를 뛰어넘는 기질을 가지고 있다"고 하였다. 영조는 15세 이전의 사도세자에게서 담대한 기질을 확인하였고 그가 문무겸전의 군주로 성장하기를 원했다.

어느 날 영조는 사도세자에게 중국 한漢나라의 문제文帝와 무제武帝 중 누가 더 훌륭하냐는 질문을 하였다. 이에 세자가 문제가 더 훌륭하다고 하자 세자가 자신을 속이는 것이라고 지적하였다. 영조가 판단할 때 아들의 기질로 보아 학문을 중요시 했던 '문제'보다는 군사력을 동원하여 대외 팽창전략을 추구했던 '무제'를 더욱 높이 평가할 것이라고 생각했기 때문이다.

사도세자는 영조에게 군사적 측면에서는 무제를 더 흠모하지만 백성을 위한 정치는 문제가 더욱 뛰어났다고 대답하였다. 아마도 부왕인 영조가 학문을 더 중시하는 것을 알고 있었기 때문에 그에 맞추어 문제를 더욱 좋아한다고 대답한 것이 아닌가 싶다. 이에 영조는 그의 무인적 기질을 인정하면

현륭원 원소 도감 의궤
顯隆園園所都監儀軌

1789년(정조 13년) 사도세자의 새 묘소 현륭원을 조성한 내용과 과정 등을 기록한 의궤이다. 책머리에는 원상각을 비롯한 건물·녹로·각종 석물 등 29개의 도설과 청룡·백호·주작·현무를 그린 사수도가 수록되어 있으며, 의궤도식에는 대여전후좌우도大譽前後左右圖, 견여도肩譽圖 등과 채색의 반차도班次圖가 실려 있다.

서도 안정적 정치를 해나가기를 바라는 마음을 직접적으로 전달하였다.

> "너는 앞으로 문제·경제의 반 정도만으로 나를 섬겨도 족하다. 내가 매양 한나라 무제로 너를 경계했는데, 너의 시 가운데 '호랑이가 깊은 산에서 울부짖으니 큰 바람이 분다'虎嘯深山大風吹는 글귀가 있어 기氣가 크게 승하다는 것을 알 수 있었다."
>
> -영조실록 권67, 24년 6월 임인

이처럼 사도세자는 영조가 인정할 정도로 학문보다는 무예를 숭상하는 기질이 강하였다. 15세 이전에 영조가 인용할 정도의 호방한 시를 쓴 것은 사도세자가 대단히 담대한 성품을 가지고 있으며 기운이 승하였음을 확인할 수 있다. 이러한 기질이 대리청정을 통해 효종의 북벌론을 계승하고 무예서를 편찬하는 기반이 되었다. 🌀

3_
사도세자,
효종의 북벌론을 계승하다

○

사도세자는 영조의 명으로 15세의 나이로 대리청정을 시작하였다. 영조의 대리청정 지시는 김재로를 중심으로 하는 노론이 세자를 제거하기 위한 목적으로 영조를 압박하여 대리청정을 이끌어 냈다는 시각이 있을 정도로 사도세자에게는 어려운 과제였다.

그러나 한편으로 대리청정이 비록 사도세자에게 어려운 정치 현실이었지만 대내의 여러 정보를 입수할 수 있는 기회도 되었다. 그는 대리청정을 통해 효종의 북벌론을 계승하는 계기를 마련할 수 있었다.

효종은 병자호란 후 심양에 인질로 끌려가 8년간의 고초를 겪고 조선으로 돌아온 인물이다. 때문에 청에 대한 복수심이 강했다. 효종은 즉위 후 경기관찰사로 하여금 천근千斤을 들 수 있는 역사力士들을 선발하여 한성으로 모아 훈련시켜 북벌을 강행할 준비를 하였다. 효종의 북벌론은 그의 죽음으로 조정에서 잠시 사라지는 듯하였으나 현종대 윤휴의 북벌 건의를 시작으로 다시 논의가 추진되었다. 현종顯宗 역시 서인들이 예송논쟁을 통해 부왕

효종 영릉
孝宗 寧陵

효종은 1619년에 인조의 둘째 아들로 태어나 인조반정 후 봉림대군에 봉해졌다. 효종은 왕세자인 소
현세자의 죽음으로 27세의 나이로 세자의 자리에 올랐고 1649년 인조가 사망하자 왕으로 즉위했
다. 왕위에 오른 효종은 청나라를 치는 북벌을 계획하였으나 대신들의 비협조와 재정 빈약 등으로
북벌을 실행에 옮기지 못하고 즉위한 지 10년 만인 1659년 41세로 사망한다. 효종의 무덤인 영릉寧陵
은 건원릉 서쪽 능선(현재 구리시에 위치한 영조 무덤인 원릉)으로 정해진 후 계획대로 안장되었다. 현종은
사망하기 1년 전인 1673년 영릉을 옮기기로 결정하고 현재의 여주 땅으로 이장하였다.

효종이 국왕임에도 차자次子로 평가받는 것에 대한 반감이 있었다. 그래서 그는 부왕의 명예를 회복하고 왕실의 위상을 높이는 방안으로 북벌론을 떠올렸다. 그러나 현종의 갑작스런 죽음으로 북벌 정책은 다시 수면 아래로 가라앉고 말았다.

이후 북벌론은 숙종대에 다시 본격적으로 등장하였다. 숙종대 북벌론의 핵심 인물은 현종대 북벌론을 제기한 윤휴와 남인의 무반 유혁연이었다. 당시 청나라는 오삼계吳三桂의 반란으로 조선의 내정에 간여할 여유가 없었다. 그리고 조선으로서는 한족漢族이었던 오삼계가 만주족과 대결을 하고 있었으니 병자호란의 치욕을 갚기에 가장 적절한 상황이 된 것이다. 그래서 윤휴와 유혁연은 숙종에게 병거兵車 제작을 건의하면서 북벌 준비에 나서자고 하였다.

윤휴와 유혁연은 자신들의 북벌론이 무모한 것이 아니라 중국의 내란으로 인한 기회를 놓치지 않는 것이고 이를 통해 조선은 자주적 국가가 되어야 한다고 주장했다. 숙종은 윤휴나 유혁연의 견해를 받아들여 은밀히 북벌을 수행할 수 있는 도체찰사부를 만들었다. 이는 북벌과 더불어 노론을 견제하고자 하는 의도를 동시에 가지고 있었다. 그러나 청나라에서 오삼계의 난이 평정되면서 조선 정세는 급속히 변화되고 북벌 논의는 청나라와의 외교 관계에 해로운 요소가 될 수 있었다. 결국 숙종은 윤휴와 유혁연을 제거하고 도체찰사부의 책임을 노론인 김석주에게 맡김으로서 북벌론은 다시 주저앉았다.

숙종대 남인의 몰락 이후 영조대까지 북벌론은 더 이상 조정의 논의로 등장하지 않았다. 이와 같은 정치적 현실에서 사도세자는 대리청정 과정에서 효종의 청룡도靑龍刀의 존재를 알게 되었다. 효종은 무예를 좋아하기도 하였지만 북벌을 위한 상징적 의미로 청룡도와 쇠로 주조한 큰 몽둥이를 만들어 창덕궁 후원에서 무예 시연을 자주 하였다. 조정에서는 효종 사후에 청룡도와 쇠몽둥이를 효종이 머물렀던 저승전儲承殿에 보관해두었다. 이 청룡도는 『삼국지』의 관우가 사용한 72근의 청룡언월도를 본떠 만든 것으로 무쇠로 주조하여 당시 무관들도 무거워서 제대로 사용하지 못하였다. 그러나 사도세자는 15, 16세 때부터 이 청룡도를 자유롭게 사용하였다. 그만큼 사도세자의 신체 조건과 무예가 뛰어났다고 볼 수 있다. 또한 정확한 활쏘기와 능란한 말타기 솜씨도 보유하여 활을 쏘면 목표물에 정확히 맞췄으며, 고삐를 잡으면 나는 듯이 능숙하게 말을 몰았고, 사나운 말도 잘 다루었다. 그래서 세자 책봉 시 조현명이 한 "세자가 효종을 닮았다"는 말은 선견지명이 있었다고 볼 수 있다.

사도세자 역시 늘 효종을 닮고자 하였다. 이러한 사도세자의 의도는 1760년(영조 36년) 온양온천 행차에서도 드러났다. 행차 당시 그가 입은 복식은 군복이었다. 앞서의 내용처럼 사도세자는 효종을 닮았다는 이야기를 들으면서 성장하였고, 대부분의 행동도 부왕인 영조 대신 효종을 따라 하고자 하였다. 그래서 효종이 행차 시에 군복을 입었듯이 본인도 늘 군복을 입고 다녔다. 즉 무인으로서의 모습을 보여주고자 한 것이다. 이는 사도세자가 효종의 뜻을 이어 북벌을 하고자 하는 의지를 가지고 있음을 나타내는 것이다. 사도세자의 아들인 정조 역시 생부를 따라서 행차 시에 늘 군복을 입었다.

사도세자가 군복을 즐겨 입은 것은 『한중록』에도 쓰여 있다. 혜경궁은 사도세자 죽음의 원인이 '의대증'衣帶症이라고 판단하고 있었다. 의복을 입기 싫어하는 증상인데, 사도세자가 부왕인 영조를 만나기 싫어 옷을 입지 않으려 했다는 것이다. 당시 사도세자가 입었던 옷의 대부분이 군복이었고, 기묘~경진년(영조 35~36년) 사이에 없앤 군복이 비단 몇 궤인지 알 수 없을 정도였다고 증언하고 있다. 이를 통해 확인할 수 있는 것은 사도세자가 늘 군복

▌갑옷

갑옷은 전쟁 때 적의 창검이나 화살로부터 몸을 보호하기 위해 입는 겉옷이다. 이 갑옷은 두정갑옷으로, 조선 후기에 장군들이 가장 흔히 입었던 옷이다. 두정갑옷이란 미늘(물고기 비늘같은 쇠나 가죽조각)을 의복 안에 대고 밖에서 머리가 둥근 쇠못으로 박아 고정시킨 형태의 갑옷이다.

▌동달이
▌同多里

조선시대 군사들의 군복차림인 군복軍服에서 안에 입던 포이다. 형태는 두루마기와 비슷하나 뒤가 터져 있고 소매가 좁아 활동하기에 편하다. 동달이 위에 전복戰服을 입고 남색 전대戰帶를 띠고, 전립戰笠을 쓴다.

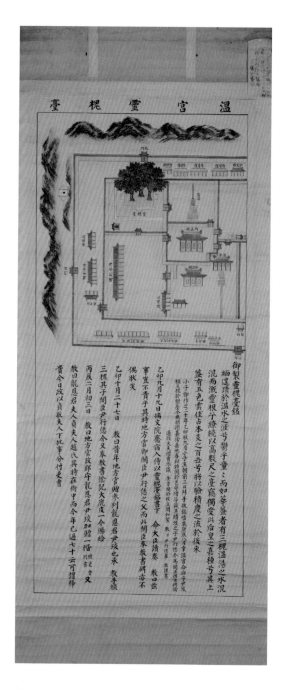

온궁 영괴대도
溫宮靈槐臺圖

1760년 사도세자가 온양에 행행(行幸)하여 행궁에서 활쏘기를 한 후 사대(射臺)에 그늘이 없음을 알고 회화나무 세 그루를 심게 하였다. 1795년 정조는 이를 기념하는 영괴대비(靈槐臺碑)를 건립하였다. 그림 상단의 온양행궁에 세 그루의 회화나무가 아름답게 그려져 있고 행궁 아래에 어제영괴대명(御製靈槐臺銘)과 더불어 윤행임 일가에게 상을 내린 일이 기록되어 있다.

을 입고 다녔으며 궁중에서도 군복을 입고 있었다는 것이다.

한편으로는 사도세자가 '삼종혈맥'三宗血脈의 시작인 효종을 강조함으로써 자신의 정치적 어려움을 극복하고자 하였을 의도도 있다. 영조는 삼종의 혈맥이 자신에게 있음을 강조하면서 왕세제 시절과 즉위 후 이인좌의 난 등의 정치적 어려움을 극복하였다. 바로 왕위 계승의 정통성을 강조하고자 함이었다. 사도세자 역시 효종을 내세움으로써 노론 세력의 정치적 견제를 극복하고자 한 것으로 보인다.

사도세자는 정치적 어려움을 극복하고 자신의 정치적 미래를 위한 행차에 나섰다. 영조는 해마다 지속되는 종묘 행차와 능 행차에 세자를 대동하지 않을 때가 많았다. 혜경궁은 부자간에 문제가 있었기 때문이라고 평가하였고, 이로 인하여 사도세자가 울분에 차 있었다고 한다. 사도세자가 울분에 찼던 것은 부왕의 매정함과 더불어 민간의 실정과 국방체계를 볼 수 없었기 때문일 것이다.

그래서 사도세자는 건강상의 이유로 온양온천 행차를 추진하였고, 영조는 이를 허락했다. 가마를 수행하는 협련군은 훈련도감 군인 120명으로 수행하게 하고, 전후 상군廂軍은 금위영과 어영청의 군사 200명으로 하여금 수행하게 하였다. 여기에 군기시에서 삼취三吹를 위한 대포도 참여하게 하였다. 이처럼 방대한 인원을 거느리고 온양으로 거동한 사도세자는 군율을 강조하고 무인세자로서의 면모를 부각시켰다.

사도세자는 온천 행차에서 수원부 읍치에 이르자 읍치의 객사에서 머물지 않고 독성산성의 운주당運籌堂에서 거처하였다. 독성산성은 임진왜란 당시 권율 장군이 승전을 이룬 역사적인 곳이었다. 때문에 독성산성은 외세에 대한 자주적인 공간으로 인식되었고, 효종의 뒤를 이어 북벌을 강조하며 군사력을 키우고자 하던 사도세자에게는 당연히 방문해야 할 장소이기도 하였다. 사도세자는 독성산성에서 무예를 열병하였다. 무예를 열병하는 것은 군왕으로서 당연히 해야 할 일이긴 하지만 온천 행차에서 무예를 열병하는 것은 사도세자의 무에 대한 애착이 강하다는 것을 보여준다. 앞서의 내용처럼 숙소를 수원부 관아의 객사에 정하지 않고 독성산성으로 오른 것 자체도 특이한 일이거니와 더불어 무예를 열병한 것은 자신의 국정운영의 기반을 나타낸 것으로 평가할 수 있다.

무예 열병에 이어 사도세자는 운주당 앞에서 화살 4발을 쏘아 모두 명중시켜 자신의 무예 실력을 보여주었다. 훗날 정조가 이곳을 방문하고 화성행궁으로 돌아와서 득중정得中亭에서 4발을 쏘아 모두 맞힌 것은 경진년(1760년) 사도세자의 독성산성 행차를 재현하기 위해서였다.

사도세자는 온양으로 행차하여 온천욕보다 활쏘기에 치중하였다. 온천의 서쪽 담장 아래에서 화살 5발을 쏘아 5발을 모두 명중시켰다. 그것을 기념하여 정문 앞에 회화나무 3그루를 심고 단을 쌓도록 지시하였다. 이와 같이 활쏘기를 기념하는 것은 무인으로서 자신의 능력을 보여주고 장차 국왕의 자리에서 군권을 장악하여 국방개혁을 하고자 하는 의도를 보여준 것이다.

사도세자는 궁중에서도 늘 무기를 개발하고 만들어 사용하였다. 하지만 영조는 사도세자가 무기를 제작하고 사용하는 것을 좋게 보지 않았다. 그래서 사도세자는 화변이 일어나기 한 달 전인 1762년(영조 38년) 5월에 자신의 전각 아래에 지하 땅굴을 파고 무기를 숨겨놓기까지 하였다. 이를 과도하게 해석하면 자신의 전각 밑에서 비밀리에 새로운 무기를 제작하고 실험하려는 의도가 있었다고 볼 수 있다. 훗날 정조가 1778년(정조 2년) 2월 남한산성 행차와 1795년(정조 19년) 윤2월의 화성행차에서 매화포埋火砲 실험을 한 것은 바로 사도세자의 무기 제작 의도를 계승한 것이라고 볼 수 있다.

사도세자는 1754년(영조 30년) 창덕궁 덕성합에서 비국 당상을 소집하여 비변사^{備邊司}의 계책을 물었다. 그를 통해 영남의 곡식 3만 석과 호남의 곡식 2만 석을 차차 통어영^{統禦營}에 옮기게 하였다. 이는 장기적인 계획 아래 강화도 일대의 군사력을 증진시키기 위하여 통어영의 군사재정을 안정시키기 위함이었다. 대리청정을 하는 과정에서 군사 부분에 대한 결정은 하지 않았으나 전 통제사 조동점의 청원에 따른 것이기는 하지만 20세가 된 이때부터 군국기무^{軍國機務}에 대한 결정을 내리기 시작하였다. 이는 중앙오군영이 노론 계열의 무반들에 의해 장악되었기 때문에 수도 외곽 군영의 하나인 통어영만이라도 자신의 친위군영으로 만들고자 하는 의도였다.

이와 같이 군제에 대한 자신의 정책을 추진하고자 하는 사도세자에게 정언 서명응은 국정운영을 원활하게 하기 위하여 8가지의 8목^{八目}을 강조하였다. 서명응은 "강학을 밝히고^{明講學}, 성실을 힘쓰고^{務誠實}, 일욕을 경계하고^{戒逸慾}, 청납을 넓히는^{恢聽納} 네 가지는 학문하는 요체이고, 사전을 바루고^{正祀典}, 학교를 일으키고^{興學校}, 공거를 고치고^{改貢擧}, 무략을 씩씩하게 하는^{壯武略} 네 가지는 제치^{制治}하는 도구입니다"라고 진언하였다.

소론의 중심인물로 동생인 서명선과 더불어 훗날 정조의 국왕 등극에 절대적 공헌을 한 서명응은 이렇듯 사도세자를 위한 정책 제안을 하였다. 이중에서도 군사제도를 강화하고 진법의 이론과 훈련을 통하여 외적들과의 전투에서 이길 수 있게 하여야 하며, 서북과 삼남 출신들의 무반을 적극 기용하여야 한다고 강조하였다. 노론을 철저하게 견제하면서 올린 서명응의 상소는 노론들의 적개심을 불러일으켜 급기야 성균관 유생들이 서명응을 탄핵하기에 이르렀다. 실제 사도세자는 소론과 연계를 맺으면서 우암 송시열의 배향과 이산^{尼山}의 궐리사^{闕里祠}에 대한 사액 요구 등 노론의 요구를 들어주지 않아 노론의 불만이 높았다. 사도세자는 대리청정 이후 노론들의 문묘 배향에 대하여 사체^{事體}가 중요한 것이라 결정할 수 없다는 핑계를 대며

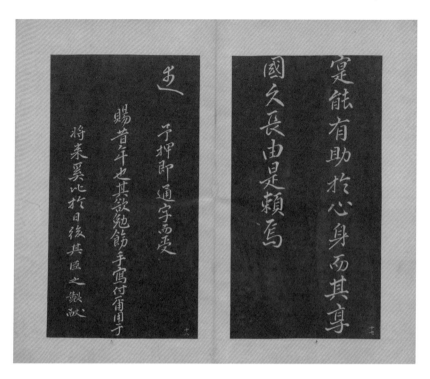

영조대왕 훈유
英祖大王訓諭

1744년(영조 20년) 영조가 사도세자의 관례冠禮 때 교훈이 될 만한 글을 내린 것이다. 내용을 크게 4가지로 나누어 대리석 석판 22매에 새겼다. 내용 중에는 사도세자의 자를 윤관允寬이라고 지은 이유가 나온다. 그리고 사도세자에게 화압花押, 즉 수결手決로 '달達' 자를 내려주며 그 의미를 되새기라고 당부하고 있다. 영조의 화압이 '통通'이니 사도세자와 합하면 '통달通達'이 된다.

지속적으로 거절하였다. 송시열과 송준길의 문묘배향 그리고 노론 4대신 중의 한 명인 김창집의 석실서원 배향만이 아니라 소론의 영수인 윤증 후예들의 동향을 살피기 위해 만든 이산의 궐리사에 대한 사액도 거절하였다. 이러한 결정은 노론 입장에서는 사도세자를 자신들의 적대자로 보게 했고, 사도세자를 죽음으로 이끈 한 요인이 되었다. 이러한 사도세자의 소론 지향적인 태도는 노론들로 하여금 그의 대리청정을 적대시하고 사도세자를 원수처럼 여기게 할 정도였다.

소론의 중심인물인 서명응은 노론들의 군사적 기반을 견제하고 사도세자의 위상을 올리기 위하여 군사제도 개혁을 강조한 것이다. 사도세자는 서명응의 의견에 대해 자신도 역시 같은 생각이라고 하면서 군사에 대한 문제는 자신이 임의대로 처리할 수 없으니 영조에게 허락을 구해 결정하겠다고 답변하였다. 결국 이러한 서명응의 상소와 사도세자의 답변은 군사력의 기반을 다지겠다는 의중을 보여주는 것이다.

사도세자는 군사력을 확보하기 위한 노력과 더불어 효종의 꿈을 이룰 북벌에 대한 의지를 실천하고자 하였다. 영조 역시 명분론적 입장에서 병자호란의 치욕을 들추어내며 명나라에 대한 의리를 강조하여 권력의 안정을 꾀하고자 하였다. 그러기 위해 영조는 병자호란 120주년을 맞아 소현세자의 『심양일기』瀋陽日記를 꺼내 대소 관료들에게 읽히게 하였다. 그리고 자신의 소회를 밝히고 사도세자에게도 『심양일기』를 읽도록 하였다. 더불어 병자호란 당시 임경업과 더불어 청군과 대적하고 후일 청태종을 암살하겠다고 심양에 갔다 끝내 뜻을 이루지 못하고 자결한 최효일에 대한 전기도 유신들에게 읽게 하고 그 후손들을 녹용하게 하였다. 이는 영조 역시 대내 관료들에게 병자호란의 치욕을 잊지 않고, 외세에 대한 경계를 늦추지 않겠다는 의도를 보이고자 한 것이다.

"영조대왕이 하루는 가까운 신하를 어전에 모으고 국사를 의논했는데 왕은 국가 백년의 기초를 세우려면 먼저 일본의 대마도를 탈환하여 관문을 고수함만 같지 못하다고 제안하였다. 여러 신하들이 다 묵연하고 아무 말이 없을 때 세자는 당당히 자리에서 나가 아뢰기를, "국가의 적은 청국이요 일본이 아니며, 장차 장래 대계를 말할지라도 섬나라를 도모하는 일보다 대륙을 도모함이 유리할 뿐만 아니라 선왕이 병자년의 치욕이 있었으니 이것을 씻는 것이 마땅합니다"라고 하였다. 영조는 그 말을 듣고 대경실색하여 "국가를 망하게 할 자는 저 아이"라 하고 꾸짖고 물러가게 하였다. 이것은 그 말이 청국에 전달되면 문책을 받는 사태가 있을까 두려워함이다. 그러나 세자는 크게 웃으면서 이와 같이 말하고 물러났다. "과연 청국은 큰 나라입니다. 그러나 저는 충분히 승산이 있으니 시험하여 병권을 빌려주시면 한 번에 청을 무찌르고 개선가를 어전에 아뢰겠습니다." 영조가 더욱 격노하야 "대역무도한 아이"라 또 질책하고 그 후로 더욱 더 세자를 멀리하였다. 그러던 중에 왕이 총애하는 화완옹주(세자의 친누이)와 문숙의가 때때로 궁중에서 세자의 무도함을 참언하고 또 몇몇의 간신배는 세자가 도당을 불러 모아 불의한 음모를 꾸민다고 일러바쳤다. 영조는 반신반의하다가 마침 동궁의 액례 아무개가 세자에게 죄를 얻고 화가 미칠까 두려워하여 임금에게 세자의 흉패한 행동이 있었던 일을 무고하니(그때 세자가 평양에 다녀온 일이 있음) 왕이 크게 화를 내며 성대하게 군대를 벌여 놓고 세자를 잡아와 옥에 가두니 '이 세상을 뒤덮을' 호걸인 세자도 할 수 없이 비분의 눈물을 머금고 철창 아래에서 신음하게 되었다. 그때 세자의 사랑하는 아들 정조대왕은 연세가 겨우 11세였다. 어린 시절부터 효심이 매우 깊은 정조왕은 부왕이 옥에 갇히는 것을 목격하고 할아버지 왕의 곤룡포 소매를 붙잡고 울며 부왕에게 내린 명을 철회하기를 애원하였다. 그러나 늙고 어두운 영조는 그 사랑하는 손자도 내쫓도록 하였다.

인간의 화는 아침저녁에도 예측하기 어렵다. 아침에 만승의 왕자가 저녁에는 옥에 갇힌 사람이 되었다. 우리에 갇힌 호랑이와 같이 헛되어 울부짖기만 하고 죽을 날을 기다릴 뿐이었다. 세자의 가련한 생활은 옥졸까지도 감읍하여 은밀히 주먹밥과 물을 공손히 바쳤다. 옥졸은 그 죄로 인해 영조의 성난 칼 아래 또한 죽임을 당하였다.

아아! 영웅의 운이 다 한 것을 어찌하리오. 제8일 만에 세자는 끝내 무참하게 최후를 마치니 때는 영조 38년 임오 윤5월 21일이다(혹은 약으로 죽었다하고, 혹은 목궤에 들어가게 하고 쇠못을 박아 죽였다고 말함). 이는 참으로 인간의 큰 비극이다. 군주의 권력 아래에는 부자의 은혜도 없고 간사하고 치밀하게 참소하는 말에는 골육도 상잔한다. 당시 좌의정 이후와 우의정 민백상은 세자의 원통한 죽음을 한으로 생각하고 잇달아 자살하고, 그 후 영조도 또한 잘못을 뉘우치고 깨달아 세자에게 '사도'라는 시호를 내리고 세자를 무함한 흉한도 처형하였다."

－青吾, 嗚呼 思悼世子, 『개벽』 제47호, 1924년 5월 1일

그럼에도 영조는 병자호란의 치욕을 극복하기 위하여 효종의 북벌론을 계승하고자 하지 않았다. 당시 대부분의 관료들이 안정적인 국가운영을 하고자 했기 때문이다. 하지만 사도세자의 생각은 영조와 달랐다.

영조는 대마도에 대한 경계를 통해 일본과의 관계 정립을 하고자 하였다. 영조대 일본에 대한 지배적 구도를 가지고 통신사를 파견하였고, 그로 인하여 대마도주는 조선을 대조정大朝廷이라 하였고, 영조는 일본을 제어할 요도要道를 얻었다고 할 정도였다.

영조의 대일본 통제 및 교류에 대하여 사도세자는 반대 의견을 가지고 있었다. 사도세자는 "국가의 적은 일본이 아니고 청국이다"라고 강조하였다. 더불어 청국이 대국이지만 자신이 군권을 얻으면 10분의 1의 승산만 있어도 일거에 청국에 들어가 멸망시킬 것이라고 하였다. 이에 영조는 너무 놀라워하였고, 이를 막기 위하여 사도세자의 정치적 영향력을 감소시켰다. 그리

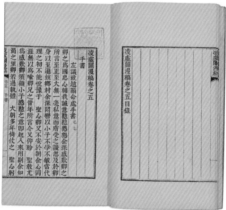

능허관만고
凌虛關漫稿

사도세자의 시문집이다. 모두 7권 3책으로 구성된 활자본이다. 권1 '시' 詩에는 부모의 공덕을 감사하고 주나라 문왕文王과 주공周公에 대한 흠모와 칭송의 시 등이 있는데, 『시경』의 시체를 많이 본떴다. 특히 「제병」題屛은 예안의 도산서원陶山書院, 선산의 월파정月波亭, 밀양의 영남루嶺南樓, 진주의 촉석루矗石樓, 남해의 금산錦山, 하동의 불일암佛日庵, 합천의 해인사와 학사대學士臺, 언양의 반구대盤龜臺 등 명승고적을 칠언절구로 묘사한 것이다. 그리고 권2~4는 1749년 부왕이 대리청정代理聽政을 교시敎示하였을 때 그 철회를 호소한 상소문과 조정 군신群臣들의 소疏에 대한 비답批答 및 판부判付가 수록되어 있다.

고 마침내 사도세자를 죽음에 이르게 한 것이다.

사도세자는 자신을 죽음에 이르게 한 북벌 의지를 이미 여러 글에 남겨 놓았다. 사도세자는 자신의 호를 '능허관'凌虛關이라 하였다. 능허관이란 '하늘을 높이 날다. 허공을 가르다. 승천하다. 비상하다'는 의미를 가지고 있다. 이는 사도세자의 무인적 기질을 보여주는 것이다.

그의 유고문집인 『능허관만고』凌虛關漫稿의 '세류행'細柳行은 병영을 소재로 하여 읊은 것이고, '관왕묘'關王廟와 '찬무안왕'贊武安王은 관우의 충의忠義를 매우 높게 평가하고, 특히 왜란 때 관우의 혼령이 나타나 우리나라를 도와준 큰 은혜를 생각하며 읊은 것이다. '황마찬'皇馬贊은 황마를 타고 연산燕山·소수蘇水를 달리지 못함을 한스럽게 여긴 내용이다. 이는 바로 북벌을 성취하지 못한 효종의 한을 생각하면서 세자 자신도 말을 타고 북벌하지 못하는 한을 은연중에 드러내고 있다. 더불어 준마駿馬는 성인이 출현하면 나타나는 것으로, 자신이 이 말을 몰아 중원으로 나가겠다는 의지를 보여주고 있다.

특히 '제진도'題陣圖는 그의 병술에 대한 관심을 잘 보여준다. 이 글은 진도陣圖에 대하여 제를 쓴 것인데, 군기軍旗와 군악기의 위치까지 서술하고 있다. 『삼국지』의 주역인 관우와 마등, 왕선 등이 진법을 어떻게 운영하였는지를 깨닫고, 그와 같이 진법을 만들어서 군사들을 배치하고 군기를 배치하는 것이 올바르다는 것을 강조하고 있다. 즉 사도세자는 『삼국지』의 관우와 제갈량의 전법과 진법에 매우 심취해 있었고, 상당한 병법 훈련이 되어 있음을 확인할 수 있다. 그리고 이 병법은 조선군을 대상으로 하는 전투에 사용하는 것이 아니라 중국의 군대, 즉 청군을 상대로 하는 전투에 사용하기 위한 것이었다. 이는 북벌을 감행할 경우 중원에서 이와 같은 진법을 사용하기 위한 사도세자의 의지였던 것이다.

이와 같은 『능허관만고』의 시詩와 찬贊, 제題를 통해 사도세자는 무인으로서 자신의 북벌의 의지를 천명하고 있다. 이는 자연스럽게 국방을 강화하기 위한 무예서 편찬 노력과 기존의 무반이 아닌 신흥 무반 양성을 위한 노력으로 이어졌다. 🌀

4_
조선 최초의 무예서, 『무예제보』의 발견

〇

아시아 역사상 최고의 무예서로 평가받고 있는 『무예도보통지』는 2017년 10월 27일 유네스코 세계기록유산으로 선정되었다. 1950년대 이미 『무예도보통지』를 한글로 번역했던 북한이 『무예도보통지』의 중요성을 일찍부터 파악하고 오랜 준비 끝에 유네스코에 세계기록유산으로 신청했고, 그 결과 등재가 된 것이다.

이 무예서가 북한의 신청으로 되었다고 해서 배척할 것이 아니라 정조시대 무예의 정수를 지속적으로 연구하고 계승하여 우리의 무예로 삼고, 이를 세계적인 문화콘텐츠로 만드는 것이 중요하다. 이미 수원시는 1990년대부터 『무예도보통지』의 무예를 수원의 무예로 인정하고 지속적인 예산을 투여하여 무예 계승자들을 양성하고, 매일 화성행궁 앞에서 무예 시연을 하고 있다. 하지만 더욱 중요한 책무가 있다.

사실 『무예도보통지』가 남북의 합동 노력으로 세계기록유산에 등재되지 않아 서운한 점도 있지만 아주 서운한 것만은 아니다. 그 이유는 바로 『무예도보통지』보다 훨씬 오래 전에 간행된 『무예제보』武藝諸譜가 수원화성박물관에 소장되어 있기 때문이다.

조선 시대 무예서의 시초인 『무예제보』가 수원화성박물관으로 오게 된 것은 하늘이 도운 덕분이라고 할 수 있다. 수원이 오랫동안 무예를 숭상하는 도시로 역사에 기록되어 왔기 때문에 『무예제보』가 수원으로 온 것이라고 생각한다. 여기에 더해 화성을 복원하는 과정에서 문화유산으로서의 화성만을 복원한 것이 아니라 수원 화성과 연계된 다양한 무형의 유산까지도 복원했기 때문이다. 그 과정에서 『무예도보통지』의 무예와 『화성성역의궤』, 『원행을묘정리의궤』에 기록된 1795년 윤2월의 화성 군사훈련도 재현하고 있다. 이렇게 정조시대 무예사武藝史 복원에 노력하는 수원시에 대해 하늘이 조선시대 무예서의 원류라고 할 수 있는 『무예제보』를 보내준 것이다.

이 『무예제보』는 1598년 훈련도감의 장교인 한교韓嶠에 의해 만들어졌다. 『무예제보』가 만들어진 과정과 그 내용은 잠시 후 소개하고, 그 전에 선조宣祖 연간에 만들어진 한교의 『무예제보』가 어떻게 수원으로 오게 되었는지부터 이야기하고자 한다.

선조대에 간행된 『무예제보』는 한말까지 계승되었다. 『무예제보』를 기반으로 사도세자는 『무예신보』를 만들었고, 정조는 『무예도보통지』를 만들었다. 그러다가 일제에 강점당하며 우리의 무예서는 사라졌다. 일제는 1907년 대한제국의 군대를 해산하면서 무예를 익힌 군인들 혹은 재야의 무사들이 독립운동에 투신하여 일본에 대적할 것이 두려워 일찍부터 군인과 무인들을 탄압했다. 그 결과 군인들과 재야의 무사들은 압록강과 두만강을 넘어 만주와 간도 일대에서 독립군으로 변신하고 일제에 항거했다. 조선에 남은 무인들은 자신들이 익힌 무예를 보전하고, 이를 계승하기 위해 산으로 들어가기도 했다. 그러는 과정에서 일제는 조선의 무예서를 없애기 시작했

© 수원화성박물관 소장

무예제보
武藝諸譜

『무예제보』는 임진왜란 발생 후 전쟁에 시급한 무예서의 필요에 따라 1598년 명明나라 척계광戚繼光의 『기효신서』紀效新書를 토대로 6기六技(곤봉·등패·장창·당파·낭선·쌍수도)를 만들어 한교에 의해 편찬된 것이다. 2017년 북한이 신청하여 세계문화유산이 된 『무예도보통지』보다 앞서 제작되어, 『무예도보통지』 편찬의 근간이 되었다. 주한 프랑스 초대 공사였던 콜랭 드 플랑시가 무예제보를 가지고 가서 파리 동양언어문화학교 도서관에 기증하여 이것만이 현존하였는데, 1598년에 간행된 초간본이 2017년에 발견되어 수원화성박물관에서 구입하여 현재 소장하고 있다.

고, 결국 해방 이후로는 우리 무예서를 찾아보기 힘들었다. 다행히 『무예도보통지』는 다량을 인쇄하였기 때문에 규장각과 장서각에 보존되어 있었고, 프랑스 초대 공사였던 콜랭 드 플랑시Collin de Plancy가 구입하여 자신의 모교인 프랑스 파리동양어학교에 기증하여 그 대학의 도서관에 소장되어 있었다. 플랑시는 대단한 서책 수집가이자 서지학자였는데, 그는 조선의 중요 서적들을 다량으로 구입하여 프랑스로 가져갔다.

이때 사라진 무예서가 바로 『무예제보』였다. 『무예제보』에 대해서는 『무예도보통지』 '기예질의'技藝質疑에 기록되어 있었기 때문에 『무예제보』가 『무예도보통지』의 기반임을 알 수 있다. 그런 측면에서 『무예제보』가 우리 앞에 나타나기를 간절히 바랐던 것이다. 그러나 이 무예서는 1990년대까지 나타나지 않았고, 그래서 영원히 실전된 것으로 생각했다.

그런데 뜻밖의 일이 벌어졌다. 『무예제보』의 존재를 알게 된 것이다. 1993년 9월 11일 박기동 강원대 체육교육과 교수가 서울 국립중앙도서관 비도서 자료실에서 『무예제보』 마이크로필름을 찾아낸 것이다. 아마도 그날의 감격을 박 교수는 평생 잊을 수 없을 것이다. 박기동 교수가 『무예제보』 마이크로필름을 찾게 된 것은 동방무술 유심권 도장의 종주인 이민영 씨로부터 국립중앙도서관에 『무예제보』의 마이크로필름이 보관돼 있다는 이야기를 전해 들었기 때문이다. 박 교수는 곧바로 국립중앙도서관을 뒤져 저자 불명으로 분류된 『무예제보』의 마이크로필름을 실제 확인했다. 요즘처럼 인터넷으로 쉽게 찾는 시대가 아니었기 때문에 그의 고생은 이루 말할 수 없었을 것이다.

이 마이크로필름이 한국의 국립중앙도서관 비자료실에 소장된 사연은 바로 한국과 프랑스의 외교관계 활성화 덕분이었다. 1982년에 맺은 한국과 프랑스 협정에 의해 프랑스 파리동양어학교 도서관에서 『무예제보』의 마이크로필름을 기증해주었던 것이다. 이때 1798년에 정조가 어머니 혜경궁 홍씨를 위해 만든 한글본 『정리의궤』의 마이크로필름도 기증해 주었다. 이 자료들 역시 콜랭 드 플랑시가 수집하여 모교에 기증한 것이었다.

그런데 우리나라의 문화재 관련 정부 기관과 학계에서는 『무예제보』의 마이크로필름이 한국에 기증된 것을 모르고 있다가 1993년에야 알게 되었다. 어쨌든 이때 『무예제보』의 마이크로필름을 확인하고 이를 출력하여 연구 자료로 활용하였다, 하지만 원본은 국내에 있는 것이 아니라 프랑스 국립 파리동양어학교 도서관에 있었기 때문에 우리가 국내로 반환받아 문화

무예제보
武藝諸譜

재 지정을 할 수는 없었다.

　필자는 이 자료를 보기 위해 2017년인 2월에 프랑스 파리로 가서 직접 원본을 보고 사진을 찍었다. 그때의 감격이란 이루 말할 수 없었다. 이 『무예제보』와 함께 그 도서관에 같이 소장돼 있는 『무예도보통지』도 같이 보았다. 당연히 우리나라에 있어야 할 무예서가 제자리에 있지 않고 프랑스에 있다는 것이 너무도 가슴 아팠다. 우리가 힘이 없어 우리 문화재를 지키지 못하고 남의 나라 땅에 가 있다는 것이 한민족의 한 사람으로서 부끄럽기 그지없었다. 그러던 차에 2017년 3월에 수원화성박물관에서 유물 구입을 추진하였는데, 그때 『무예제보』의 소장자가 유물 매도 신청을 한 것이다.

　필자는 무예사를 연구하는 연구자 입장에서 『무예제보』를 보고 깜짝 놀라고 말았다. 수원화성박물관으로 신청된 『무예제보』가 파리에 있는 『무예제보』보다도 훨씬 상태가 좋고 연대가 오래된 것이었기 때문이다. 파리에 있는 『무예제보』는 조선후기 숙종 연간에 재간행된 것이었다. 그런 반면 수원시가 소장하고 있는 『무예제보』는 1598년 한교에 의해 간행된 초간본이었다. 430여 년 전의 무예서가 눈앞에 있을 때 얼마나 대단한 감동을 받았을지 아무도 모를 것이다.

이 자료는 『무예도보통지』보다 무려 200여 년 가까이 앞선 무예서이니 현존하는 전 세계 관찬官撰무예서 중 가장 오래된 것이라고 할 수 있다. 그러니 5~6년 동안 무예서 연구를 하고 유네스코 세계기록유산위원회에 세계기록유산 등재 신청을 하면 거의 100% 등재가 될 것이다. 그런 면에서 수원은 하늘로부터 큰 선물을 받았다고 한 것이다.

그렇다면 이 『무예제보』는 어떻게 만들어진 것일까? 임진왜란이 발발하고 조선은 큰 위기에 빠졌다. 일본이 조총을 주무기로 앞세워 파죽지세로 밀려오고, 선조와 관료들은 도망가기 바빴다. 명나라 땅으로 일본군이 들어오는 것을 원하지 않은 명나라 황제와 관료들은 조선인의 피가 흐르는 이여송을 총사령관으로 해서 파병을 결정하였고, 파병된 명군과 연합한 조선군은 평양성을 탈환하고, 한양 도성도 탈환하였다. 그리고는 전쟁에서 이길 수 있는 군사력을 양성해야 한다는 생각을 하게 되었다. 전쟁이 일어나기 전에 생각하고 실천했어야 하는데, 너무 늦게 깨달은 것이다. 그러나 어쩌면 이때라도 그런 생각을 하게 된 것이 다행일 수도 있다.

선조는 훈련도감을 만들고 도제조에 유성룡, 대장에 조경, 실무를 책임지는 유사당상에 병조판서 이덕형을 임명하여 군사들을 모집하기 시작하였다. 무사 선발은 큰 돌을 들게 하거나, 한 길 정도의 담장을 넘는 자를 선발하여 소정의 관직을 주고, 명나라 장수 척계광戚繼光의 신법에 따른 삼수병三

手兵을 모집하여 훈련시키고자 하였다. 사수射手는 활쏘기를 잘하는 병사이고, 포수砲手는 총과 대포를 쏘는 병사, 그리고 살수殺手는 검을 잘 쓰는 병사였다. 당시에 활쏘기는 거의 필수 과목이었기 때문에 우선은 포수와 살수의 양성에 치중하였다.

이에 따라 포수, 살수가 각광을 받게 되자 거리의 아동들까지 포수, 살수의 무예를 놀이로 삼게 되었으며, 끝내는 아동대兒童隊까지 편성되어 군사훈련을 받기에 이르렀다. 훈련도감은 선조 27년(1594년) 2월에는 임시적이나마 독립 군영으로서의 면모를 갖추게 되었다. 이 무렵부터 한교는 그동안 익혀온 척계광이 저술한 『기효신서』紀效新書의 무예 중 특히 살수에 관한 것을 번역하는 데 주력하였다. 『무예도보통지』의 '기예질의'에는 한교가 명나라 장수 허유격과 무예의 요체에 대해 질문하고 그 답을 얻는 대목이 나온다. 당시 허유격은 무예의 요체는 "첫째 담력, 둘째 힘, 셋째 정예함, 넷째 빠름"이라고 대답했다. 이것은 『기효신서』의 살수에 해당되는 요체이기도 했다. 이처럼 한교는 조선에 참전한 명나라 장수들과 무예의 요체와 수련에 대해 논의하고, 명나라의 『살수제보』殺手諸譜를 번역하였다.

한교는 세조 때의 공신인 한명회의 5세손이자, 직장直長 한수운의 아들로 명종明宗 원년(1546년)에 출생하였으며, 본관은 청주, 자는 자앙, 호는 동람이었다. 『무예도보통지』에 의하면 한교는 일찍부터 율곡 이이와 우계 성혼에게서 학문을 배워 경학經學과 병략兵略에 조예가 깊었다. 선조 25년(1592년) 임진왜란이 일어나자 의병을 일으켜 적을 무찌른 공로로 사재참봉司宰參奉이 되었으며, 그 후 훈련도감의 낭청郎廳이 되었다.

유성룡은 한교가 『살수제보』를 번역하는 과정에서 부모를 잃은 것을 안타까워하였지만 나라가 위급하니 비록 상喪을 당했다 하더라도, 나라 사정을 생각해서 『살수제보』의 번역과 함께 『기효신서』의 내용 중에도 미비점이

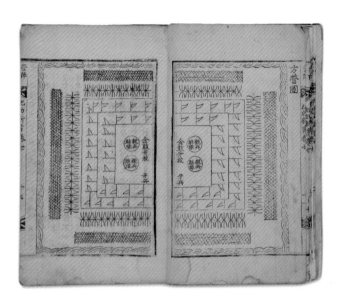

기효신서
紀效新書

1560년(가정 39년) 명대明代의 장군인 척계광이 절강현浙江縣 참장叅將으로 있을 때 왜구를 소탕하기 위하여 편찬한 병서兵書이다. 속오편束伍編부터 치수병편治水兵編에 이르기까지 총18권으로 구성되었으며, 왜구의 기습적인 침략에 대비하기 위하여 소부대의 운용과 접근전에 적합한 전술을 고안한 내용을 수록하였다. 이 책은 임진왜란 이듬해인 1593년(선조 26년)에 처음 소개된 후 우리의 실정에 맞게 변용·발전되어 『무예도보통지』 편찬의 밑거름이 되었다. 평소 무예에 관심이 많던 사도세자의 필독서였을 것이다.

나 난해한 부분을 명나라 장수들의 의견을 듣고 명확히 해석하게 하였다. 이는 특히 선조가 『기효신서』가 매우 높은 효율성이 있다고 생각했기 때문이다. 한교는 검법을 비롯한 무예의 여러 동작이 서로 연결되는 내용에 대한 해설서가 없었기 때문에 명나라 진중에 가서 명군들의 훈련을 관찰하거나 질문을 함으로써 의문점을 풀어갔다.

『무예제보』는 전쟁 중 시급하게 간행된 무예서로, 신속하고 효율적으로 활용할 수 있는 곤棍, 등패籐牌, 낭선狼筅, 장창長槍, 당파鐺鈀, 징도長刀의 6기의 무예로 구성되어 있다. 특히『무예제보』의 내용을 보면, 곤, 등패, 낭선, 장창, 당파의 기원은 중국, 장도의 기원은 일본에 두고 있다. 장도는 왜구의 장도이며, 중국을 경유하여 조선에 도입되었다.

『무예제보』의 장도에는『기효신서』에 있는 장도의 기원이 그대로 기재되어 있는데, 왜구의 중국 침략으로 중국에 유입되었고, 왜구 장도의 우월성 때문에 중국의 병사들이 용기를 잃을 정도였으며, 조총수는 근거리에서 장도를 겸해서 쓴다고 했다.

『무예제보』의 장도의 길이는 6척 5촌, 무게는 2근 8량으로,『기효신서』의 장도와 같이 길고 무거운 것임을 알 수 있다.『무예제보』의 장도를 영조척에 의거해 환산을 하면, 칼날의 길이는 150cm, 칼자루의 길이는 45cm, 전체의 길이는 195cm이며, 무게는 1.23kg이다.『무예제보』의 장도는『기효신서』의 장도의 길이와 무게가 동일하다.

『무예제보』에는『기효신서』의 습법의 '창류지목록'과 무예 동작이 기재되어 있지 않다. 그러나,『무예제보』의 간행시 누락되었던 내용 일부를 보완하여 1610년 최기남에 의해서 간행된『무예제보번역속집』武藝諸譜飜譯續集을 보면, 습법의 그림자 무예 동작의 일부를 볼 수 있다.『기효신서』에는 7동작이 기재되어 있는데,『무예제보번역속집』에는 2동작이 누락되고 5동작만 기재되어 있다.

『기효신서』의 본문 및 도보의 무예동작의 형태와 동작의 수 그리고 시범자의 복장과 모자 및 신발을 보면『무예제보』가『기효신서』를 참조, 간행된 것을 알 수 있다.『무예제보』의 시범자의 복장은『기효신서』와 동일하게 중국식으로 그대로 기재되어 있는데, 이는 전쟁 중 시급하게『무예제보』가 간행됨으로 인해 시범자의 복장을 고려할 여유가 없었기 때문으로 보인다. 이는 현실적으로 어쩔 수 없는 부분이기도 했다.

결국 『무예제보』는 임진왜란 시기에 간행되었고, 훈련도감의 무사들에게 빠르게 전수되었다. 그리고 이 무예는 조선후기 중앙오군영의 근간 무예가 된 것이다. 그럼에도 6가지만의 무예는 소략할 수 있었다. 그래서 167년이 지난 1759년에 사도세자는 한교에 의해 정리된 6기에 12기를 추가하여 『무예신보』를 만든 것이고, 또 30여 년 뒤인 1790년에 정조가 사도세자가 정리한 18기에 마상기예 6기를 추가하여 24기의 무예로 완성한 것이다. 그 오랜 무예의 역사는 바로 『무예제보』로부터 시작된 것이다. 🌀

5_
『무예신보』를 편찬한
사도세자의 꿈

O

영조의 명에 따라 15세의 나이에 대리청정을 시작한 사도세자는 새로운 무반층을 양성하고자 하였다. 인조반정 이후 중앙의 군영대장을 배출한 주요 무반 가문이 형성되었고, 그들은 이미 오랜 기간 주요 정치 세력과 연결되면서 무반 내에서 벌열閥閱화 되어 있었다. 무반 벌족들은 이미 노론과 직접적인 연관을 맺고 있었기에 그들의 정치적 입김은 매우 셌다. 숙종 연간의 경신환국 이후 훈련대장을 역임하였던 유혁연의 퇴출 이후 남인들과 소론들은 중앙오군영 대장으로 임명되지 못하면서 무반 권력에서 소외되었다.

사도세자는 대리청정 초기 부왕 영조의 도움을 받아 무리 없는 정국운영을 하였다. 이 과정에서 사도세자는 기존의 무반 가문과 외척에 대한 불만을 드러냈고, 결국 영조의 측근 신하들과 관계가 악화되자 부자간의 관계도 비정상적 형태로 악화되었다.

노론과 소론 대립관계에서 소론을 지지하던 사도세자는 겉으로는 탕평을 주장하면서도 실제로는 노론을 후원하는 부왕 영조와의 관계가 악화되면서 정치적 능력을 대부분 상실하였다. 이 과정에서 자신이 할 수 있는 일은 어린 시절부터 출중한 재능을 보여 왔던 무예서를 편찬하는 일이었다. 당시 무예서의 편찬은 새로운 무반층 육성을 간접적으로나마 반영할 수 있는 일이었다. 또한 상대적으로 정치적 부담이 없는 명분 있는 일이었기에 노론의 제지를 받지 않고도 할 수 있었다. 결국 『무예신보』는 이러한 상황 속에서 편찬되었다.

사도세자의 무예서 편찬은 『무예제보』를 바탕으로 하고 있다. 앞서의 설명처럼, 선조 연간 훈련도감 낭청 한교에 의해 만들어진 『무예제보』는 단순히 기예만을 가르치기 위하여 만든 것이 아니었다. 활쏘기, 포술, 그리고 기예 세 가지를 충족시키기 위함이었다. 하지만 사도세자는 『무예제보』에 대해 연습하는 규정에 그 방법이 대부분 잘못되었다고 판단하였고, 이를 철저하게 고증하여 바로잡고자 하였다. 그래서 1759년(영조 35년)에 『무예제보』 6기를 고증하고 이에 더하여 죽장창, 기창, 예도, 왜검, 교전, 월협도, 쌍검, 제독검, 본국검, 권법, 편, 곤 등 12가지 기예를 더 넣었다. 거기에 그림과 설명을 넣어 『무예신보』를 새롭게 편찬하고 훈련도감에 나누어 주어 무예를 익히게 하였다.

사도세자는 『무예제보』의 6기를 확고히 여겨 군사들에게 훈련하게 하였지만 죽장창, 기창, 예도(단도), 왜검, 교전, 월도, 협도, 쌍검, 제독검, 본국검(신검), 권법, 편곤 등의 기예를 가진 군사들이 6기만을 수련한 군사들보다 훨씬 재주가 뛰어남을 확인할 수 있었다.

죽장창, 기창은 주나라의 창과 자루가 한나라에 이르러 견고해졌는데, 모두 원거리 병기이다. 예도, 왜검, 쌍검, 제독검, 본국검은 주나라의 오투나 한나라의 석 자[칼] 같이 모두 근거리 병기이다. 월도와 협도는 그 이름을 검이라 하지만 그 쓰임은 창과 흡사하였다. 이러한 병기의 특성과 수준을

凌虛關漫稿

無逸相爲表裏庶詔於千伏念老臣王室之懿親熙
朝之家宰受先后之遺命朝夕兢惕于中迪新王之
初元歌頌詠歎於下臣言非毫王請勿疑

說

藝譜六技演成十八般說

武藝舊譜只傳六技出於戚氏新書　宣廟朝幸提
督營賀其大捷之功仍問勝績之所以提督對以北
將習於防胡吾則用戚帥禦倭法得以全勝　宣廟
欲試戚法購而得之於提督麾下相臣柳成龍使其
郎僚韓嶠專意講解後相臣尹斗壽又領其事與趙

능허관만고 예보육기연성십팔반설
凌虛關漫稿 藝譜六技演成十八般說

사도세자의 문집인 『능허관만고』에 『무예신보』의
내용을 담은 내용이다. 한교가 저술한 『무예제보』
의 6기를 사도세자가 12기를 추가하여 18가지 무
예로 만든 것을 설명하고 있다.

확인한 사도세자는 6기를 뛰어넘어 조선의 무예가 한 단계 상승할 수 있도록 12기를 추가한 18기 체제의 무예 체계를 만들기로 하였다. 이렇게 해서 『무예신보』가 탄생한 것이다. 성호 이익은 이 무예의 특성에 대해 세밀히 조사하여 기록으로 남겨 놓았고, 이 무예가 외세와 대항해서 나라를 지킬 수 있는 무예라고 평가하였다. 한편으로는 이 무예가 제대로 보급이 안 된 것을 안타까워하기도 하였다. 이익의 평가대로 사도세자가 정립한 무예는 이전의 무예와 달리 매우 수준 높은 무예임을 확인할 수 있다.

사도세자는 무예 18기의 각각의 특성과 순서를 아래와 같이 정리하였다.

죽장창에는 모두 일곱 세가 있는데, 태산압란세로 시작하여 백원타도세로 마친다. 기창에는 모두 열여섯 세가 있는데, 용약재연세로 시작하여 야차탐해세로 마친다. 예도에는 모두 스물여덟 세가 있는데, 거정세로 시작하여 금강보운세로 마친다. 왜검에는 모두 여덟 부류가 있는데, 토유류에서부터 유피류에 이른다. 교전은 갑과 을이 나아가고 물러서기를 하는데, 칼을 등에 짊어짐에서부터 던지는 데까지 이른다. 모두 마흔두 합이 있다. 월도는 모두 열여덟 세가 있는데, 용약재연세로 시작하여 수검가용세로 마친다. 협도는 모두 열여덟 세가 있는데, 용약재연세로 시작하여 수검가용세로 마친다. 쌍검은 열세 세가 있는데, 지검대적세로 시작하여 항장기무세로 마친다. 제독검은 열네 세가 있는데, 대적출검세로 시작하여 장검가용세로 마친다. 본국검은 모두 스물네 세가 있는데, 지검대적세로 시작하여 시우상전세로 마친다. 권법은 갑과 을이 나아가고 물러서기를 하는데, 탐마세로부터 염주세까지 모두 서른여덟 합이 있다. 편곤은 갑과 을이 나아가고 물러서기를 하는데, 용약재연세로부터 갑우순을에 이른다. 서로 맞붙기에 모두 스물 합이 있다.

■ 병학통
兵學通

조선 후기의 군사 교련서이다. 1777년(정조 1년)에 형조판서
겸 지훈련원사인 장지항張志恒이 왕명으로 편찬하고 서명선徐
命善등 무신 8명의 교열을 거쳐 1785년(정조 9년)에 간행되었
다. 훈련도감 등 중앙 군영이 당파와 연결돼 일종의 정치 세
력화한 것에 강한 불만을 품고 있던 정조는 중앙 군부대의
통합과 개편이 절실하였다. 그리하여 사전 정지 작업 차원에
서 서로 다른 각 군영의 야외 훈련 절차인 장조정식場操程式
을 통합하였다. 핵심부대인 훈련도감의 규정을 기준으로 하
였는데, 각 군영의 규정이 이와 다를 경우 작은 글자나 별도
항목으로 표시해 놓아 군영별로 어떤 차이가 있었는지를 알
수 있다. 군사들의 강서講書시험에도 사용된 『병학통』은 조선
후기의 병법을 이해하는 데 귀중한 자료이다. 책머리에 정조
의 어제서御製序가 있다.

사도세자는 특히 교전交戰을 통하여 무기의 자유로운 사용을 가능하게 만들고자 하였다. 무기가 길고 짧음이 중요한 것이 아니라 그 무기를 사용하는 자가 어떻게 사용하느냐를 더욱 중요하게 여겼다. 긴 창과 짧은 창은 사용자에 따라 적을 이길 수 있는 무기가 된다고 판단했기 때문이다. 그래서 다양한 무기 사용을 익숙하게 하기 위해 교전을 12기에 포함하여 18기 체제를 만들었다.

『무예신보』를 편찬할 때 18기 무예의 시연을 실무적으로 주관한 사람은 임수웅을 중심으로 한 하급 무반들이었다. 임수웅은 만호萬戶라는 직책을 역임했다는 경력이 확인될 뿐이다. 하지만 사도세자의 무인적 기질 그리고 벌열화 되지 않은 신진 무반층을 육성하려고 했던 것을 염두에 둔다면 임수웅 등이 고립무원 상태에 있는 사도세자의 각별한 신임을 받았음을 추측할 수 있다.

사실 임수웅은 영조로부터 인정을 받고 있던 무반이었다. 영조는 자신의 어가 호위를 무예별감인 임수웅으로 하여금 맡도록 하였다. 무사히 행차를 마친 영조는 홍용한에게 비망기를 내려 자신의 어가를 호위한 이들에게 활쏘기를 시험하게 하였다. 이때 임수웅은 1등을 하였고, 전시殿試에 직접 나아갈 수 있는 특혜를 받기도 하였다. 이는 임수웅에 대한 신뢰가 컸기 때문에 자신을 지키고 새로운 무반으로 키우기 위한 의도였다고 할 수 있다. 사도세자 역시 부친이 인정하는 임수웅을 신뢰하였고, 그로 하여금 추가 12기를 정리하여 18기를 완성하게 한 것이다. 훗날 정조는 임수웅이 사도세자를 도와 『무예신보』를 만든 공로를 인정하여 장용영 별무사로 재직하던 아들 임복기를 특별히 참상부장으로 뽑아 선사포 첨사에 제수하였다. 이는 앞서의 설명과 같이 임수웅을 중심으로 하는 신흥 무반층을 양성하여 기존의 노론 무반 벌족들과 대결하고자 하는 의도가 있다고 보인다. 이는 훗날 정조가 『무예도보통지』를 편찬할 때 백동수와 같은 무반으로 하여금 무예를 시연케 하고, 이를 표준 무예화 하여 새로운 신흥 무반을 성장시키려고 한 것과 같다고 할 수 있다.

사도세자는 『무예신보』를 편찬한 이유에 대해 다음과 같이 밝혔다.

"우리 국토가 너무 좁아 무武를 쓸 곳도 없지만 그래도 동쪽으로는 왜倭와 접하고, 북쪽으로는 오랑캐와 이웃하였으며, 서쪽과 남쪽 큰 바다는 옛날의 중원中原인 셈이다. 지금은 비록 국경 지대가 무사하다지만 국가가 견고할 수 있는 계책을 간구하여야 한다. 더구나 효종께서 뜻하신 바를 아직 펴지 못해 북쪽에 있는 작은 단壝이 우리의 적개심을 불태우고 있다. 병기兵器라는 것은 국가가 안정되어 아무 일이 없을 때라도 성인聖人들은 그것을 만들어 두고 외적을 대비했었다. 하물며 우리나라는 효종이 마음에 두신 일까지 겸하고 있는 입장이니 더 말할 게 있겠는가."

－『현륭원지』

이로 미루어 볼 때 사도세자는 지금이 비록 국가의 안정기라 하더라도 무武를 소홀히 할 수 없으며, 더구나 효종이 북벌을 꿈꾸었으니 그것을 이루기 위해 더욱 무예를 닦아야 한다고 생각한 것이다. 당시 상황으로 북벌이 가능한 일은 아니었지만 효종의 뜻을 이어 국력을 강화하고 남한산성의 치욕을 갚아야 한다는 원대한 포부를 가지고 있었다. 이는 사도세자의 호탕한 기운과 불우한 처지를 극복하고자 하는 의지를 내포한 것이기도 하다.

사도세자의 『무예신보』 편찬은 조선후기 무예 체계의 한 단계 발전을 가져왔고 뒤이어 1790년(정조 14년)에 『무예도보통지』의 간행으로 이어졌다. 정조는 자신의 『무예도보통지』 간행이 철저히 사도세자의 뜻을 승계한 것임을 강조하였고, 사도세자가 바로 조선의 무예를 발전시킨 장본인임을 은연 중에 이야기한 것이다. 결국 사도세자의 무예서 편찬은 기존의 진법서 위주 의 병서에서 삼수체제三手體制의 조선후기 기본 군사체제를 안정화시킬 중요 한 행위였다. ✿

2부

정조, 장용영에서
『무예도보통지』를 만들다

1_
정조가 사도세자
현양 사업을 추진한 목적

○

아버지를 잃은 큰 슬픔으로 정조는 '평생 길을 잃은 나그네 같다'고 자신의 삶을 이야기했다. 어린 시절 아버지 없이 자란 자신은 곧 나그네와 같다는 것이다. 할아버지 영조와 어머니 혜경궁의 사랑으로도 그 허전한 마음을 메울 수는 없었을 것이다. 그럼에도 정조는 조선의 국왕으로 즉위한 후 개혁정치를 단행하며 백성들로부터 깊은 존중을 받았고, 이와 함께 아버지 사도세자의 현양顯揚 사업도 적극적으로 추진하였다. 그렇게 함으로써 효의 군주임을 보여줄 수 있었고, 사도세자에 대한 정의로운 이미지를 만드는 것이 정조의 정통성을 뒷받침해주기도 했기 때문이다. 그 과정에서 정조는 사도세자의 무武에 대한 성과를 집중적으로 조명하고, 이를 자신이 계승하는 것이라고 강조했다.

정조는 사도세자의 『무예신보』를 기반으로 『무예도보통지』를 간행하기 전에 국왕의 특별 하교인 윤음綸音과 다양한 병서兵書를 편찬함으로써 사도세자의 정당성을 강조하며 현양 사업을 추진했다.

'윤음'은 국왕의 교서에 비해 대상자가 중앙이나 지방의 관료로부터 일반 백성에 이르기까지 광범위한 사람들을 대상으로 한다. 경우에 따라서는 특정한 부류의 지역의 관원이나 백성 등으로 대상자를 한정하는 경우도 있다. 특히 많은 사람들에게 알릴 필요가 있을 경우에는 대량으로 인쇄하여 보급하였으며, 일반 백성들을 위하여 한문으로 된 윤음을 언해본으로 인쇄하여 반포하기도 하였다. 이처럼 윤음은 일반 대소신료 및 지방의 사대부 그리고 백성들 전체에게 국왕의 의지를 알리는 매우 중요한 것이었다.

정조는 영조가 '윤음'을 통해 자신의 정책 의지를 밝힌 것을 계승하여 영조 이전의 국왕들과는 달리 많은 윤음을 내렸다. 정조는 경연과 비답 등을 통해 자신의 뜻을 신료들과 백성들에게 알리는 한편 특별한 사안에 대해서는 윤음을 통해 밝혔기 때문에 정조의 윤음은 특별히 중요하다고 평가할 수 있다.

『홍재전서』弘齋全書에 수록된 전체 69개의 '윤음' 중에서 사도세자와 관련된 '윤음'은 7편이 있다. 전체의 10%에 해당되는 숫자이다. 주로 사도세자의 죽음과 관련 있는 인물에 대한 처단을 하교하는 '윤음'과 사도세자 계승자로서의 본인의 위상을 알리기 위한 '윤음'이 대부분이었다. 이와 같은 '윤음'은 결국 사도세자의 정당성을 회복시키고 자신의 왕권을 강화하고자 하는 의도에서 출발한 것이다. '윤음' 하교를 받아들여야 하는 신료들은 사도세자 문제에 대해 국왕의 의지를 받들 수밖에 없는 것이고, 이는 자연스럽게 사도세자 현양으로 이어지는 것이다.

사도세자와 관련된 최초이자 가장 중요한 윤음은 바로 1776년 3월 10일, 즉 정조 즉위 첫날 반포한 윤음이다. 정조는 이 윤음에서 자신이 사도세자의 아들임을 천명하였다. 이러한 정조의 즉위 윤음은 사도세자를 죽인 노론 세력들에게는 충격일 수밖에 없었다. 하지만 정조는 조정의 분란을 막기 위하여 자신이 비록 사도세자의 아들이지만 선대왕인 영조에 의해 효장세자의 아들로 입적되었기에 공식적으로 효장세자를 계승하여 국왕이 되었다는 점을 강조하였다. 더불어 정조는 사도세자의 제사를 국왕의 생부이지만 종묘에 지내는 제사가 아닌 왕세자의 예로써 할 것과 선대왕의 유교를 받들어 절대로 사도세자를 국왕으로 추숭하지 않겠다는 자신의 생각을 밝혔다.

즉위 윤음을 통해 자신의 생부인 사도세자를 선대왕의 유교遺敎에 따라 국왕으로 추존하지 않겠다는 것을 공식적으로 선언함으로써 사도세자의 반대 세력을 안정시키기는 했지만 한편으로 정조가 국왕으로 즉위하면서 사도세자의 아들임을 천명한 것은 그가 사도세자의 현양 사업을 본격적으로 하겠다는 것을 의미하는 것이다.

이러한 즉위 윤음 이후 정조는 사도세자를 죽음으로 몰고 간 김상로에 대한 관작을 추탈한다는 윤음을 내렸다. 정조는 신하들에게 직접적으로 자신의 감정을 표출하지는 않았지만 "나 소자가 창을 베개로 삼는 각오를 분발하고 부월斧鉞을 가는 분노를 드날렸으나, 자기 자신의 일로 돌림으로써 토벌하여 복수할 대의大義에 소홀히 하지 않았다"고 할 정도로 사도세자를 죽인 세력에 대한 분노감을 갖고 있었다.

정조는 이 윤음에서 김상로가 1757년(영조 33년) 12월 25일 창덕궁 공묵합恭默閤에서 영조와 사도세자를 이간질하여 두 사람 간에 간극이 생기게 한 원인을 제공하였다고 강조하였다. 특히 정조는 1762년(영조 38년) 사도세자가 죽고 자신이 동궁으로 임명되고 난 후 영조가 사도세자를 죽게 한 원인제공자가 김상로였음을 자신에게 이야기한 내용을 공개적으로 드러냈다.

"김상로는 너의 원수이다. 내가 강제로 치사致仕하게 한 것은 천하 후세에 내 마음을 드러내 보이려는 것이었다. 임오년의 일을 감히 훗날에 다시 제기하

어제윤음
御製綸音

1776년(정조 원년) 홍인한洪麟漢·정후겸鄭厚謙 등 벽
파辟派를 성토하여 죄를 주고 그 사실을 널리 알
린 윤음이다. 그 내용은 "신임사화에서 비롯된 폐
단이 당시에 해결되지 못한 결과 홍인한·정후겸
등 벽파 세력의 모함에 의해 사도세자가 죽임을
당했으며, 이후에도 왕세자였던 정조의 대리청정
을 반대하고 심지어 정조까지 시해弑害하려 하였
기 때문에 이들을 마땅히 죄를 주어 척결해야 하
며, 앞으로 다시는 이러한 일이 없어야 한다"는 내
용을 수록하였다.

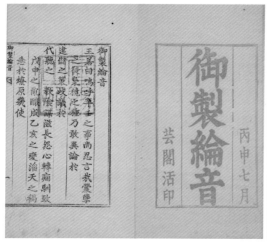

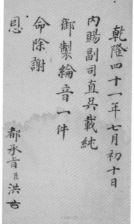

지는 말아야 하겠으나, 임오년 5년 전부터 5년 후인 임오년의 조짐을 만들어 낸 것은 김상로 하나뿐이었다."

-『홍재전서』 권26, 윤음 1

이 윤음은 사도세자의 허물을 벗기는 중요한 윤음이었다. 사도세자 죽음 이후 '역적지자 불위군왕'逆賊之子 不爲君王으로 이야기되는 팔자흉언 등을 통해 사도세자가 임오화변 이후 다시 세자의 지위를 회복하였음에도 불구하고 그가 역적으로 죽은 것임을 상기시켰다. 이는 당연히 정조의 정통성에도 문제가 되는 것으로, 정조가 국왕으로서의 권능을 유지하기 어려운 형국이 될 수도 있는 사항이었다. 그렇기 때문에 정조는 김상로의 죄를 공개하면서 영조와 사도세자 간의 문제는 없었고, 이러한 문제를 김상로의 죄로 선언했다. 정조는 영조가 김상로에 대해 자신에게 한 말이 사실임을 증명하기 위하여 당일의 승정원일기를 확인까지 시켜주었다. 그리고 김상로의 관작을 추탈하라는 지시를 내렸고, 사관에게 잘 정리하여 중외中外에 반포하라고 지시하였다. 이 윤음의 파급력은 컸다. 국왕이 직접 사도세자의 잘못이 없음을 천명한 것이었기 때문에 이후 사도세자의 위상은 역적이 아닌 국왕의 생부이자 영조의 세자임이 명확해진 것이다. 이 하교는 훗날 사도세자의 국왕 추숭의 명분도 되었다.

김상로의 관작을 추탈한 데 이어 두 달 뒤인 5월 13일에 영조의 후궁인 숙의 문씨의 죄악을 포고하는 윤음을 반포하였다. 정조는 숙의 문씨가 영조의 총애를 믿고 그녀의 오라버니인 문성국과 함께 사도세자를 모함하였다고 분노를 터트렸다. 사도세자의 잘못은 그의 실제적 행위가 아니며 그녀와 문성국의 모함으로 억울하게 뒤집어쓴 것이라 하였다.

"아! 그때를 당하여 덕을 육성해 가는 춘궁^{春宮}이 날로 어진 소문이 나타나게 되었었는데, 문성국은 이에 '문침^{問寢}도 제때에 하지 않고 친선^{親膳}도 제때에 하지 않고, 심하게는 인명을 살해하고 여색을 뉘아재기까지 한다'는 말들을 하며, 생판으로 꾸며대어 천청^{天聽}을 현혹하는 흉계를 부리려고 했었으니, 이는 다만 날조한 짓의 한 가지 단서이고 근거 없이 수군거리는 짓의 첫 단계일 뿐이었다."

-『정조실록』 권1, 즉위년 5월 계미

정조는 이 윤음을 통해 철저하게 사도세자의 잘못이 없음을 강조하였다. 사도세자는 당시 어진 덕행과 학문이 성장하고 있었는데, 문성국 남매의

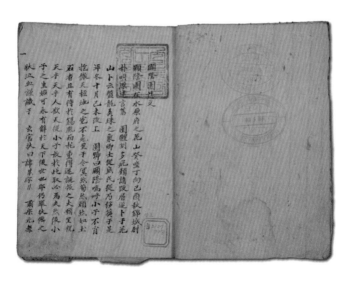

│ 현륭원지문
顯隆園誌文

정조가 작성한 현륭원지문의 필사본이다. 정조는 지문을 작성하면서 궁중에 있던 행록^{行錄} 등의 각종 자료를 근거로 했으며, 사도세자의 중요한 행적을 부각시키면서도 세자의 죽음과 관련된 영조의 행적은 조심스럽게 다뤘다. 『홍재전서』에 수록되어 있고, 『실록』에도 그 원문이 있다.

거짓으로 사도세자가 사람을 죽이고 여색에 탐닉하여 장차 국왕이 될 자질이 없다고 흉언을 퍼뜨렸다고 강조하였다. 이러한 내용과 함께 창덕궁 낙선당의 화재 또한 사도세자가 불을 지른 것이 아님에도 영조에게 사도세자가 화재를 일으킨 것이라 거짓으로 고자질하여 두 사람 간에 갈등이 생긴 것임을 강조하였다. 정조의 이러한 윤음은 1789년(정조 13년) 7월 이후 사도세자의 묘소를 수원으로 천봉하면서 편찬한 사도세자의 일대기인 『현륭원지』의 기반이 되었다.

정조의 사도세자 현양은 각종 병서를 편찬하고 반포하는 과정에서도 나타난다. 정조는 사도세자의 무예 특성과 연계된 병서를 편찬하고 그에 대한 현양을 추진하였다. 더불어 사도세자의 유고 문집을 간행하여 사도세자의 학문적 위상과 그의 군주로서의 덕성을 보여주고자 하였다.

사도세자의 유고 문집인 『능허관만고』는 정조가 1789년(정조 13년) 현륭원 조성, 1796년(정조 20년) 화성 축조 이후 사도세자의 현양 사업을 본격화하기 위하여 자신이 직접 편찬하였다. '능허관'이란 '하늘을 높이 날다. 허공을 가르다. 승천하다. 비상하다'의 의미를 가지고 있는 사도세자의 호다. 『정조실록』 행장의 23년 조에는 이와 같은 의미의 『능허관만고』를 정조가 몇 년에 걸쳐 직접 편찬하였다고 기록하고 있다.

"사도세자 저술의 세 책을 엮어 펴냈는데, 수집·교정에서부터 지우고 고치고 오려붙이고 하는 일까지 모두 어수御手를 거쳤다. 온 나라 사람들이 애송할 정도로 학문의 깊이가 있었는데 왕은 손때가 묻어 있는 그것이 소중해서 내부內府에 간직해 두었다가 그때 와서 직접 책으로 만들었던 것이다. 그는 장차 열성列聖이 남겨 놓은 교훈의 글과 함께 높이 모시고 오래 전하도록 하여 미처 못다 한 효성을 거기에나마 표해보려는 뜻이었다."

　이처럼 정조는 자신이 직접 사도세자의 문집을 정리하면서 효성을 다하는 현양의 모습을 보여주었다. 정조는 『능허관만고』를 편집하면서 1747년 사도세자가 영조와 정성왕후의 만수무강을 송축하며 쓴 글인 「연상사」延祥辭와 「장락사」長樂辭를 수록하였다. 이는 사도세자가 부왕인 영조와 비록 생모는 아니지만 자신에게 애정을 갖고 지켜준 모후 정성왕후에게 진정 어린 효행을 하였다는 것을 강조하기 위함이다. 즉 사도세자가 부왕 영조를 모해할 의도가 전혀 없었음을 문집을 통해 밝히고자 한 것이다. 정조의 『능허관만고』 편집은 국왕이 직접 문집을 정리함으로써 사도세자의 위상을 높이고 그가 저술한 문집에 대한 반대 세력들의 거부감을 없애고자 함이었다.

　정조는 『현륭원지』의 저술만이 아니라 「현륭원비」顯隆園碑의 비문을 직접 작성하여 설치함으로써 사도세자에 대한 역적의 이미지를 드러내지 않게 하려고 하였다. 이후 정조는 사도세자가 1760년(영조 33년) 온양행차 시에 보여준 성군이자 무인군주로서의 모습을 백성들에게 공개적으로 알려주고자 하는 비명을 직접 저술하여 「영괴대비」靈槐臺碑를 설치하였다.

　사도세자는 무인 기질이 매우 강한 인물이었다. 앞서 말했듯이 그는 행차를 할 때 항상 군복을 입고 다녔고 그 이유 역시 북벌을 천명했던 효종이 군복을 입고 다녀서였다. 그래서 정조도 사도세자가 군복을 입고 행차하는 것을 계승하기 위하여 자신과 수복 모두가 군복을 입고 행차하였다. 정조는 사도세자의 온양온천 행차 시의 모습이 궁중에서 알려진 것처럼 정신질환자의 행동이 아니었다는 것을 백성들에게 알려주고 싶었던 것이다. ✿

2_
『무예도보통지』 편찬과
사도세자 추숭

○

정조는 국왕 즉위식 당일 윤음을 내려 자신이 사도세자의 아들임을 대
내외에 천명하였다. 임오화변 이후 영조가 세손인 정조의 종통을 효장세자
의 후손으로 변경하였으나 근본을 둘로 하지 않겠다는 의지를 보여주고자
하였던 것이다.

곧이어 사도세자의 사당인 수은묘^{垂恩廟}를 세우게 하였다. 이어 사도세자
의 존호를 올려 '장헌'^{莊獻}이라 하고, 수은묘의 봉호를 '영우원'^{永祐園}이라 하
고, 사당을 '경모궁'^{景慕宮}이라 하였다. 이어서 존봉하는 의절을 송나라 복왕
^{濮王}의 고사에 따라 마련하고, 봉원도감을 추숭도감에 합쳐 설치하도록 명하
였다.

정조는 사도세자를 추숭함으로써 훗날 자신이 왕위를 이양하고 물러나
면, 후대 왕인 순조^{純祖}로 하여금 사도세자를 국왕으로 추존하도록 하여 생
부와 조왕에 대한 의리를 모두 지킴과 동시에 자신의 국왕으로서의 정통성
에 대한 시비를 없애고자 하였다.

하지만 이 계획은 이루기까지 오랜 시간이 필요한 원대한 계획이었다. 이 계획을 실천에 옮기기 위해서는 선행되어야 할 일이 많았다. 우선 사도세자의 영우원을 당대 최고의 길지로 천봉해야 했다. 이 영우원 천봉의 시기에 맞춰 정조는 또 다른 사도세자의 추숭 작업을 계획하였다. 그것이 바로 『무예도보통지』 편찬이었다.

정조는 1789년을 사도세자의 명예회복의 최적의 시기로 판단하였다. 1789년(정조 13년) 7월 11일 금성위錦城尉 박명원과의 대화에서도 나타나듯이 정조는 앞선 시기에 천봉을 할 수 있었음에도 불구하고 굳이 1789년을 택하였다.

> "말을 주고받은 적이 있었고, 기유년이란 세 글자를 이미 그때의 경연의 가르침에서 언급했었다. 내가 즉위한 후로 14년 동안에 오직 금년만이 연운年運·산운山運·원소園所 본인의 명운命運이 가장 길하기 때문에 나의 마음이 더욱더 안정을 찾지 못했다. 그런데 지금 도위의 소를 보고 여러 경들의 말을 듣건대 숙원을 이룰 수 있겠으니 어찌 하늘의 뜻이 아니겠는가!"
>
> -『정조실록』 권27, 13년 7월 을미

1789년은 모든 운세가 맞아 떨어지는 특별한 해였다. 이 운세는 정조의 운세가 아니라 바로 사도세자의 운세였다. 그렇기 때문에 정조는 이 시기에 와서야 사도세자와 연관된 일을 추진함으로써 사도세자의 추숭에 박차를 가한 것이다. 그러한 사업 중의 하나가 앞서 말한 『무예도보통지』 편찬이었다.

정조 자신도 사도세자를 닮아 무예에 아주 능하였다. 정조는 문文만을 숭상한 것이 아니라 틈나는 대로 금원禁苑에 나아가 활을 쏘았다. 또한 화살

무예도보통지
武藝圖譜通志

무예에 남다른 관심이 있었던 정조의 명으로
규장각 검서관 이덕무·박제가와 장용영 장교
백동수의 주관하에 1790년(정조 14년) 간행된
무예서이다. 훈련도감·어영청 등 각 부대마
다 다른 무예 동작과 잘못된 것을 답습하는
폐단을 없애고, 무예와 전투기술을 표준화하
고자 편찬하였다. 당시 군사들이 이미 잘 알
고 있는 조총 사격과 활쏘기는 제외하고, 장
창·기창·당파·낭선·월도·협도·요도·권법·
편곤·마상재 등 총 24개의 전투기술이 수록
되어 있는데, 무예 동작을 풍부한 그림으로
설명하고 있다. 언해본을 포함하여 5권 5책이
다.

이 전부 맞은 것이 한두 번이 아닐 정도로 잘 쏘았다. 당시 정조의 활쏘기를 보며 호위무사들이 모두 천세를 불렀으며, 하늘이 내린 재능이라고 말할 정도였다.

정조는 자신이 등극한 이후 『병학통』兵學通, 『병학지남』兵學指南, 『악기도설』握奇圖說 등의 병서를 편찬하였다. 그러나 이 병서들은 사도세자와는 연관이 없는 병서였다. 그러니 『무예도보통지』의 편찬 역시 당연히 1789년 이전에 할 수 있는 일이었음에도 불구하고 사도세자의 추숭 사업의 일환으로 이해가 되어서야 장용영에 지시하여 『무예도보통지』를 편찬하게 하였고, 이에 대한 실무를 이덕무, 박제가, 백동수에게 맡도록 지시한 것이다. 정조가 장용영에 『무예도보통지』 편찬을 지시한 것은 단순한 병서 편찬이 아니었기 때문이다. 『무예도보통지』의 편찬을 통해 국방정책의 개혁을 도모하고 더불어 사도세자의 복권을 통해 정조 자신의 왕권을 강화할 의도가 있었기 때문에 새로운 정치적 군사적 기반을 마련하고 있는 장용영에 편찬을 맡겼던 것이다. 아울러 정조는 이 무예서를 통해 장용영군사들을 철저히 훈련시켜 기존의 중앙오군영이 넘볼 수 없는 막강한 군대를 만들고자 했다. 실제 정조는 전 장용영 군사들에게 자신이 출간한 무예서인 『병학지남』을 공부하도록 하였는데, 이는 바로 장용군을 강화시키겠다는 의도였다.

정조는 『무예도보통지』의 서문에 밝혔듯이 철저하게 이 무예서의 출간이 사도세자로 인해서라고 하고 있다.

"선조 기사년(영조 35년)에 와서 소조小朝(사도세자)께서 대리청정 하시면서 죽장창 등 12기를 더하여 『도보』圖譜를 만들어서 6기와 같이 통틀어서 훈련하도록 하였다. 이는 『현륭원지』에 나와 있고, 18기라는 이름도 그때 처음 생긴 것이다. 내가 그 의식의 전형을 이어받고 거기에다 또 기병 무예 6기를 보태 24기로 하였다."

-『무예도보통지』, 서

정조는 『무예신보』가 영조대에 편찬되었음에도 불구하고 할아버지인 영
조의 치적이 아닌 사도세자의 주관으로 이루어졌음을 강조하였다. 이는 사
도세자가 대리청정을 하면서 국왕 못지않게 국가의 대소사를 주관하였다는
것을 강조함과 아울러 그가 국가를 위해 매우 중요한 일을 하였다는 것을
알리고 싶었기 때문이다. 또한 『무예도보통지』를 사도세자가 정립한 무예
18기에 기병 6기를 더한 것이라고 하여 그 계승관계를 분명히 밝히고 있다.

정조는 1789년 현륭원 천봉 이후 계속하여 수원을 방문하여 사도세자
의 추숭을 본격화하였고, 하다못해 1795년 혜경궁 홍씨의 회갑연을 마치
고 9월에 사도세자를 추숭하는 작업의 일환으로 '영괴대비'를 온양행궁 앞
에 세웠다. 이같이 사도세자와 연관되어 있는 것에는 모두 의미를 부여하고
백성들에게 혜택을 주었다. 그 혜택은 자신이 주는 것이 아니라 사도세자의
은혜라는 것도 강조했다.

그렇듯 정조는 『무예도보통지』의 편찬은 사도세자의 국방력 강화의 뜻
을 이은 것이라고 강조하였고, 이는 사도세자의 추숭을 통해 자신의 정통성
을 확보하려는 의도였다. 🐢

3_
『무예도보통지』를
만든 사람들

O

정조는 노론 벽파僻派에 대한 견제책으로 시파時派를 형성하여 이를 자신
의 세력으로 삼고자 하는 정치적 의도와 함께 지금껏 정권에서 배제되어 온
남인과 서북인의 등용을 시도하였다. 이와 더불어 경기지역을 중심으로 하
는 북학파 서얼출신 학자들을 대거 등용하였다.

"아! 필부匹夫가 원통함을 품어도 하늘의 화기를 손상시키기에 충분한 것인
데, 더구나 허다한 서류庶流들의 숫자가 몇 억 명 정도뿐만이 아니니 그 사이
에 준재俊才를 지닌 선비로서 나라에 쓰임이 될 만한 사람이 어찌 없겠는가?
…중략… 아! 저 서류들도 나의 신자臣子인데 그들로 하여금 제자리를 얻지
못하게 하고 또한 그들의 포부도 펴보지 못하게 한다면 이는 또한 과인의 허
물인 것이다."

-『정조실록』권3, 1년 3월 정해

정조는 이와 같이 서얼들의 고통을 이해하고 재주 있는 인물들을 등용하고자 하였다. 정조는 서얼허통庶孽許通을 위해 규장각 초대 검서관으로 이덕무, 박제가, 유득공 등 서얼을 임명하였다. 이들은 당대에 학식으로 이름이 높은 인물들로서 규장각의 말직이기는 하나 서얼이 검서관으로 임명된 것은 파격적인 일이었다. 검서관제도는 규장각 각신을 보좌하고 차비관으로서의 시무 등을 담당하는 직책이다. 일찍이 규장각이 정치기구로서의 역할을 담당하였던 점으로 볼 때, 이 검서관제 또한 새로운 실력을 갖춘 신진 학자군을 선발하여 노론 세력의 고정된 사회체제에 대한 대응 세력으로 키우고자 하는 정조의 정치적 의도가 담겨 있었다.

정조가 이들을 주시한 것은 이들이 정조의 인척으로 사도세자와 동복남매인 화평옹주의 남편 금성위 박명원의 재종형제인 박지원과 같은 노론 청류이기 때문이기도 하다. 1791년 정조의 명에 의해 작성된 '비왜론'에 대해 칭찬을 아끼지 않으면서 그 문체가 박지원의 문체를 닮았다고 평가할 정도로 정조는 이용후생利用厚生을 지향하는 노론 청류계 실학자들에 대해 정확하게 파악하고 있었다.

이덕무와 박제가는 박지원, 홍대용 등과 연령차이가 많이 남에도 불구하고 교류하며 학문적 동질성을 지니고 있었다. 특히 이들은 훗날 모두 연경燕京(북경)을 다녀옴으로써 북학北學을 통한 이용후생을 강조하였다.

이른바 북학파들은 과거 그들의 선재들이 심성론心性論과 예론禮論만을 학문의 대상으로 삼았던 데에서 벗어나 이용후생 등을 내용으로 하는 경제지학, 명물도수의 학문을 추구하였다. 그것은 물론 인물성동론人物性同論이라는 낙론洛論의 철학적 토대 위에서 가능한 것이었다.

이덕무는 명물도수의 학문을 고증학보다 현실에 적용이 가능한 실용성 있는 문물제도로 생각하고 있었으며, 정조가 문과 무의 대표기관인 규장각

박제가
朴齊家

박제가(1750~1805)는 1777년 3월 서얼허통절목 발표 이후 규장각 검서관직에 뽑혀 이덕무, 유득공, 서이수 등과 함께 근무하였다. 초상화는 청 양주팔괴 중 한 사람인 나빙羅聘(1733~1799)이 그린 것으로, 박제가의 두 번째 연행에서 만난 나빙이 박제가와의 이별을 아쉬워하며 그의 모습을 그려 선물한 것이다. 일본인 후지츠카가 소장하고 있었으나 태평양 전쟁 때 소실되었고, 사진만이 전해진다.

과 장용영을 둔 것, 나아가 새로운 무예서를 편찬케 하는 것 등을 대표적인 실용주의 정책의 하나로 받아들였다.

정조는 이처럼 이용후생의 실용지학을 추구하는 중심인물인 이들에게 『무예도보통지』의 편찬을 주관하게 하였다. 또한 무예 시연을 주관한 장용영 초관 백동수는 이덕무와는 처남 매부 지간이고, 박지원과는 무관이자 서얼임에도 친구로 지내며 여행을 같이 다니는 사이였다. 오랜 야인 생활을 하다 1788년 장용영 창검 초관으로 임명된 백동수는 출중한 무예 실력과 서얼 출신 무인들을 아우르는 지도력이 있었다. 이들 모두는 문무를 아우르는 당대 서얼의 중심인물로, 이들에 대한 정조의 총애는 서얼에 대한 포용정책으로 나타났다.

정조는 이덕무를 특별히 사랑하여 해마다 시에 능한 학자들에게 장용영의 춘첩春帖을 지어 바치게 하였는데, 이덕무에게는 다른 사람의 배를 짓게 할 정도였다. 그럼에도 불구하고 이덕무는 적서嫡庶 차별에 대한 깊은 반감을 갖고 있었다.

1791년(정조 15년) 4월 성균관의 적서 차별 문제가 제기되었다. 성균관 식당에서 서얼 출신들을 남쪽 줄에 따로 앉게 하여 문제가 발생한 것이다. 이에 정조는 대사성 유당을 불러 "일반 백성들 중에서도 기준을 준수한 자가 성균관에 들어가면 왕공귀인도 그들과 더불어 나이에 따라 차례로 앉게 한다. 또 성인이 사람을 가르칠 때도 단지 그 사람이 어진가 어질지 않은가 하는 것만 볼 뿐 그 문벌의 귀천은 따지지 않았는데, 당당한 성균관인으로서 어찌 유독 서얼만 따로 남쪽에 앉게 하고 같은 줄에 있지 못하게 하는가"라고 책망하고 바로 잡도록 지시하였다.

정조는 이 사건이 있은 직후 서얼의 중심인물이라 할 수 있는 이덕무를 조정에 입시하게 하여 성균관 사건에 대해 자세히 이야기하고 위로하였다.

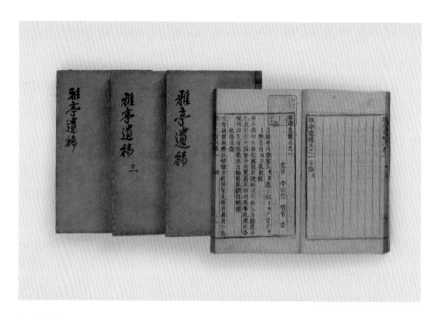

아정유고
雅亭遺稿

정조대에 규장각 검서관을 지낸 이덕무李德懋(1741~1793)의 시문집이다. 생전에 저자 자신이 뽑아 모은 것을 토대로 사후에 정조의 명으로 간행하였는데, 비용은 모두 정조가 대주었다. 『아정유고』는 『청장관전서』靑莊館全書의 일부로 수록된 것과 별도로 간행한 것 두 종류가 있다. 서문은 윤행임尹行恁과 남공철南公轍이 썼는데, 이덕무의 총명함과 정조의 신임을 크게 받은 점을 강조하고 있다. 구성은 시 332편, 편지 100편, 책론 5편, 서序·기記·잡저 131편 등 568편으로 되어 있다. 정조의 명으로 지은 「성시전도시」城市全圖詩와 「용주사주련」龍珠寺朱聯 16구가 있고, 반정균潘庭筠에게 보낸 편지에는 선진 학문을 흡수하고자 하는 의욕이 잘 나타나 있다. 8권 4책이다.

이에 이덕무는 정조의 따뜻한 마음에 감격하여 정조의 은교와 신하들이 아뢴 것을 써서 『서치사실』序齒事實을 기록하였다. 옛날 사람들은 나이와 연관해서는 상징적으로 표현했기 때문에 서치란 곧 나이의 순서를 말함이다. 이 일만 봐도 정조가 얼마나 이덕무를 중히 여기고 사랑하였는지를 알 수 있다.

성균관에서 신분에 따르지 않고 나이순으로 앉도록 정한 정조는 이덕무에게 "오랫동안 억울한 생각을 품고 있는 많은 일명인(서얼)들의 마음이 과연 풀렸는가? 저들의 형편은 어떠한가?" 하고 서얼들의 반응을 물어보았다.

이에 이덕무는 "이제 성세聖世를 만나 오륜 중 장유長幼의 순서가 하루아침에 시정되었으므로 기쁘고 감격한 나머지 '비로소 사람 대접을 받게 되었다'고 말하지 않는 자가 없다"고 하였다. 또, "임금의 덕정으로 하늘이 감동하여 가뭄에 비가 내릴 것이라고 하였는데, 하교 이틀 만에 비가 내리니 또 서로 축하하며 '이것은 서치우序齒雨'라고 하고 있다"고 하며 서얼들의 반응을 전해주었다. 정조는 "이들의 기쁨이 이같이 크단 말인가"라며 서얼들의 반응에 무척이나 기뻐하였다.

이덕무는 정조에게 "서얼이 사람의 서열에 끼지 못하는 것은 참으로 천하에 원통한 일입니다"라며 다시 한 번 정조의 조처에 감사하고 서얼들이 보통보다 몇 배나 더 기뻐하고 감격해 하고 있다고 하였다.

정조는 이덕무와 박제가, 백동수에게 『무예도보통지』 편찬에 대한 공로로 특별 서용을 하였다. 이덕무는 외사품外四品을 제수하고, 박제가에게는 기록과 편집의 공로를 인정하여 그에 상당하는 외직을 주도록 하였다. 아울러 백동수에게는 정6품의 군직인 사과司果에 임명하였다.

아울러 정조는 사도세자와 함께 『무예신보』를 편찬하는 데 가장 공헌을 많이 했던 훈련도감의 초관 임수웅의 집안에 대해서도 특별한 배려를 아끼지 않았다. 임수웅의 아들 임복기가 부친을 이어 무반으로 성장하자 정조는 그를 장용영 장교로 임명하여 별무사別武士로 임명하였다. 이후 별무사 임명에 더하여 특지로 참상부장에 임명하고, 지방 병마절도영에 첨사의 자리가 나거든 임명하라고 지시하였다.

결국 정조는 자신이 국왕으로서 가장 중요하게 여긴 『무예도보통지』 출간을 서얼 출신인 이덕무, 박제가, 백동수에게 맡김으로써 적손이 아닌 서얼 출신의 지지를 받고자 하였던 것이다. 뿐만 아니라 이들 중 뛰어난 인재를 선발하여 정조가 추진하는 왕권강화와 민생안정의 기초로 삼고자 하였다.
❀

4_

『무예도보통지』의 시연자,
조선 최고의 협객 백동수

O

조선 최고의 무사, 혹은 조선 최고의 협객이라 불리는 이가 바로 백동수 白東脩(1743~1816)이다. 백동수는 '전설의 조선검' 김체건과 '검의 신선' 김광택의 무예를 전수받은 인물이다. 그렇기 때문에 백동수가 조선후기 최고의 검객으로 이름을 날렸다고 해도 전혀 틀린 이야기는 아닐 것이다.

정조대 인물인 성대중이 저술한 『청성잡기』에 송장군을 비롯한 조선의 무사들 이야기가 나오지만 실제 무예가 어느 정도의 수준인지는 알 수 없다. 하지만 백동수는 『무예도보통지』를 통해 그의 무예 수준을 알 수 있고, 그의 친구들인 박지원과 박제가 그리고 이덕무 등을 통해 그가 얼마나 멋진 무인이었는지 확인할 수 있다. 그렇기 때문에 정조시대가 재조명되는 1990년대 후반 이후에 이르러 진정한 백동수의 실체가 우리들에게 알려지게 된 것이다.

백동수가 살았던 18세기 조선은 백년이 넘도록 전쟁이 없었던, 드물게 평화로운 시대였다. 병자호란 이후 조선은 전쟁이 없었고, 숙종과 영조 때

파고다공원 원각사지 10층석탑

국보 2호로, 조선후기 백탑이라고 불리웠다. 원각사는 지금의 탑골공원 자리에 있었던 절로, 조선 세조 11년(1465년)에 세웠다. 조선시대의 숭유억불정책 속에서도 중요한 사찰로 보호되어 오다가 1504년 연산군이 이 절을 '연방원'聯芳院이라는 이름의 기생집으로 만들어 승려들을 내보냄으로써 절은 없어지게 되었다. 이 탑은 조선시대의 석탑으로는 유일한 형태로, 높이는 약 12m이다. 대리석으로 만들어졌으며 탑 구석구석에 표현된 화려한 조각이 대리석의 회백색과 잘 어울려 더욱 아름답게 보인다.

기후이변으로 농사가 안되어 백성들이 살기 힘들었던 경제적 어려움도 정조 시대에는 많이 극복되어 평화로운 시대가 되었다. 이에 더해 정조의 문화정책으로 조선은 세종대의 문화가 부흥되는 시대였다.

백동수는 서울에서 태어나 자랐는데, 그의 집안은 세상에 널리 알려진 무인 가문으로, 증조부 백시구는 병마절도사와 수군절도사를 다섯 번 지낸 무장이었다. 할아버지 백상화도 명망이 있는 무관이었으나 서자였다. 한 번 서자이면 영원한 서얼의 굴레를 쓰게 되는 것이 당시 조선의 현실이었기에 백동수는 평생 서얼로 살아가야 했다. 이러한 서얼제도는 백동수에게도 안타까운 일이었지만 조선의 무예 발전에 있어서도 참으로 안타까운 일이었다. 아무리 정조가 서얼허통을 하였다 하더라도 400여 년간 지속된 서얼에 대한 차별을 완전히 극복할 수는 없었기 때문이다.

그러나 백동수는 활달한 성격에 사람 사귀길 좋아하여 신분과 나이에 상관없이 많은 사람들과 사귀었다. 양반사대부의 자식부터 서울 변두리의 건달들에 이르기까지 백동수가 사귀지 않은 사람이 없었고, 그래서 백동수는 일찍부터 협객으로 소문이 났다. 협俠이란 호탕하다는 의미와 함께 힘이 없어 쓰러진 사람을 옆구리에 끼워서 바로 세워주어 걸어갈 수 있게 해준다는 의미가 있다. 그러니 협객이란 두려움 없는 호탕한 성격에 가난하고 소외된 사람들을 도와주는 그런 사람들이었다. 그러니 백동수에게 협객이란 의미는 정확한 것이다. 아마도 백동수를 협객이라고 부른 것은 박지원이나 박제가 등 북학을 같이한 벗들일 것이다.

백동수는 소년 시설부터 무예에 심취하여 검술을 비롯한 여러 무예를 익혔는데, 이때 김광택을 만난 것으로 보인다. 백동수가 1743년생이고, 김광택의 나이를 대략 1710년생으로 본다면 두 사람의 나이 차이는 30여 세가 넘는다. 김광택이 영조를 만나 금위영의 교련관으로 활동하다가 어느 순간

은퇴한 후 남산 일대에 은거하다가 백동수를 만난 것 같다.

유본학의 『김광택전』에도 기록되어 있듯이 김광택은 도가술을 배웠고, 그래서 노인이 되었을 때도 얼굴이 전혀 늙지 않고 피부가 팽팽하였다. 그런 모습을 본 소년 백동수는 김광택에게 무예를 지도해달라고 졸랐고, 김광택이 제자로 받아들여 무예를 지도하였다고 한다. 이처럼 조선 최고의 무사에게 부예를 전수받은 백동수는 일찍부디 무인으로 세상에 나아가고자 정조가 즉위하기 5년 전인 1771년 식년무과에 응시하여 합격하였다. 그러나 당시는 서얼인 백동수를 존중하여 중요 무관직을 주던 시대가 아니었다.

그래서 백동수는 자신을 알아주는 벗들과 세상을 유람하였다. 인생 공부를 하러 다닌 것이다. 백동수와 가장 친한 벗은 이덕무와 유득공, 박제가 그리고 박지원이었다. 박지원을 제외하고 모두가 서얼들이었고, 훗날 정조가 가장 총애하는 규장각 검서관이 된다. 이덕무는 어린 시절 백동수의 둘도 없는 동무였고, 자라서는 그의 손위 누이와 혼인하였다. 유득공은 백동수보다 5살, 박제가는 7살 아래였다. 이들이 자주 어울렸던 곳은 오늘날 파고다 공원인 백탑 근처였다. 파고다공원의 원각사지 10층 석탑은 원나라 때 만들어진 탑으로, 흰 대리석으로 만들어서 당시 사람들은 백탑^{白塔}이라고 불렀다. 그래서 백동수와 이덕무 등 그 근처에 사는 사람들을 당시에는 백탑파라고 부른 것이다. 서얼 출신으로 가난했지만 일세의 천재들이던 이들이 살고 있던 백탑 일대는 조선의 문화를 새롭게 만든 중요한 터전이었다.

백동수는 박지원과 함께 북으로는 묘향산으로부터 남으로는 가야산에 이르기까지 조선의 명산대천을 두루 유람하는 장거리 여행을 떠났다. 이때 박지원은 황해도 금천의 연암골을 찾아갔다가 그 골짜기에 은둔하기로 결심하고 자신의 호를 '연암거사'로 정했다.

백동수는 약하고 어려운 이웃을 돕는 일에서 삶의 보람을 느끼고 즐거

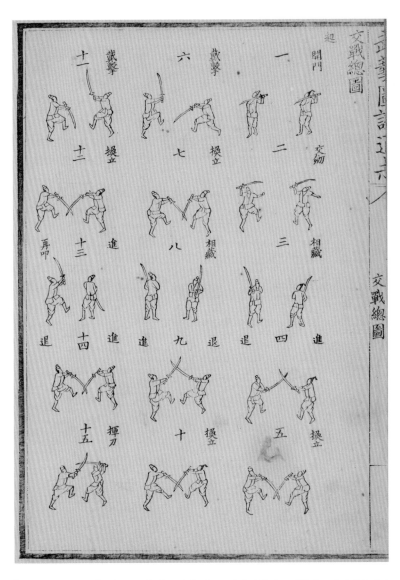

교전총도
交戰總圖

『무예도보통지』의 교전 총도는 24가지 기예 중 군사들의 교전 훈련을 정리하였다. 교전은 갑과 을이 나아가고 물러서기를 하는데 칼을 등에 짊어짐에서부터 던지는 데까지 이른다. 모두 마흔두 합이 있다.

위했다. 백동수는 자신의 호를 야뇌野餒라고 하였는데, 이를 풀이하자면 들판에 굶주려 있는 사람이란 의미이다. 서얼이기에 제대로 된 대우를 받지 못하는 청년 백동수의 한恨이 스스로 지은 호에 가득 담겨 있다. 이덕무는 백동수의 야뇌당野餒堂이라는 호를 풀이하는 「야뇌당기」라는 글에서 19살 살의 청년 백동수의 말과 행동을 '마치 딴 세상에서 노니는 사람'과 같았다고 표현하였다. 그는 유학자들이 중시하는 옷차림과 몸가짐에는 별 신경을 쓰지 않았다. 그의 자유분방한 옷차림과 씩씩한 걸음걸이, 거침없는 말투는 점잖음을 미덕으로 여기는 선비들에게 경망스럽고 무례한 태도로 비쳐져 오해를 사는 일이 많았다. 때문에 그의 급하고 불같은 성질을 걱정하는 사람들이 많았다. 백동수는 야뇌라고 하는 호에 더하여 새롭게 자신의 호를 질길 인靭자를 써서 '인재'靭齋라고 짓고 말과 행동을 조심했다. 나이를 먹으며 불우한 세상에 대한 분노를 누르고 세상에 대해 고민한 것이라고 할 수 있다.

백동수는 중국의 산천과 국경 수비에 대해서도 깊이 연구했다. 그가 중국의 형편을 훤히 꿰고 있었던 것은 전쟁을 대비했기 때문이다. 박제가, 이덕무, 유득공, 박지원 등이 모두 중국을 다녀왔고, 그와 가까웠던 성대중과 서유대가 일본을 다녀왔다. 그래서 그는 이들을 통해 청나라와 일본의 상황을 파악하고 혹시나 전쟁이 벌어지면 막을 수 있는 조선의 전술을 연구하였다.

백동수는 어린 시절부터 무예를 익혔지만 학문도 소홀히 하지 않았다. 일세의 천재들과 사귀기에 부족함이 없는 학문이 있었으니 일반 사대부에 비하면 월등했다고 할 수 있다. 그래서 그의 친구들은 백동수의 학문적 능력에 대한 찬사도 아끼지 않았다. 성대중은 고문古文의 대가로 정조의 사랑을 한몸에 받았던 인물이었고, 박지원은 『열하일기』의 저자로 조선 최고의 문장가였다. 이덕무는 자신이 쓴 글에 대한 비평을 백동수에게 자주 부탁했고, 박제가는 "역사와 경전을 논할 만하다"고 했으며, 성대중은 "무武로써 문文을 이룬 사람"이라고 했다. 뿐만 아니라 글씨를 잘 써서 박지원은 "전서와 예서에 뛰어나다"고 했고, 그림을 그리는 화법에도 밝아 단원 김홍도와 밤새 토론했을 정도였다. 참으로 대단한 사람이 아닐 수 없다. 동서고금을 막론하고 이런 인물은 찾기 힘들 것이다.

그러나 백동수가 아무리 뛰어난 인물이라 하더라도 영조 후반에 그는 쓰임을 받지 못했다. 서얼이라는 장벽이 너무도 컸기 때문이다. 그래서 백동수는 1773년, 서른한 살에 서울을 떠나 강원도 기린이라는 깊은 산골로 들어가 목축과 농사를 지으며 지냈다.

그러던 차에 세상이 변했다. 개혁의 군주 정조가 즉위했기 때문이다. 정조는 1777년에 자신의 개혁을 천명한 '경장대고'更張大誥를 선포하였고, 그중 하나가 국방개혁을 선언한 '융정'戎政이었다.

당시 서울에 있던 중앙오군영은 각기 독립적으로 운영되고 있어 지휘체계가 통일되지 못했다. 이러한 문제점을 해결하기 위해 1785년에 정조가 창설한 군대가 장용영이었다. 또 하나는 서얼허통절목을 선포하여 서얼들의 관직 진출의 기회를 마련했다. 정조의 서얼허통으로 1779년에 그의 벗 이덕무, 유득공, 박제가 세 사람이 규장각 초대 검서관에 임명된 것이다.

강원도 깊은 산속에서 농사를 지으며 은둔하고 있었지만, 세상은 백동수를 아주 잊지는 않았다. 정조가 백동수를 기억했던 것이다. 1785년, 정조는 특명으로 백동수를 선전관에 임명하고, 이어 1788년에는 장용영 초관에 임명하여 군사들이 익히는 24가지 무예를 표준화하고 정리하는 책임을 맡겼다.

백동수는 창덕궁 후원인 춘당대에 나가 장용영 무사들에게 창검무예를

무예도보통지 마상기창
武藝圖譜通志 馬上騎槍

지도했다. 이때 여종주와 김명숙이라는 두 명의 장교가 그를 보좌하여 군사들을 양성하였다. 조선의 국방을 개혁하기 위해서는 반드시 필요한 것이 표준무예를 정립하는 것이었다. 그것은 정조의 의지였다. 그래서 정조는 1789년 가을, "백동수는 이덕무, 박제가와 함께 『무예도보통지』를 편찬하라"는 어명을 내렸다.

이 어명을 내린 때는 정조가 사도세자의 묘소를 양주 배봉산에서 수원 화산으로 옮기고 난 직후였다. 정조는 아버지 사도세자를 본격적으로 현양하고, 아버지가 꿈꾸었던 외세에 침략당하지 않는 자주적인 국가를 만들기 위해 사도세자의 무예정책을 계승하기로 한 것이다. 그래서 사도세자가 만든 『무예신보』를 이은 새로운 무예서를 만들고자 하였고, 그 중요한 책무를 백동수와 그의 벗 이덕무, 박제가에게 맡겼다. 백동수는 형제처럼 지내는 벗들과 함께 조선의 무예를 정리하는 총감독의 책임을 맡게 된 것이다. 그러니 정조가 『무예도보통지』를 만들라고 지시한 날은 정조가 강력한 왕권을 새롭게 보여준 역사적인 날이라고 할 수 있다.

정조는 24가지 무예를 실은 책의 이름을 '무예도보통지'라고 지었을 만큼 편찬에 깊이 관여했다. 정조는 장용영에 임시 출판국을 설치하고 이덕무와 박제가를 이곳에 파견하여 백동수와 합숙하며 편찬에 전념하도록 하였다. 그리하여 1790년 4월 29일, 마침내 『무예도보통지』가 완성되었다. 이처럼 『무예도보통지』는 백동수와 이덕무, 박제가의 우정의 산물이자 규장각과 장용영의 합작품인 셈이다.

1816년 10월 3일, 백동수가 죽은 이후 그의 벗 성해응은 "애석하도다! 다시는 기남자奇男子를 볼 수 없음이여!"라며 조선 무사로서 당당한 삶의 자세를 한 번도 꺾지 않았던 백동수의 비범한 생애를 추모했다. 그러나 『무예도보통지』를 완성하기 위해 검을 휘두르던 백동수는 영원히 기억될 것이다. 🐾

5_
『무예도보통지』의
24기 무예

○

『무예도보통지』에는 24가지의 기예가 있다. 우리 역사상 가장 오래된 신라 화랑 황창랑이 만든 본국검에서부터 명나라 제독이었던 이여송의 검법인 제독검, 그리고 중국에서도 최고의 검법으로 인정받은 조선세법 등의 검법과 긴 대나무를 이용하는 죽장창 등 창을 활용한 무예가 있다. 여기에 더해 삼국지의 관우가 사용했던 월도와 대나무 끝에 독을 발라 사용하는 낭선과 맨손 무예인 권법이 있다. 이 무예들과 함께 정조시대 완성한 마상기예 6가지가 포함되어 있다.

1. 장창長槍

태산압란세부터 태공조어세까지 전보 12세, 조천세부터 야차탐해세까지 후보 12세로 총 24세가 있다. 길이가 1장 5척이나 되는 장창의 자세는 대적, 기만, 방어, 공격세로 구성되어 있다. 날카롭고 빠른 왜검을 제압하는 데 유효했다. 임진왜란 당시 조선과 명나라 연합군이 왜군이 지키고 있는 평양성을 공격할 때에 사용한 무기이며, 총포가 보편화된 시기에도 그 쓰임이 지속되었다.

2. 죽장창竹長槍

태산압란세부터 백원타도세까지 총 7세가 있다. 기병의 돌격을 막기 위한 목적으로 익힌 무예이다. 따라서 태산압란세, 진왕점기세, 금룡파미세, 단봉무풍세 등 여러 자세는 적과 말을 위협하는 자세이다. 다만 자루가 길기 때문에 자세는 아주 단순한 편이다. 대나무를 여러 겹 붙여 튼튼하게 만들었다. 상대의 기병이 사정거리 안으로 들어오면 곧장 창을 세워 적의 예봉을 꺾는다. 표적을 찌른 후에 창을 뽑으며 급히 물러나 다시 겨누는 '백원타도세-퇴일보-기룡세'가 있다.

3. 기창旗槍

용약재연세부터 야차탐해세까지 총 13세이다. 창의 길이가 짧아 '단창'이라고도 불렀다. 자루에 달린 깃발을 이용하여 평상시에는 부대의 구분, 신호를 보낼 때 사용했다. 고려시대에 임금의 수레를 호위하는 군사들이 익혔던 무예이다. 진법陣法을 운용할 때 각 대오의 위치와 정렬, 그리고 이동할 때 기창수가 진의 이동을 담당하였다. 창이 짧아 전후좌우를 공격하는 자세가 들어 있다.

4. 당파鐺鈀

조천세부터 기룡세까지 총 7세가 있다. 길이는 7척 6촌, 무게는 5근(3kg)이다. 당파는 창검, 특히 장창의 자루를 걸어 젖히고 공격하기 좋은 무기이다. 가지런한 세 가닥의 창날은 화기 발사대로도 쓰였다. 기룡, 나창, 가창과 같은 자세는 평지에서 창을 든 상대와 대적하는 자세다. 말의 눈을 찌르고, 말의 발굽을 찌르는 등 기병을 제압하는 기법도 들어 있다.

5. 기창騎槍

신월상천세부터 농창세까지 총 8세가 있다. 조선 초기부터 무과 시험의 한 과목이었다. 말 위에서 전후좌우로 창을 휘둘러 적을 찌르는 세법이 있다. 기창은 조선 초기에 여진족을 비롯한 북방의 오랑캐들을 방어하고 공격하기 위해 연마되었던 마상기예이다. 조선 초기에는 갑을창甲乙槍이라 하여 두 사람이 짝이 되어 교전하는 방식과 삼갑창三甲槍이라 하여 세 사람, 혹은 세 대오가 둥근 원을 그리며 서로 겨루는 방식으로 실제 전투방식과 흡사하게 무예를 연습하였다.

6. 낭선狼筅

중평세부터 기룡세까지 총 8세가 있다. 긴 대나무 끝에 창날을 달고 가지에 날카로운 쇠 조각을 붙여 적의 접근을 막는데 사용한 무기이다. 낭선은 명의 장수 척계광이 개발한 원앙진에서 등패와 한 짝을 이뤄 상대를 근접하지 못하게 하여 등패의 공격을 도왔다. 쇠 조각 끝에 독을 묻혀 직접 상대를 제압하는 방식의 공격법 또한 독특하다.

7. 쌍수도雙手刀

견적출검세부터 장검고용세까지 총 15세가 있다. 이름처럼 두 손으로 검을 잡아야 하는 길고 무거운 검을 쓰는 법이다. 특히 칼날이 길어 칼의 중심을 잡아주는 동호인을 크게 제작하여 달았다. 검보의 특징은 향좌방적세, 향우방적세, 향상방적세로 이어지는 방어를 바탕으로 한 공격법 중심이다.

이 검보에는 고대 일본과 중국, 조선의 검 쓰는 기법이 들어 있다.

8. 예도銳刀

조선의 검법으로'조선세법'으로 불리기도 하며 거정세부터 횡충세까지 24세가 있다. 17세기 후반 태아도타세, 금강보운세 등 4세법을 더해 총 28세가 되었다. 예도를 익힐 때 사용한 환도는 칼날의 길이가 3척 3촌(약 69센티미터)이고, 자루의 길이는 1척(약 21센티미터)이며, 전체 무게는 1근 8냥(약 1100g)이다. 중국의『무비지』에 '조선세법'이란 이름으로 유일하게 실린 검법이다. 칼을 공중에 높이 던졌다가 받는 여선참사세나 칼을 손가락 사이에 끼워 돌리는 양각적천세처럼 담력을 키우는 자세도 들어 있다. 본국검과 함께 한국을 대표하는 검법이다.

9. 왜검倭劍

토유류, 운광류, 천유류, 류피류 등 4개의 류가 있다. 왜검은 타법을 중심으로 구성되어 있으며, 아주 빠르고 강렬하며 앞을 가로 질러 나가는 것이 특징이다. 왜검은 숙종시대에 검법에 최고였던 훈련도감의 무사 김체건이 왜관에 몰래 숨어 들어가서 배워 와 조선 군사들에게 보급하였다.

10. 교전交戰

개문세부터 상박세까지 총 25세가 있다. 김체건이 왜검을 응용하여 창안한 것으로, 무예 24기 중 가장 늦게 완성된 검법으로 알려져 있다. 압(누르기)과 접(붙이기)을 적절히 활용하여 상대의 검을 방어하고, 전타(갈겨치기), 거타(들어치기)를 이용한 연속 공격법이 잘 표현되어 있다.

11. 제독검提督劍

대적출검세부터 장검고용세까지 총 14세가 있다. '제독'이라는 계급이 검보의 명칭에 붙은 것으로 보아 중국에서 전해진 것으로 짐작할 수 있으나 조선에서 완성된 검법이다. 좌우로 빠르게 회전하며 멀리 떨어져 있는 적을 강하게 칠 수 있다. 또한 앞으로 전진한 만큼 물러서되 처음에는 왼편으로, 다음은 오른편으로 세 번 돌아 원래 있던 자리原地로 돌아오도록 구성되었다. 기법이 단순하여 단체로 훈련하기 좋으며 여러 명의 적을 상대하기 좋은 검법이다. 조선 후기에 군사들이 가장 많이 익혔던 무예이다.

12. 본국검本國劍

지검대적세부터 시우상전세까지 총 24세가 있다. 『무예도보통지』의 편찬자 중 한 사람인 이덕무는 본국검의 뿌리를 칼춤을 잘 추었던 신라의 화랑에 관한 옛이야기에서 찾고 있다. 전후좌우 끊임없이 변화하며 공격과 방어를 펼치는 형식으로 구성된 본국검은 한민족의 활달한 기상이 잘 표현된 검법이다.

13. 쌍검雙劍

지검대적세부터 항장기무세까지 총 13세가 있다. 칼날의 길이는 2척 5촌, 손잡이는 5촌 5분, 무게는 8냥이다. 두 개의 검을 들고 펼치는 검법으로 공격과 방어가 거의 동시에 이루어져 좁은 공간에서는 그 위력이 배가된다. 오화전신세와 장검수광세처럼 두 개의 검이 조화를 이루는 것이 특징이다.

14. 마상쌍검馬上雙劍

항우도강세부터 좌검우휘까지 총 10세가 있다. 말 위에서 검 두 개를 사용하는 무예로 말고삐를 놓고 구사해야 하는 만큼 말 타는 실력을 갖추어야 가능하다. 항우도강세, 손책정강동세, 환고환패상세, 운장도패수세처럼 중국의 항우, 손책, 유방, 관우 같은 유명한 무장의 이름이 자세 이름에 들어있다. 마상쌍검은 정면에 말 머리가 있으므로, 몸을 좌우로 많이 비틀어 양 옆의 적을 신속히 베고 치는 자세가 주류를 이룬다.

15. 월도月刀

용약재연세부터 수검고용세까지 총 18세가 있다. 칼날의 모양이 초승달을 닮아 월도란 이름을 붙였다. 동선이 크고 위력이 있어 참마도斬馬刀(말을 베는 칼)라 불리기도 했다. 특히 왜검을 제압하는 데 가장 좋은 검으로 임진왜란 이후 우리나라 군사들이 즐겨 익혔다. 월도의 기법은 대부분 전후좌우로 크게 회전하며 칼을 쓰기 때문에 동작이 크고 기세가 활달하다.

16. 마상월도馬上月刀

신월상천세부터 자전수광세까지 총 10세가 있다. 마상재, 마상쌍검, 마상편곤과 함께 조선후기 기병들의 필수 기예였다. 특히 월도의 무게와 길이 문제로 월도, 중월도, 청룡도 등으로 다양하게 무기를 제작하여 기법을 익혔다.

17. 협도挾刀

용약재연세부터 수검고용세까지 총 18세가 있다. 자루의 길이가 7척, 칼날의 길이가 3척(60센티)이고 무게가 4근이며, 자루에는 붉은 칠을 하고 칼등에는 상모를 매달았다. 칼날이 눈썹처럼 생겼다 해서 미첨도라 불렸고, 협도곤으로 불리던 것을 정조시대에 협도라는 이름으로 정착되었다. 적의 진을 부수는데 효과적이어서 파도破刀라 불렸다. 무예 24기 중 가장 무거운 병기이다.

18. 등패籐牌

기수세부터 사행세까지 총 8세가 있다. 조총과 화살은 물론 창이나 검을 막는 방어용 무기다. 정조시대에 사용된 등패는 직경이 3자 7치(약 78센티미터)라서 앉아서 몸을 숨기기에 약간 부족하였다. 조선 초기에는 나무판에 쇠가죽을 붙인 방패를 사용하였는데, 기병은 둥근방패, 보병은 긴 사각 방패를 사용하였다. 등패의 둘레는 기와지붕의 처마처럼 약간 높게 들려 있어 화살이 날아들어도 사람에게는 미치지 못하였다. 패 안쪽에 등나무로 두 개의 고리가 있어 방패와 요도 하나씩을 잡고도 손과 팔을 쉽게 움직일 수 있었다. 등패는 무게가 가볍고 단단하며 습기에 강하므로 보병에게는 편리한 무기로 정평이 나 있었다. 오른손에 단도를 쥐고 왼손에는 방패와 표창을 잡는다.

19. 권법拳法

중국에서 전해진 것은 32세인데 조선에서 6세가 더해져『무예도보통지』에는 총 38세가 실려 있다. 권법은 맨손 무예로 창검을 배우기 전에 익혔던 무예의 기초과목인데, 백병전을 벌일 때 때때로 무기 없이 맨손으로 적을 제압하여야 했기 때문이다. 권법에서 발보다는 손을 주로 사용하는 수박手搏의 기법이 남아 있다.

20. 곤봉棍棒

편신중란세부터 상제세까지 총 14세가 있다. 길이는 7척, 무게는 3근 8

냥, 양날의 길이는 2치이며, 곤봉의 한쪽 끝에는 쇠로 오리주둥이 모양처럼 생긴 4냥 무게의 칼날을 박았다. 곤봉은 무기술의 기초 과목이다. 대적세, 대전세 등 서로 상대의 곤을 부딪치며 익히는 것이 특징이다. 중국은 연봉, 일본은 강봉을 주로 사용하였는데, 우리나라는 둘을 함께 사용하였다. 전해 오는 말에 "장창은 무예 중에서 왕[藝中之王]이요, 곤봉 역시 무예 중에 으뜸[藝中之魁]이다"라고 했다. 여러 가지 무기를 사용하는 몸놀림과 손발의 자세들은 모두 곤봉법에서 나온 것이기 때문에 "모든 무예의 근본은 곤봉"이라고 했다. '사람을 천 번 치는 것이 한 번 찌르는 것만 못하다'는 속담도 곤봉과 관련된 말이다.

21. 편곤鞭棍

용약재연세부터 하접세까지 총 10세가 있다. 편의 길이는 8척 9촌, 자편은 2척 2촌이다. 도리깨를 응용한 무기술로, 연속 공격이 쉽고 타격력이 큰 무기였다. 특히 상대의 병기를 감아서 공격하기 때문에 상대가 방어하기 매우 어려웠다. 여장(성가퀴)에서 성위로 기어 올라오는 적을 치는 데에 아주 좋은 무기였다.

22. 마상편곤馬上鞭棍

상골분익세부터 우고방신까지 총 9세가 있다. 마상편곤의 자루의 길이는 6척 5촌, 자편의 길이는 1척 6촌이다. 조선의 기병들이 반드시 휴대했다. 여러 개의 짚 인형을 길 좌우에 세워두고 말을 타고 달리면서 편곤으로 내려치는 연습을 하였는데, 이를 '편추'鞭芻라고 하였다. 무과 시험과목의 하나였다.

23. 격구擊毬

비이부터 수양수까지 총 8세가 있다. 고려의 남녀 귀족들이 즐겼던 놀이로, 서양의 폴로와 비슷하다. 조선 초기부터 무과의 한 과목으로 채택하였으나 1725년 이후에는 제외되어 이후 기법이 제대로 전승되지 못했기에 백동수가 다시 복원하였다. 조선 초기에 위로는 임금부터 아래로는 평민들까지 즐겼다. 조선 초기의 법전인『경국대전』에도 격구의 경기 규정이 상세히 실려 있다.

24. 마상재馬上才

말 등에 서기부터 말 등에 눕기까지 총 8세가 있다. 말 위에서 다양한 재주를 부리는 기예로, 기병들은 반드시 익혀야만 했다. 특히 통신사로 일본에 건너가서 시범을 보였던 기병들의 실력이 매우 뛰어나 일본 무사들을 놀라게 했다는 기록이 많이 남아 있다. 유성룡은『징비록』에 "내금위 조웅은 용감하여 말 위에 서서 달리며 칼로 적을 베어 죽였다"고 했는데, 이것이 바로 마상재의 제1자세이다. 인조 때 일본에 통신사를 다시 파견했는데, 이때 마상재군도 함께 딸려 보냈다. 이후 조선통신사가 일본을 왕래할 때마다 마상재군이 수행하여 조선 기마술의 진수를 보여주었다. 🐲

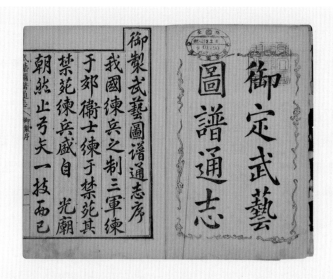

■ **무예도보통지 · 서**武藝圖譜通志 · 序

우리나라 군대 훈련 제도는 삼군三軍은 교외에서, 위사衛士는 금원禁苑
에서 훈련을 받도록 되어 있는데, 금원에서의 훈련은 광묘光廟(세조) 때부
터 성행했다. 그러나 훈련이라는 게 활 쏘는 것 한 가지뿐 기타 창이나
칼 다루는 법 같은 것은 없었다.

선묘宣廟께서 왜구를 평정하고 나서 척계광戚繼光이 쓴 『기효신서』를
구매하고 훈련도감[訓局]의 낭관 한교韓嶠를 보내 우리나라에 온 중국
장사將士들을 두루 찾아다니면서 곤봉棍棒 등 여섯 가지 기예 다루는 방
법을 알아오게 하여 그것을 『도보』圖譜로 만드셨다. 그 후 효묘孝廟께서
그 일을 이어받아 자주 내열內閱을 하시며 무슨 수手 무슨 기技는 그 훈
련을 더욱 강화하라고 하여, 그것을 계기로 격자擊刺의 법이 다소 발전
을 보았다. 그러나 기껏 6기技뿐 항목이 더해진 것은 없었다. 급기야 선왕
조 기사년에 와서 소조小朝께서 모든 일을 대신 처리하시면서 대나무 장

창 등 12기를 더 보태 『도보』를 만들고, 전자의 6기와 함께 통틀어서 훈련을 하도록 하였다. 이는 『현륭원지』에 나와 있고, 십팔기十八技라는 이름도 그때 처음 생긴 것이다. 내가 그 의식儀式 전형典刑을 이어받고는 거기에다 또 기예騎藝 등 6기를 더 보태 24기로 만든 다음, 고증에 밝은 자 두서너 명을 골라 『원도보』原圖譜(무예제보)와 『속도보』續圖譜(무예신보)를 한데 묶고 의례義例도 다시 바로잡고, 그 원류源流에도 해석을 붙이고, 제도制度도 다시 논의하여 정해서 한번 책을 폈다 하면 무예에 관한 모든 물건들 및 그것을 이용하는 기예와 묘술들을 한꺼번에 알 수 있게 꾸미고 『무예도보통지』라고 이름하였다.

이 책에는 격자擊刺에 관한 법이 더 증보되고 더 상세히 설명되었을 뿐만 아니라, 금원에서의 훈련 방편으로는 진전眞詮이 되고 있어 교외 훈련의 지남指南이 되고 있는 오위五衛의 진법서인 『병장도설』兵將圖說과 함께 서로 날줄 씨줄이 될 만큼 둘 다 아름다운 특색을 지니고 있으니 그 얼마나 좋은 일인가. 그러나 행진行陣이 먼저이고 기예技藝는 뒤라는 것이 병가兵家에서 보편적으로 하는 말이라고 나도 알고 있는데, 그런데도 병가에서는 오교五敎에 있어 기예 훈련이 두 번째이고 행진行陣 훈련이 세 번째인 것은 무슨 까닭인가? 해와 달과 별들의 운행을 잘 알고 모양과 작동과 변수에도 능란하여 가만히 있을 때는 돌담 같고, 움직였다 하면 비바람 같이 변화무쌍한 것이 행진의 장점이다. 그러나 안과 밖을 직접 공격하는 데는 부득이 손발과 무기를 도구로 해야 하며, 무적無敵의 행진도 결국은 치고 찌르는 것을 잘하느냐 못하느냐에 달려 있다면 그 시차를 정하는 데 있어서도 당연히 그래야 할 것 아닌가.

앞으로 이 책이 나온 것을 계기로 하여 중위中尉와 재관材官은 나닐이 용호龍虎의 진법에 익숙해지고, 무사들은 저마다 무예를 익혀 비휴貔

^獮와 같이 되어 국가에서 계속하여 인재를 양성하려고 하는 본래의 뜻을 저버리지 않는다면, 앞으로 억만년을 두고 닦아 가야 할 군사 교육과 분명하게 일러 준 내 뜻이 바로 여기에 있을 것이다. 제군들은 노력할지어다.

■ **진설**^{進說} **(경과보고서)**

성상께서는 13년(1789년) 가을에 신 [이]덕무, 신 [박]제가, 신 [백]동수 등을 불러서 이렇게 교유하셨습니다.

"『무예제보』에 수록돼 있는 곤봉, 등패, 낭선, 장창, 당파, 쌍수도 등 6기는 척씨의 『기효신서』에서 나왔는데, 선조의 명에 따라 훈국랑 한교가 명나라 장사들에게 두루 물어보고, '보'를 편찬하여 간행한 것이다.

선왕 기사년(영조 25년, 1749년)에 소조^{小朝}(사도세자)께서 서정^{庶政}을 대리하셨는데, 기묘년(1759년)에 죽장창, 기창, 예도, 왜검, 교전, 월도, 협도, 쌍검, 제독검, 본국검, 권법, 편곤 등 12기를 증보하여 도해하고 도보를 만드셨는데, 그에 대한 말이 『현륭원지』에 상세하게 기록되어 있다.

그리고 내가 즉위한 해에 선왕의 뜻을 따라 앞의 18기를 수련하도록 하는 한편 기창, 마상월도, 마상쌍검, 마상편곤 등 4기를 증보하여 시취하도록 명한 바 있었다. 이제 또 격구와 마상재를 그 아래에 붙이도록 하였다.

아, 열성조에서 병서를 편찬하시고 군영을 설치하시면서 튼튼하게 연결시키셨으므로 미비한 점이 전혀 없으셨다. 그러나 무기를 만드는 방식과 무예 수련법은 자세히 전하는 것이 없어서 병조와 훈련도감과 어영청 등 여러 군영에서 간혹 이를 수련하더라도 자세가 서로 다르거나 같더라도 보법이 잘못 전승되었을 뿐만 아니라 상세하지도 않았기 때문에 이중삼중으로 어긋나는 일이 많았다. 이것은 자세한 기록이 없었기 때문이었다. 지금처럼 태평세월에 유사시에나 쓰일 서적을 편찬하여 간행하는 까닭은 적개심을 고취함으로써 외침을 방어하는 데에 실효를 거둘 수 있기 때문이다.

이에 『무예제보』와 『무예신보』를 비롯하여 24가지를 모두 그대들에게 주어 자세히 연구하고 편찬하도록 하며 『무예도보통지』라는 이름을 내린다. 그러므로 그대들은 널리 자료를 수집하고 광범위하게 연구하여 하나하나 상세하게 풀이하되, 유례를 찾아 설명하고 체재를 바로잡는 것은 물론이고, 그 득실을 따져 다시 논단하여 그 단락을 바로잡음으로써 선배들의 아름다운 뜻을 더욱 드높이고 후세 사람들이 비웃거나 헐뜯어 비난할 수 없도록 하라."

그리고 성상께서는 장용영에 서국을 개설하고 궁중의 병가서 20여 부를 꺼내어다 자료를 자세히 연구하고 검토하도록 명하셨습니다. 또한 명칭과 실제 기술, 무예자세 그림과 설명문을 백가의 책에서 널리 인용할 수 있도록 신 덕무에게는 열고관閱古觀에 소장돼 있는 비서秘書를 펴보고 조사할 수 있도록 해주셨고, 신 제가에게는 찬집하는 여가에 잘못을 바로잡고 정서하여 판각하는 데에 사용하는 원본을 만들게 하시었으며, 신 동수에게는 병영(장용영)의 군교들 가운데 병법과 무예를 아는 자들과 더불어 기예를 시험하고 기법을 관찰하여 수정토록 하시었습니다. 판각을 시작한 후 석 달이나 걸려서야 작업을 마치니, 책이 모두 다섯 권입니다.

신 등이 가만히 엎드려 생각하오니 …… 우리나라 한교^{韓嶠}(1556~1627)는 백의로 낭관이 되어 세상 사람들로부터 국사^{國士}로 추앙받았습니다. 그가 무예를 개창한 공은 더 이상 논할 여지가 없는 일이지만 명나라 장수 낙천근과 유대도 사이에서 주선한 것만으로도 이미 뛰어나게 훌륭한 능력을 발휘한 것이고, 지사의 기개를 떨쳤다고 할 수 있겠습니다.

우리 성상께서는 생각이 깊고 받아들이시는 것이 빠르시어 탄식과 안타까운 마음으로 깊이 묻혀 있는 뜻을 찾아내고 흐려진 것을 밝혀내시며 온갖 애를 다 쓰시었습니다.

마침 한교의 책을 신 등으로 하여금 능력을 발휘하여 윤색하라고 이르시면서, 이를 영구히 보급시킬 수 있는 책으로 편찬하라고 말씀하셨습니다. 그리고 편찬하는 중에 문득 신 등을 단단히 일러서 경계하여 "혹시라도 남의 아름다움을 빼앗거나 좋은 점을 가리는 일이 없도록 하라"고 하셨으니, 그 말씀이 위대합니다.

……

신라의 『무오병법』과 고려의 『김해병서』는 이미 모두 없어져버리고 전하지 아니하므로 지금은 상고할 길이 없었습니다.

……

어떤 사람은 말하기를, "병법이란 지모일 뿐이다. 진법도 오히려 말단에 불과한 것인데, 하물며 무기야 말해 무엇하느냐? 그러므로 '유장(휘장을 친 군막)에서 수립한 전략이 천리 밖에서 벌어질 전쟁의 승리를 결정한다'라고 하는데, 돌고 뛰며 고함지르면서 용맹을 과시하는 것은 한 사람을 대적할 수 있을 뿐이다. 어찌 승패의 변수가 될 수 있겠는가?"라고 합니다.

그러나 그것은 크게 잘못된 생각입니다. 만약 상대가 어린아이일지라도 칼든 쥐고 있으면 맹분과 하육 같은 용사라도 피하고 숨지 않을 수 없으니, 그것은 병기를 두려워하기 때문입니다. 나약한 남자가 한 번 찌르는 것이 용맹스러운 무사가 백 번 치는 것보다 낫다는 건 그 세를 얻었기 때문입니다. 그러므로 모략은 진법만 못하고, 진법은 병기만 못하며, 병기는 세만 못합니다. 따라서 이 모든 것이 균형을 이루지 않으면 병법이라 할 수 없습니다. 막상 양진이 맞붙었을 경우에 상대의 칼날이 내 칼날을 이미 동강내버렸다면 적의 갑옷을 뚫을 수 없고, 내 화살이 이미 굽어버려 절박한 입장에 처하게 되면 비록 현녀에게 무기를 쥐어주고, 풍후에게 명을 맡긴다 해도 지조의 긴 창날 같은 깃은 잘리고, 맹수의 가위 같은 발톱은 이미 깎여버린 것이나 마찬가지여서 아무 소용이 없으므로 지략과 모책을 펼칠 곳이 없을 것입니다. 그러므로 『무예도보통지』를 편찬하는 일은 지금 가장 시급한 일이 되는 것입니다.

……

대개 병서에 관해 말씀드리자면 『병학통』은 병영에서 진을 치는 강령綱領이며, 『무예도보통지』는 가격하는 기술(근접무예)이 중심축樞 쇞을 이루고 있습니다. 무릇 '통'通이라는 것은 명백하고 해박하다는 것이므로 사물의 본체와 그 작용이 서로 기다려 처음과 끝이 상응하고 서로 연결되어야 합니다. 누구나 병법에 대해 이야기하고자 할 때에 이 두 통(『병학통』과 『무예도보통지』)을 놓아두고 다른 무엇을 이용할 수 있겠습니까?

......

대개 우리나라 사람들은 글을 읽을 때에 공허한 것만 널리 읽고 따를 뿐이지 명칭과 실제 기술에는 건성입니다. 그리고 기기를 만드는 사람은 원리원칙을 무시하고 견문에만 의존하며 모든 기술이 해이된 상태가 되어도 옛것을 본받으려 하지 않습니다. 비록 충성스런 지혜가 강렬한 신하가 있다고 할지라도 그가 맨손으로 말을 달려간다면 무슨 도움이 될 일을 할 수 있겠습니까?

이제 성상께서는 좋은 운세를 만나 지극한 정치를 하시어 문文에 대해서는 규장각을 두시고, 무武에 대해서는 장용영을 설치하여, 신명한 예악(예법과 음악)이 환하게 달라지도록 하는 동시에 경직된 습속을 타파하고 늘어지고 팽팽한 것을 적당히 조율하셨습니다.

......

사자가 공을 희롱할 때에 이리 뛰고 저리 뛰며 자빠지고 엎어지면서도 하루 종일 쉬지 않으며, 마침내 코끼리를 잡거나 토기를 잡을 때에 전력을 쏟을 수 있는 것은 공놀이에서 얻어진 기술 때문입니다. 왜인들이 한가할 때에 앞에 짚베개를 만들어 놓고 손에는 나무칼을 잡고 그것을 치면서 세와 기를 수련하니, 어찌 신묘한 칼 쓰는 솜씨를 습득하지 못하겠습니까?

무릇 병兵이라는 것은 부득이한 경우에만 쓰는 것입니다. 그러나 성인은 그것을 이용하여 포악한 짓을 막고 난세를 그치게 하였으니, 애당초 이용후생과 서로 표리가 되지 않을 수 없습니다. 그러므로 봄 사냥과 가을 사냥은 말의 상태를 점검하기 위한 것이요, 향음주례鄕飮酒禮도 사실은 활쏘기를 연습하기 위한 것이었습니다. 그리고 투호와 축국놀이에 이르기까지 은밀한 뜻이 없는 것이 없으니, 이 책을 편찬하는 것이 어찌 병가 하나만을 위한 일이겠습니까?

미루어 보면 농사, 방직, 궁실, 배와 수레, 교량, 성보(성을 쌓기), 축목, 도야(도자기를 굽고 쇠붙이를 녹이는 일), 관복(갓과 의복), 반우(소반과 밥그릇) 등 모든 것은 백성들이 일상생활에 쓰는 도구와 관련되는 일이기 때문에 일은 반만 하고도 공은 배나 되는 것입니다.

그리하여 조정에서는 실용적인 정책을 논의하고, 백성들은 실용적인 생업을 지켜야 하며, 문원에서는 실용적인 책을 찬술하고, 군사들은 실용적인 기예를 수련하며, 상인들은 실용적인 상품을 유통시키고, 공인들은 실용적인 기기(그릇과 병기 등)를 만들어낸다면 어찌 나라를 방위하는 일을 염려하며, 백성들을 보호하는 일에 걱정이 있겠습니까?

신들은 글[文]을 숭상하는 시대를 만난 덕택에 외람스럽게도 이 책을 편찬하는 임무를 받들 수 있게 되었으니, 어찌 이름을 문자에 의탁한 영광이라고만 할 수 있겠습니까? 만세후에까지 태평한 세월이 계속되어 우리 성상의 지과止戈(무기사용을 그치게 하는 것, 곧 평화)의 덕화를 힘입게 될 것입니다.

※ 이 글은 『무예도보통지』의 편찬자가 책을 완성한 뒤 정조에게 올리는 경과보고서인 진설이다. 책을 펴내는 목적을 밝힌 이 글에는 편찬자들의 상무정신과 실학정신이 잘 반영되어 있다.

3부

정조,
호위부대를 만들다

1_
정조의 즉위와
반대세력들의 견제

○

1762년(영조 38년) 사도세자가 뒤주에 갇혀 죽은 사건은 조선의 정계에 피바람을 불게 하였다. 그간 영조의 탕평정책으로 노론과 소론, 남인 등이 어느 정도 균형을 잡으며 정치를 하였지만 사도세자의 죽음 이후 소론과 남인은 거의 몰락하는 수준이었다. 그 과정에서 가장 고통스러운 사람은 단연코 왕세손 정조였을 것이다. 아버지를 죽음으로 몰아넣은 할아버지 영조에 대해 어떠한 원망도 할 수 없었고, 호시탐탐 자신을 감시하는 아버지를 죽인 세력들에 대해서도 침묵으로 일관해야 했기 때문이다. 사도세자가 죽은 뒤 2달 만에 왕세손의 신분으로 동궁東宮이 되었지만 정조는 아무것도 할 수 없는 허수아비 같은 존재였다. 그저 아버지처럼 죽지 않고 살아남는 것만이 향후 복수를 위한 최대한의 몸부림이었다. 그러나 동궁 정조는 이 일을 통해 커다란 교훈을 얻기도 했다. 당쟁의 희생물로 억울하게 죽은 사도세자를 통해 정조는 정치의 비정함을 뼈저리게 느끼고 장차 국왕으로서 자신이 해야 할 탕평과 개혁이라는 국정 운영의 목표를 정하게 되었기 때문이다.

洪領相鳳漢字翼如葵巳生豊山人謚翼靖壽六十六

홍봉한
洪鳳漢

사도세자의 장인 홍봉한(1713~1778)의 초상화이다. 좌안 구분면의 반신상으로 사모와 담홍색 단령의 시복時服을 착용하였다. 안면의 짙은 운염, 복식선의 굵은 먹선 등을 감안해 볼 때 후대의 이모본으로 판단된다. 초상화첩에서 낱개로 분리된 상태이지만 현재까지 알려진 홍봉한의 초상화 중에서는 가장 우수한 작품이다. 홍봉한의 본관은 풍산豊山이고 자는 익여翼汝이며 호는 익익재翼翼齋이다. 영조대 중반 이후 김귀주金龜柱(1740~1786) 중심의 남당南黨에 대립하였던 북당北黨의 중심인물로 활동하였다. 1762년 사도세자가 폐위되고 죽음을 당할 때에는 방관적인 태도를 취하였다 하여 후일 정적들로부터 많은 공격을 받았다. 영조를 도와 조선후기 문화 부흥에 많은 업적을 남겼다. 관직은 영의정에 이르렀으며 시호는 익정翼靖이다.

왕세손이었던 정조는 생부 사도세자의 죽음으로 자신 역시 당쟁의 소용돌이 속에 휘말려 궁중에서 제거될 수 있다는 불안감에 시달렸다. 영조는 사도세자가 죽음을 당한 임오화변에서 있었던 자신의 허물을 드러내지 않기 위해 정조를 사도세자의 자식이 아닌 그의 큰아들이었던 효장세자의 후사로 삼아 왕통을 이어받도록 하였다.

영조의 이와 같은 특별한 조치는 사도세자의 죽음을 통해 손자인 정조에게 가해질 훗날의 정치적 파란을 막고자 한 것이다. 영조는 역적의 아들이 국왕이 되어서는 안 된다는 이유로 향후 있을 수 있는 정조에 대한 왕통 시비를 우려하여 정조와 사도세자의 공식적 관계를 끊어버린 것이다. 하지만 이러한 부자연스러운 영조의 결정은 오히려 정조 왕권의 정통성을 위협하는 직접 요인이 될 수도 있었다. 겉으로는 아닌 척하지만 뒤에서는 정조가 효장세자의 아들이 아니라 사도세자의 아들이라고 수군거렸기 때문이다. 아무리 족보에서 아버지를 바꾼다 하더라도 핏줄은 바꿀 수 없는 것이다. 따라서 정조는 왕세손 시절부터 사도세자의 복권과 자신의 왕권강화라는 일념을 지니게 되었다.

정조는 1775년(영조 52년)에 82세의 고령이었던 영조를 대신하여 대리청정을 하게 되었다. 대리청정 직전까지 정국을 주도한 세력은 흔히 '부홍파' 扶洪派로 통칭되는 풍산 홍씨豊山洪氏 홍봉한洪鳳漢 계열과 그와 연대하고 있던 외척 세력들이었다. 홍봉한의 아우인 홍인한이 영조의 사랑을 독차지했던 화완옹주和緩翁主의 양자인 정후겸과 강한 연대를 맺고 정국을 주도하고 있었다. 부홍파는 정조의 외조부이자 사도세자의 상인인 홍봉한을 지지하는 세력이다. 홍봉한은 사도세자의 죽음에 관련이 있으나 영조대에 영의정을 지내며 세손 정조를 보호하고 국왕으로 등극하는 데 힘썼다. 부홍파는 대체로 시파時派로 분류될 수 있다. 정조의 외할아버지인 홍봉한을 지지하는 부홍파와 적대관계를 이룬 세력을 공홍파攻洪派라고 하는데, 노론 벽파와 정순왕후와 그녀의 오라버니인 김귀주의 세력을 일컫는다. 처음 부홍파는 왕실세력인 정순왕후와 손을 잡았으나 후일 정순왕후 세력이 심환지 등과 관련을 맺으면서 적대적으로 돌아섰다.

부홍파는 처음에는 세손 보호를 표방하였으나 외척들의 정치참여로 인한 정치질서의 문란을 절감하고 있던 정조가 외척들에게 거부감을 갖자 이들은 자신들의 기득권을 유지하기 위해 정조의 즉위를 저해하는 세력이 되었다. 참으로 정치는 피도 눈물도 없는 것이다. 홍인한을 비롯한 풍산 홍씨 집안은 자기 가문의 사위도 제거하고, 이제는 외손자도 제거하려고 한 것이다. 그만큼 정조는 고통스럽고 험난한 동궁생활을 하였다.

당시 영조는 조정의 대소 신료들에게 국왕의 임무 중 일부를 세손에게 대리청정하도록 하겠다는 의지를 공식적으로 표명하였다. 하지만 부홍파의 중심인물이었던 홍인한은 세손의 대리청정과 관련하여 '삼불필지설'三不必知說을 주장하며 노골적으로 방해하고 나섰다. 즉, 영조의 세손 대리청정 지시에 "동궁은 노론이나 소론을 알 필요가 없고, 이조판서나 병조판서를 알 필요도 없고, 조정의 일을 알 필요도 없다"고 한 것이다.

아니, 생각해 보라! 장차 조선의 국왕이 될 동궁이 대리청정을 하는데 당시 인물들이 누가 노론이고 누가 소론인지 알 필요가 없고, 문신의 인사권을 담당할 이조판서가 누구인지 알 필요가 없고, 무신들의 인사를 담당할 병조판서가 누구인지 몰라도 된다는 것이 말이 되는가! 더구나 조정에서 일어나는 모든 논의를 알 필요가 없다니, 이게 무슨 해괴한 말인가? 국왕이 조정의 논의를 알 필요가 없다는 것은 그야말로 국왕을 허수아비처럼 취급한다는 말이 아니고 그 무엇이랴!

이러한 홍인한의 말은 세손의 권능을 무시하는 것과 동시에 세손의 왕위 등극까지 저지하고자 하는 의도였다. 이 때문에 정조의 동궁 생활은 긴장의 연속이었다. 부홍파는 정조의 국왕 등극을 저지하기 위해 정조를 감시하고 측근들을 제거하고자 하였다. 이들은 정조 주위의 환관과 궁녀들 그리고 액정서의 하인들까지 모두 매수하여 정조의 일거수일투족을 감시하였다. 그랬기에 동궁 시절 옷을 벗지 못하고 자는 일이 몇 달 동안이나 계속될 정도였다. 나중에 정조는 국왕이 되고 이때의 상황을 『명의록』明義錄에 상세히 기록해 놓았다.

정조는 당시의 고통에 대해 다음과 같이 토로했다.

"귀혼鬼魅의 무리가 날로 곁에서 엿보기만 일삼고 있으니, 말 한마디 침묵 한 순간一言一黙의 사이에도 마음을 놓지 못하였다. 이것은 비록 견디어 넘길 수 있으나, 다만 일상생활 속의 허다한 어려운 상황은 이루 다 기록하기도 어렵다."

-『명의록』

이러한 어려움으로 정조는 즉위 이전에 있던 환관과 액정서의 하인 108명을 궁궐 밖으로 내보내고, 이에 비례하여 궁녀를 줄이는 조치를 단행하기도 하였다. 겉으로는 결혼을 할 수 없는 궁녀들의 인권과 그녀들에게 들어가는 인건비 부담을 이야기했지만 실제는 자신을 감시하던 궁녀와 내시들을 대궐 밖으로 내보내 자신에 대한 감시를 없애려 한 것이다.

동궁 정조의 대리청정에 대한 홍인한의 반대에도 불구하고 영조는 "심법心法을 어린 세손에게 전하여 주려고 하는데, 『자성편』自省編과 『경세문답』警世問答은 곧 나의 사업이다. 이 다음부터 동궁이 소대할 때에는 『자성편』과 『경세문답』을 가지고 들어오게 하라"고 하였다. 이 책들은 영조가 자신의 통치

명의록
明義錄

정조의 명에 의해 간행되었다. 1777년(정조 1년)에 정조 자신이 찬집청纂輯廳을 설치하고 김치인金致仁 등에게 명하여 편집하게 하였다. 이때 정조도 적극 참여해 수록 순위와 체제 등을 제시하고 완성되자 정유자丁酉字로 간행하였다. 책의 편찬 동기는 1776년(정조 즉위년) 세손世孫(훗날의 정조)의 대리청정을 반대한 홍인한洪麟漢·정후겸鄭厚謙 등을 역적으로 사사賜死하고 정조를 옹위한 홍국영洪國榮·정민시鄭民始·서명선徐命善의 충절을 선양한 뒤 이 사건의 전말을 널리 알리기 위한 것이었다. 세손 시절 대리청정할 때의 압박감과 불안감, 정조 즉위 당시의 급박한 정치 상황이 잘 나타나 있다.

철학을 담아 작성한 책으로 세손에게 이를 익히게 하고자 한 것이며, 이를 가지고 들어오게 한 것은 대리청정을 승인하겠다는 의지의 표명이었다.

그럼에도 불구하고 정확한 대리청정의 전교가 내리지 않았고 홍인한 세력은 '존현각 투서사건'과 '장지항 자객설', '세손 친위세력 제거' 등을 통하여 세손의 입지를 약화시키려 하였다. '존현각 투서사건'은 홍인한, 정후겸이 물건 만드는 장인 김중득과 병조판서 하익룡을 시켜 세손을 비방하는 언문 익명서를 존현각에 투서한 것으로, 세손은 이를 엄히 문초하고자 하였으나 홍인한과 화완옹주의 방해로 실패하여 단순 강도사건으로 마무리 된 사건이었다. '장지항 자객설'은 존현각과 집경당에 괴한이 침입하여 염탐한 사건을 계기로 궁궐 내부가 크게 동요하였는데, 파문이 확대되면서 어영대장인 장지항이 궁중에 자객을 침입시켜 만금萬金을 훔쳐내려 했다는 거짓이 난무한 것을 말한다. 홍인한 세력은 또한 홍국영, 정민시 등 세손 측근 궁관들을 제거하기 위해 이들의 학문을 폄훼하고 홍상간과 민항렬 등의 자파 세력을 임명하려고 시도하기도 하였다.

동궁인 정조는 이 위기를 극복하기 위해 소론 계열인 서명선에게 의뢰하여 "동궁은 알 필요가 없다"고 한 홍인한에 대한 탄핵 상소를 올리게 하였다. 이 상소를 접한 영조는 서명선의 상소를 공론화함과 동시에 서명선의 충직함을 인정하였다. 당시 영조는 나이가 80세가 넘어 조정의 회의에서 했던 신하들의 망발을 잊어버리는 경우가 종종 있었다. 그래서 홍인한의 동궁에 대한 망발도 깜박하고 만 것이다. 그래서 영조는 홍인한의 죄를 묻지 않고 동궁을 대리청정히게 하지 못하고 있었다. 영조는 정신이 맑은 상태에서 서명선의 상소를 읽게 되었고, 그 자리에서 분노를 금치 못하고 홍인한과 한익모의 관직을 삭탈하고 유배를 보냈다. 아울러 영조는 대리청정을 받아들이지 않으면 아예 왕위를 물려주겠다고 강경한 자세를 취하여 마침내 세손의

其珦州乡散夫帛
立文岁一郤嘉秋
砥柱屹然者峙嗟
芳樨樹之摔傺

領議政桐原徐公五十七歲眞
兪羮若

서명선
徐命善

서명선(1728~1791)은 일처리가 빠르고 기지가 뛰어난 사람이었지만, 영조 재위 시기에는 그다지 빛을 보지 못했다. 그러다가 1775년(영조 51년) 홍인한의 압박으로 세손이 위기에 처한 상황에서 누구도 엄두를 내지 못하던 홍인한 비판 상소문을 올려 정계에 일대 충격을 주는 동시에 영조 임금에게 홍인한 파면의 명분을 제공하였다. 이 공로로 그는 영의정까지 역임하게 된다. 정조가 얼마나 고마워했는가는 그가 상소문을 올린 12월 3일만 되면 서명선·홍국영·김종수·정민시 등을 불러 특별 잔치를 열어준 데에서도 잘 드러난다. 이 모임은 동덕회同德會라고 불렸다. 1791년(정조 15년)에 그가 64세의 나이로 사망하자 정조는 치제문致祭文을 전하며 애통한 심정을 전했다. 서명선은 정조에게 한없이 고마운 사람이었다. 처음 시호는 충헌忠憲이었으나 충문忠文으로 바꾸었다. 초상화에 서명선이 57세라고 쓴 것으로 보아 1784년(정조 8년)에 그려진 것으로 보인다.

대리청정이 시작되었다. 이어 세손의 청원을 받아들여 지난 시절 사도세자에 대한 좋지 않은 내용이 담긴 『승정원일기』를 세검정에서 세초하도록 지시하였다.

정조의 대리청정 기간에도 홍인한의 사주를 받은 심익운은 대리청정의 부당성을 강조한 흉서凶書를 은밀히 배포하였다. 이들은 정승 임명과 과거시험 합격자 선발을 자신들의 의도대로 진행하였으며, 정조와 가까운 남인을 대북大北으로 모함하여 이들을 제거하고자 하였다. 다행히 심상운의 의도가 발각되어 정조는 대리청정을 지속할 수 있었다. 결국 대리청정 후 2개월 남짓 만에 영조가 사망함으로써 세손의 즉위를 막지 못하였다.

정조를 도운 세력은 홍국영, 김종수, 서명선, 정민시로 대표되는데, 김종수로 대표되는 노론청류의 공홍파 계열과 서명선의 달성 서씨 가문, 측근 궁료인 정민시와 9촌의 같은 당으로 연결되는 소론 명문인 정창성-정창순 계열이다. 홍국영 등 4인은 정조와 함께 서명선이 홍인한을 탄핵하는 상소를 올린 날을 기념해 매년 12월 3일 '동덕회'同德會라는 모임을 가질 정도였다.

정조는 즉위 당일, 돌아가신 영조의 빈전殯殿 밖에서 신료들에게 사도세자의 아들임을 천명하면서도 어느 누구든 임오화변을 거론하거나 사도세자에 대한 추숭을 논하는 자를 대역죄로 처단하겠다고 지시하였다.

"아! 과인은 사도세자의 아들이다. 선대왕께서 종통宗統의 중요함을 위하여 나에게 효장세자를 이어받도록 명하셨거니와, 아! 전일에 선대왕께 올린 글에서 '근본을 둘로 하지 않는 것'不貳本에 관한 나의 뜻을 크게 볼 수 있었을 것이다. -중략- 이미 이런 분부를 내리고 나서 괴귀와 같은 불령한 무리들이 이를 빙자하여 추숭하자는 의논을 한다면 선대왕께서 유언하신 분부가 있으니, 마땅히 형률로써 논죄하고 선왕의 영령께도 고하겠다."

이와 같은 정조의 윤음은 노론세력으로서는 청천벽력과도 같은 일이었다. 정조는 즉위 때부터 정국운영을 주도하면서 사도세자의 죽음에 관련된 세력들을 견제하여 반드시 사도세자에 대한 사건을 공론화 하겠다는 의지를 천명한 것이었다.

이어서 사도세자를 죽음에 이르게 한 김상로의 관작을 추탈하고, 그와 관련하여 김상로의 아들 김치현, 숙의 문씨와 그녀의 동생 문성국 등을 처단하였다. 사도세자를 모해한 세력 가운데 극히 일부만 처벌한 것이다. 정조 즉위 초반은 사도세자를 모해한 공홍파의 집권기였기 때문이다.

아울러 자신의 즉위를 방해한 부홍파 세력을 제거하기 위해 홍인한·정후겸·홍상간·민항렬 등 핵심 세력을 처형시켰다. 이 계열에 대한 치죄 역시 철저하지 못하여 핵심 인물만 처형되었다. 외조부인 홍봉한과 고모인 화완옹주에 대해서는 왕실의 권위를 생각해서 처단하지 않았지만 척신으로 정조의 즉위를 반대했던 대비의 오빠인 한성좌윤 김귀주는 흑산도로 유배를 보냈다. 정조는 혜경궁 홍씨가 자신의 숙부인 홍인한의 처형을 인정하고 그와의 인연을 정리하였으니, 당연히 정순왕후도 오빠이기는 하지만 국가의 대의를 위해서 인연을 끊는 것이 당연하다고 주장하였다. 김귀주 척결에 대한 정조의 이와 같은 논리는 정순왕후에게서 명분을 빼앗는 일이었다. 정조는 김귀주를 제거함으로써 자신의 향후 대표적인 정적인 정순왕후의 운신의 폭을 좁혀놓았다.

정조는 세손 시절부터 자신을 보좌해왔던 홍국영을 도승지로 임명하면서 권력의 중심을 맡겼다. 홍국영은 소론 계열의 무반 구선복을 어영대장에 임명함으로써 자신을 호위하고 군권을 장악할 기반을 조성하고자 하였다. 정조의 홍국영에 대한 특별한 대우는 효장세자의 진종眞宗 추상 후 참여한 신하들에게 상을 하사할 때 홍국영에게 내구마 1필을 하사함으로써 '추승상

시도감도제조'追崇上諡都監都提調인 좌의정 김상철보다 더 후한 상을 내리는 특전을 줄 정도였다. 또한 구선복은 능성 구씨 소론 계열 무반 가문으로, 정조 10년 모반사건으로 제거될 때가지 '무종'武宗으로 불릴 정도로 군부에서 절대적인 위치를 차지하였다.

정조는 탕평을 기치로 내걸었지만 집권 초 홍국영, 김종수 등 노론이 정국을 주도하고 있었기에 소론 4대신 중 이광좌·조태억·최석항의 관작을 추탈하고 소론의 거두이자 송시열과 대립관계를 이루었던 윤선거와 윤증의 관작도 깎아버렸다. 뿐만 아니라 송시열을 효종 묘정에 추배하여 송시열에 대한 복권의 기회를 마련해주었다. 이는 즉위 초 노론을 중심으로 정국의 안정을 추구하는 것이기는 하나 한편으로 정조가 주도적으로 정국을 운영하지 못했음을 보여주고 있는 것이다.

결국 정조는 즉위 초의 왕권을 강화하고 자신의 등극을 도왔던 홍국영 등으로부터 독립하는 것이 최대의 관건이었다. 정조는 자신의 군권 장악을 호위기구의 강화로부터 출발하기로 했다. 🍀

2_
정조의
군제개혁 의지

O

정조는 즉위 이전 과정부터 임오화변이라는 특수한 상황을 겪으면서 국왕이 된 인물이다. 생부生父 사도세자의 죽음이 단순히 개인적인 정신질환이 아니라 정치적 관계가 개입되었음은 더 말할 나위가 없다. 이러한 정치적 상황은 당파와 군문을 주도하는 무반 가문과 직접적 연결이 되어 있었고, 이들 무반 가문들은 정조의 왕권을 약화시키는 중요한 견제역할을 담당하였다.

사실 양란 이후 임시기구로 출발했던 조선후기 중앙오군영에서 통일된 군제란 처음부터 기대하기 어려웠다. 각 군영은 17세기 이후 오랜 기간에 걸쳐 형성된 무반 가문에 의해 장악되었으며, 주요 무반은 각기 정치세력과 직접 혹은 간접적인 관계를 가지고 있었다. 또한 군영의 난립은 필연적으로 양역良役의 폐단을 가중시켰기에 군영개혁이 군주들의 현안이 되었던 것은 당연한 일이었다.

국왕 즉위 과정에서 큰 어려움을 겪어야 했던 정조는 기존의 군왕들에 비해 더욱더 군제개혁에 대한 필요성을 느꼈다. 정조는 왕권을 강화하기 위해서 반드시 군권을 장악해야 했다. 군대를 장악하지 못하면 왕권이 무의미하다는 것을 정조는 너무도 잘 알고 있었기 때문이다. 이와 더불어 불필요한 군영을 통폐합하여 민생을 안정시키려는 목적도 있었다.

조선후기 관료들 역시 국가경제 폐단에 대한 근본적 원인이 군영의 증가에 있다고 판단하였다. 당시 오군영으로 인한 국가 재정의 위기는 상당히 심각한 문제였다. 영조, 정조 시대 1년의 조세 수입은 중간 풍년을 기준으로 할 때 10만 석이 넘지 않는 정도였다.

이 조세 수입에서 훈련도감의 군사에게 주는 급료가 5만여 석, 7백여 명의 국왕 호위부대인 금군과 훈련도감을 제외한 4군영의 장관들이 받는 급료가 6천여 석이었다. 결국 오군영으로 지출되는 비용이 1년 조세의 5할이 넘는 심각한 상황이었고, 이는 자연스럽게 백성들의 부담으로 전가될 수밖에 없었다. 말도 안 되는 일이었다. 결국 백성들이 힘겹게 농사를 지어 세금으로 내면 장군들의 급여로 대부분 지출되는 상황이었다.

영조대 영의정 최규서는 조선 초기부터 존재하던 군영체제에서 임진왜란과 인조반정 이후 설치된 훈련도감을 비롯한 중앙오군영과 각종 군문에 재정을 분배하다 보니 국가재정이 피폐하게 되었다고 판단하였다.

이처럼 군영의 확대로 인한 백성들의 과도한 군포납부는 백성들을 곤궁에 처하게 할 뿐만 아니라 국가 재정에도 심각한 문제를 초래하고 있었다. 영조 즉위 후 본격적인 논의가 시작된 군역 폐단의 조처문제에 대하여 대사헌 이명언은 군제개혁에 대한 세 가지 대안을 제시하였다.

첫 번째는 조선 초기 오위五衛 체제를 당장 복원하기 어렵기 때문에 중앙오군영의 금위영을 혁파하여 재정을 안정화하자는 것이었다. 금위영은 창설된 지 얼마 안 되었고, 체제가 5초에 불과함에도 별장·천총·파총·초관을 두었으며, 서울의 표하군標下軍에 많은 양민을 두었기 때문에 이를 혁

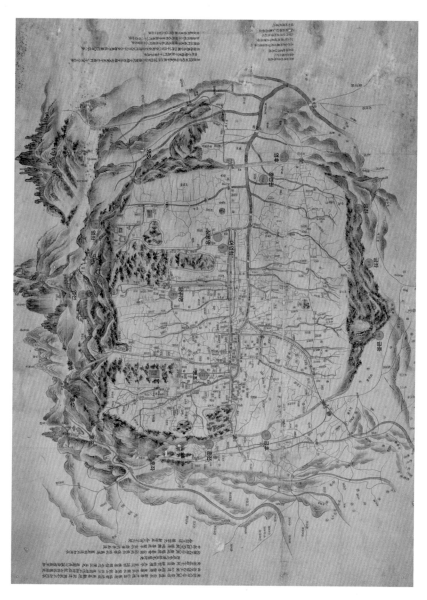

도성도
都城圖

1747년(영조 23년) 도성의 방어를 위해 숙정문 동쪽에서 광희문의 남쪽 표석까지 1,598타 3,795보는 어영청, 돈의문 북쪽 무사석에서 광희문 남쪽까지 1,542타 4,935보는 금위영, 돈의문에서 숙정문까지가 1,514타 4,850보는 훈련도감이 맡아서 지키게 하였다. 이 지도에는 도성 주변으로 삼군문의 담당 구역을 각 군영별로 전후좌우중의 5부로 구분하고 있어 상세히 알 수 있다. 또한 세 군영 외에도 장용영이 나와 있어 만든 연대를 추정할 수 있다.

파해야 한다는 것이었다. 두 번째로 남한산성의 수어사와 광주부윤을 겸직하게 하여 각종 폐단을 없애야 하며, 세 번째로 수원지역의 7천여 병사가 매우 용맹한 부대이나 수원부사가 자주 교체되어 제대로 된 명령체계를 유지할 수 없기에 총융사로 하여금 수원부사를 겸직케 하여 정예화하자는 것이었다.

영조는 이명헌의 금위영 혁파 상소에 전반적으로 동의하였지만 군문을 없애는 것에 대한 부담으로 인하여 적극적인 조치를 취하지 못하고 민폐를 끼치지 않을 것을 당부하는 수준으로 정리하였다.

그렇지만 이들 오군영은 국가재정의 피해만이 아닌 사회적 문제까지 야기하여 백성들의 지탄을 받았다. 군문의 위세를 업은 군졸들은 18세기 당시 발달한 도성 내 상업적 분위기에 편승하여 난전亂廛에 개입하거나 소나무를 도벌하여 판매하는 등 여러 가지 사회적 문제를 야기하였다. 그렇지만 군영의 권한이 강하고 조정에서 이를 통제할 힘이 없었기 때문에 군졸들의 불법행위에 대해 군문 자체 내에서 해결을 하도록 조치할 뿐 강력한 제재를 못했다.

영조대부터 계속되어 온 군정軍政의 폐단을 목격한 정조는 국왕으로 즉위한 후 적극적인 군제개혁을 추진하고자 하였다. 이러한 그의 개혁론은 영조의 3년 상이 끝난 후인 1778년 6월에 행한 첫 번째 조참朝參에서 천명한 '경장대고'更張大誥에 잘 드러나 있다.

정조는 당시 사회가 큰 병이 든 사람이 진원眞元이 허약해져서 혈맥이 막히고 혹이 불거진 상황과도 같다고 인식하였다. 정조는 민산民産, 인재人才, 융정戎政, 재용財用의 4항목을 대내외에 천명하였다. 이 경장대고는 정조 재위 기간 전체의 국정목표였고, 정조는 이를 실현하기 위해 노력했다. 경장대고의 융정은 그런 의미에서 자신이 국왕으로 재임하는 동안 군사통수권을 장악함과 아울러 군제개혁을 추진하겠다는 의지를 보여주는 것이라 하겠다. 그리고 정조는 쓸모없는 군사들을 정리하고 새로운 군제를 갖춘다는 원칙을 밝히고 군비 축소를 통해 민간의 경제를 활성화하고자 하였다.

정조는 오군영체제의 도성방어체제를 조선 초기의 병농일치를 통한 오위체제로 변경시키고자 하였다. 오위체제로의 전환은 앞서 균역법 혁파안과 일정 정도 궤를 같이하는 것이다. 오군영체제가 확립되면서 군사의 수효가 엄청나게 증가하고 양인들이 국가에 납부해야 할 신역과 요역이 증가하게 되었다. 이러한 상황이다 보니 17~18세기에 군제변통론軍制變通論이 등장하게 된 것이다. 군제변통이란 오군영이 불필요한 군액을 감축함으로써 이들 장정들이 지니고 있는 백골징포, 황구첨정 등 양역폐단을 일시나마 완화시키고자 하는 변통책이다.

하지만 이러한 군제변통론이나 균역법 또한 사회 문제를 근본적으로 해결하지는 못하였다. 당시 상황은 정조의 표현대로 "군영제도가 나타나 오위제도가 폐지되었으니 옛날과 지금이 서로 같지 않은 것이 하늘과 땅처럼 현격할 뿐만 아니라 농부가 밭을 갈아도 먹을 수가 없고, 아낙네가 길쌈을 해도 옷을 입을 수가 없게 된 지 200년이 되었다"고 할 정도로 민생이 어려웠다. 정조는 이러한 이유가 바로 오위제도의 폐지 때문이라고 인식하였다.

이렇듯 군역의 폐단은 전국적으로 심각한 문제였다. 실례로 정조 즉위 직후 함안군의 5000명에 가까운 군정軍丁을 1800호가 책임을 져야 하는 심각한 상황이 지속되어 함안군수 이종영이 국왕에게 문제를 해결해 달라고 상소를 올릴 정도였고, 이는 전국적인 상황이었다.

그래서 정조는 군제개혁을 위해서는 반드시 오위체제를 다시 확립해야 하고, 이를 주도하는 인물이 각 군영대장이 아닌 병조판서가 되어야 한다고 판단하였다. 인조반정 직후 반정에 참여한 공신들이 자신들의 사병

동국병감
東國兵鑑

문종文宗의 명으로 편찬되고, 1608년(선조 41년)에 간행된 전사戰史이다. 조선 초부터 북방의 여러 종족들에 대한 방어가 국방의 핵심 문제였는데, 당시 몽고 오이라트의 침략으로 명나라 영종英宗이 포로가 되었다는 소식이 전해지자 이에 자극을 받아 간행하였다. 한무제漢武帝가 고조선을 침입하여 한사군漢四郡을 설치한 때부터 시작하여 고려 말 이성계李成桂가 여진족女眞族의 호발도胡拔都를 격퇴한 때에 이르기까지 우리나라와 중국 및 북방의 여러 종족 사이에 발생하였던 37차례의 전쟁사를 약술하였다. 조선시대 국방을 위한 기본 병서로, 우리나라와 이민족 사이 전쟁의 전략·전술을 연구하는 데 귀중한 사료이다. 2권 2책이다.

을 중앙 군영으로 만들고자 하였다. 그래서 이때 만들어진 군영이 바로 금위영, 어영청, 총융청, 수어청이었다. 이로써 중앙오군영이 만들어진 것이다. 그런데 차마 있을 수 없는 어처구니없는 일이 생기게 된다. 인조반정의 공신들이 훈련도감을 포함해서 수도방위를 전담으로 하는 중앙오군영 대장의 임명권을 달라고 요구한 것이다. 국왕이 군영의 대장을 임명해야 하는 것이 당연한 일인데, 광해군을 몰아내고 인조가 왕이 될 수 있었던 것이 자신들의 공로이니 중앙오군영의 대장 임명권을 자신들에게 주고, 그 이후에도 대장이 교체될 때 대장의 추천권을 신하인 자신들에게 주고 국왕은 추인만 해달라고 했다. 인조는 당시의 분위기 때문에 그들의 요구를 받아들였고, 이 제도는 영조대까지 이어졌다. 그러니 이 군대는 조선의 국방을 위해 만든 군대가 아니라 서인 세력들을 위한 군대였고, 그 후 노론의 군대가 된 것이다.

군대 대장을 임명하지 못하는 국왕이 온전한 국왕일 수 없다. 그래서 정조는 온전한 국왕으로 군권을 장악하여 개혁을 주도하고자 한 것이다. 정조는 국왕으로부터 직접 명령을 받아 군사 지휘체계를 일원화하고, 장수들의 임명을 국왕의 지시를 받은 병조판서가 하여야 자신이 군권을 장악할 수 있다고 판단했다.

정조는 국가의 운영이 문치文治와 무략武略으로 이루어진다고 보았다. 정조는 군영의 체제란 병사들이 모여서 각 군영이 만들어지고, 그 군영이 5개의 부대로 만들어져 동서남북 4방위와 가운데 중앙을 지키는 제도로 확립되어야 한다고 생각했다. 이것이 바로 정조가 생각한 오위체제인 것이다.

조선초기에는 이러한 오위체제가 중요한 군영이 있는 지역마다 운영되었다. 그런데 임진왜란 이전에 각 지역에 장수가 파견되어 그 지역에서 군사들을 모아 전쟁을 치르게 하는 제승방략制勝方略이 만들어지면서 사라지게 되었다.

정조는 제승방략으로 인하여 장수는 범처럼 굳센 위엄이 없고 군사는 오합지졸이 될 염려가 있다고 하였다. 그리고 제승방략은 소수의 무반 가문들이 주도하여 군권을 행사하는 올바르지 않은 제도라고 우려하였다. 다시 말해 오군영이 국왕의 통제를 받아 국왕과 국가방위를 위해 존재하여야 함에도 불구하고 5군영 설치 이후 벌열 가문에 영속되어 가는 것을 비판하며 이를 개선하고자 한 것이다.

정조는 자신의 재위 기간 내내 진행될 군제개혁에 대해 "군자는 싸움을 하지 않을지언정 싸움을 하면 반드시 이긴다고 하였으니, 그렇게 되지 않겠느냐?"라고 군제개혁에 대한 본인의 의중을 보여주었다. 아울러 "임진왜란 이후 오위제도가 없어지고 군영을 두었는데, 이는 한漢의 중앙 중병 제도이다. 지금 수백 년 동안 나라가 태평하여 문관과 무관이 무사안일에 빠져 있기 때문에 장수도 편승의 법을 모르고 군사들도 격자의 기술을 익히지 못하여 이른바 군영들이라는 것이 패상에 가시로 문을 설치한 것에 불과할 뿐이다"라고 하며 오군영을 지휘하는 벌열과 오군영의 무능함에 대한 불만을 토로하였다.

　　정조는 오군영에 대한 불만을 토로하며 적극적으로 수어청, 총융청에 대한 통합론을 신료들에게 설득하고 이를 추진하고자 하였다. 수어청과 총융청 양영의 통합은 즉위 직후 정책 추진에 있어서 매우 중요한 정치운영이었기 때문이다. 앞서의 말과 같이 정조는 즉위 후 '경장대고'를 통하여 융정을 바로잡을 것과 재정을 넉넉히 할 것을 천명하였다. 융정과 재정은 각각인 것처럼 보이지만 실제 국가운용에 있어서 둘은 한몸과도 같은 상황이었다.

　　조선후기 중앙군제인 오군영을 유지하는데 국가 조세의 5할 이상이 들어가는 현실이었기에 정조는 백성들의 민생을 안정시키고 삶의 질을 높이기 위해 국방비를 줄이는 것이 최우선이었다. 그런 측면에서 자신이 '경장대고'로 발표한 두 가지를 하루빨리 정책으로 실시할 필요가 있었다. 이러한 정책 추진에 있어서 가장 먼저 할 수 있는 일은 오군영 중에서 중앙 삼군문이자 수도방어군영인 훈련도감·어영청·금위영이 아닌 수도외곽방어군영인 수어청과 총융청의 통합을 통해 군비를 줄이고 그 비용을 민생에 투입하는 일이었다.

　　중앙 삼군문은 군영대장들이 자천권自薦權을 통해 오랜 기간 권력층과 밀접한 관계가 있고 급료를 받는 정예병이었기에 정조는 혁파해야 할 기구임에도 불구하고 조직을 축소할 수가 없었다. 이에 비해 수도외곽방어군영인 수어청과 총융청은 속오군을 중심으로 한 군영이었으므로 군사적, 정치적 역량이 중앙 삼군문에 비해 약할 수밖에 없었다. 따라서 정조는 수어청과 총융청에 대한 통합을 통해 군제개혁의 출발을 알리고 민생을 안정시키고자 하였다. 아울러 자신이 생각하는 이상적 군제인 병농일치를 통한 오위체제로 복귀하고자 하였다. ❀

3_
정조 시해 음모와
숙위소 설치

○

오늘날 어느 나라든 국가지도자의 호위는 대단히 삼엄하다. 국가지도자의 건강과 생명은 국가의 안위와 밀접한 관련이 있기 때문이다. 그래서 동서고금을 막론하고 국왕이나 국가지도자에 대한 경호는 철저하다.

정조 역시 자신의 호위기구를 강화하고자 하였다. 즉위 이전부터 자신의 호위에 심각한 문제가 있었고, 즉위 이후에도 꾸준히 생명의 위협을 느끼고 있었기 때문이다. 그래서 정조는 호위기구 개편을 통해 단순히 생명에 대한 안전만이 아니라 궁극적으로 왕권을 공고히 하는 것으로 연결시키고자 하였다. 특히 기존부터 있었던 금군을 중심으로 한 국왕 호위가 아닌 국왕이 주도하는 호위기구를 설립하고자 했다. 그리고 장기적으로는 호위기구를 확대하여 군제 개혁의 중심축으로 활용하고자 했다.

군권을 장악하고 국왕 호위를 체계화하기 위해 정조는 소론 계열을 군영의 장수로 대거 임명하였다. 즉위 초 홍국영과 김종수를 중심으로 하는 노론이 정국을 운영한 데 비해 군영 대장은 구선복, 서명선 등 소론 인물들을 등용하였다.

정조는 즉위 후 홍국영을 승지로 발탁한 뒤 즉위년 11월에 수어사, 1년 5월에 총융사 그리고 곧이어 금위대장 등을 순차로 거치게 하여 자신의 왕위를 호위할 수 있는 군권을 주었다. 승지 홍국영은 곧 도승지가 되어 국정의 실세가 되었으며, 영조대에 군권을 쥐고 있던 척족 계열을 제거할 수 있게 되었다. 홍국영에 대한 이와 같은 인사 조치는 그를 궁궐 숙위의 일차적인 위치로 끌어들이기 위한 것이었다. 군문대장의 서열을 따라 형식적으로 수어사·총융사를 거치게 한 다음, 본래의 목적대로 궁성호위에 직접 참가하는 금위영 대장으로 임명하였다. 그가 금위영 대장이 된 다음날, 정조는 이제까지 병조·도총부가 가지던 궐내 순검 및 적간(관원에 대한 감시)의 임무를 금위대장에게 내려주는 전례 없는 조치를 내렸다. 이에 따라 홍국영이 지휘하는 연화문에 입직해 있던 금위군이 낮에는 순검하고 밤에는 적간할 뿐 아니라 각처에 순변하는 군병을 수시로 적간하여 잘못이 있을 경우 곤장으로 다스릴 수 있는 권한까지 부여했다. 이는 홍국영의 권한을 극대화시켜 국정 주도권을 잡게 해준 특별한 조치라고 할 수 있다.

홍국영과 그와 각별한 탕평파 중심의 군권 장악 정책 추진에 대해 노론 계열의 주류 대신들 내에서 반발이 일어났다. 당시 좌의정인 영중추부사 이은이 정조가 추진하는 군권장악에 대해 반대 의사를 표명했다. 그는 정조의 지지파가 군영의 대장이 되면서 규정을 무시하고 멋대로 군영을 통솔하니 군사체계를 혼란시키고 있다고 주장하였다. 더욱이 앞으로는 그들의 폐단이 말할 수 없을 정도가 될 것이라며 정조를 압박하였다. 이는 구선복을 겨냥한 일이었다.

이에 정조는 노론 대신들을 위해 구선복을 파면하며 조정의 규율을 존중한 것은 대신들의 관직을 위해서라고 반박하였다. 그러나 이 정도로서는 대신들의 반발을 제압할 수 없다고 판단하여 더 적극적인 조치를 취하였다.

정조는 구선복에 대한 폐단을 논하는 이은의 상소가 자신을 향한 정면 도전이라고 인식하였다. 그의 표현대로 "장차 임금의 권한이 아래로 떨어지고 신하의 분수가 임금을 깔볼 우려가 있게 되리라"고 본 것이다.

정조는 숙종 연간 환국정치로 인해 많은 대신들이 사임을 당하면서도 국왕에 대한 도전적인 내용이 없었음을 상기시키면서 이은과 같은 일이 발생한 것은 국왕의 권위가 서지 않았기 때문이라고 판단하였다.

> "이 다음에 설혹 제멋대로 날치는 대신으로서 명분에 저촉되고 임금을 깔보는 자가 있다고 하더라도 임금으로서 장차 머리를 숙이고 지시에 복종하면서 감히 어쩌지 못해야 된단 말인가! 오늘에 와서 임금의 권한이 중하고 대신이 경한만큼 나는 결코 나약한 버릇에 매달려 400년 동안 전해오는 임금의 권한이 나 때문에 허물어지게 할 수는 없다."
>
> -『정조실록』 권3, 1년 6월 무오

정조는 이와 같이 강경한 발언을 통해 자신의 군영정책에 반기를 드는 신료들을 공박하였다. 하지만 그것으로 이들 노론 세력을 쉽게 제어하기는 어려웠을 것이다. 결국 문제가 된 구선복을 일시 체직하는 조처를 취했다.

정조의 홍국영과 소론 중심의 군영정책을 가속화시켜준 것은 바로 홍상범의 정조시해 기도사건이었다. 홍상범 자객사건은 이른바 공홍파를 이용해 부홍파를 제거하는 정조의 이이제이以夷制夷 외척 제거 작업에 대한 부홍파의 저항이었다.

정조는 즉위하자 사도세자를 죽음으로 몰고 세손 시절 자신의 대리청정을 방해하며 국왕 등극을 저지하였던 정후겸과 홍인한 일당을 숙청하였다.

경희궁
慶熙宮

경희궁은 1617년(광해군 9년)에 건립되었고, 처음 이름은 경덕궁慶德宮이었다. 창덕궁과 창경궁이 복구된 뒤에도 경덕궁에는 여러 왕들이 머물렀고, 이따금 왕의 즉위식이 거행되기도 하였다. 즉 제19대 숙종은 이 궁의 회상전會祥殿에서 태어났고, 승하한 것도 역시 이 궁의 융복전隆福殿에서였다. 제20대 경종 또한 경덕궁에서 태어났고, 제21대 영조는 여기서 승하하였다. 경희궁에서 최초로 제22대 정조 임금이 이 궁의 숭정문崇政門에서 즉위하였다.

그러나 그 잔존세력이 원한을 풀고자 갖가지 모의를 하고 이듬해인 정조 1년 7월 말에 정조의 침전인 경희궁 존현각을 침범하여 소란을 피웠고, 8월 초에는 창덕궁 경추문 담장을 넘으려던 사건이 발생하여 궁중을 긴장시켰다. 이 사건은 조선 500년 역사상 국왕을 죽이기 위해 자객들이 국왕의 침전을 습격한 최초이자 마지막 사건이었다. 이러한 현실을 보면 정조가 얼마나 극심한 위협 속에 있었는지 알 수 있다.

이 사건은 홍술해의 아들인 홍상범이 정조를 시해하기 위해 도성 내의 살수殺手인 전흥문, 호위군관 강용휘 등을 고용함으로써 발생하였다. 이들은 궁중 내의 국왕을 호위하는 금군, 영조의 두 번째 왕비인 왕대비 정순왕후의 상궁 등과 모의하여 궁궐로 잠입하였다. 이들 자객은 처음 정조 원년 7월 28일에 경희궁 존현각 지붕 위로 올라가 소란을 피우다 돌아갔다. 하루 전에 상궁들의 안내로 비밀리에 존현각 바로 앞에 있는 행각에 숨어있던 이들은 늦은 밤에 정조를 시해하기 위해 존현각으로 잠입했다. 그러나 정조가 너무 늦은 밤까지 책을 읽고 있어서 방으로 들어가 죽일 수가 없었다. 그래서 이들은 존현각 지붕 위로 올라가 지붕의 기와를 걷어내어 천장을 뚫고 들어가 정조를 죽이려 한 것이다. 그러다가 실수로 지붕의 기와가 떨어지면서 정조는 자신을 죽이려는 자객이 온 것을 직감하고 방 밖으로 나와 큰 소리로 군사들을 불러들였다. 당시 강용휘의 지시를 받은 금군 50여 명이 정조를 죽이기 위해 존현각으로 진입할 준비를 하고 있던 상황이었다. 만약 기와가 떨어지지 않았다면 이들의 정조 시해는 성공할 수도 있었을 것이다. 당시 경희궁에서 국왕을 시해하지 못한 이들은 정조가 안전을 위해 창덕궁으로 거처를 옮기자 며칠 뒤인 8월 9일 창덕궁 경추문 북쪽 담장을 넘으려다 젊은 무관 4명에게 전흥문이 잡히면서 사건의 전모가 밝혀졌다.

홍상범이 주도한 이 사건은 홍계희, 홍술해 집안이 대부분 함께 모의하였으며, 인조반정과 같이 정조를 모해한 뒤에 '사도세자의 세 번째 왕손인 은전군思全君 이찬李欑'을 추대하여 왕권교체를 단행하고자 하였다. 역모와 아무런 관계가 없던 은전군은 역적으로 몰려 비극적인 죽음을 당해야 했다. 이 사건에 별감 강계창과 나인 월혜가 결탁하였을 뿐 아니라 김귀주와 밀접한 연관이 있었던 정순왕후의 상궁인 고상궁高尙宮, 복문상궁幅門尙宮이 결합되어 있었다. 정조가 더 이상 추국하지 않았지만 이들 상궁이 김귀주와 연결이 되어 있던 인물이기에 정순왕후가 이 사건의 배후였을 가능성이 농후했다.

정조는 전흥문과 강용휘가 처음 존현각에 침투하였을 때부터 이 사건을 반역으로 파악하고 있었다. 정조는 이와 같은 참담한 사건을 역으로 이용하여 자신의 호위를 강화하고 더불어 왕권도 강화시키는 계기로 삼고자 했다. 바로 이 사건에 정순왕후의 상궁뿐만 아니라 호위군관 강용휘까지 포함되어 있었기 때문이다.

정조는 "흉도들의 반역 음모가 그다지 놀랄 일은 아니지만 왕궁호위가 어찌 이럴 수 있는가?"라며 궁중의 호위에 대한 불만과 적극적 기구 개편의 의지를 보였다. 호위군관이 국왕 시해를 기도한 상황에서 더 이상은 호위청을 신뢰할 수 없었다. 이에 8월 10일 금군 이외에 우포도대장 이주국을 파직하고 구선복을 기용하는 등 친위세력을 보강하고, 적변賊變을 막기 위해 창덕궁의 담장을 수축修築하였다.

정조는 자신을 호위하지 못한 호위군관들 중 죄 없는 이들을 풀어주는 포용력을 발휘하는 한편 궁궐의 수비를 강화하였다. 그리고 자신의 측근인 채제공을 창경궁의 수궁대장으로 임명하였다. 아울러 국왕 시해를 기도한 대역죄인들을 군기시軍器寺 앞길에서 처형하도록 지시하였다. 이렇게 강경한 조치를 취한 것은 더 이상 자신을 능멸하려 할 경우 가혹하게 처단하겠다는 것을 보여주려는 의도였다. 또한 자신을 위한 호위기구를 새롭게 창설하는 것에 대한 합리화 작업이기도 했다.

정조는 채제공을 창경궁 수비대장으로 임명하는 것 외에도 금위대장 홍국영의 권한을 강화시켰다. 궁성의 호위를 그만두고 훈련도감, 금위영, 어영청 등 삼영三營의 고위 무관인 중군中軍이 직접 수직을 서는 부하 군사만을 거느리고 자기 맡은 곳을 지키며 삼영의 군사 각각 10명을 장관이 인솔하고 엇바꾸어 쉬면서 순찰하되 금위대장 홍국영에게 통제를 받으라고 지시하였다.

정조는 채제공, 홍국영의 측근들에게 자신의 호위를 맡김과 동시에 경기관찰사로 재직하던 김종수를 발탁하여 병조판서에 임명했다. 정조는 김종수의 병조판서 임명에 대한 신하들의 불만을 잠재우기 위해 그에 대한 신뢰를 보여주었다.

"이러한 때에 이 사람을 어찌 조정의 외직에 둘 수 있겠는가? 하물며 본병本兵은 중요한 소임이니 마땅히 국가 쪽의 사람을 써야 한다. 또한 어찌 상례를 따를 것인가?"
-『일성록』, 정조 1년 8월 16일

정조는 부홍파의 저항을 역이용하여 왕권 호위의 당위성을 한층 강조하며 새로운 호위기구 창설에 들어간 것이다. 정조는 숙위소宿衛所를 창설하기 전에 금군의 강화를 추진하였다. 즉 금군을 통해 자신의 호위를 강화하고자 하였다. 정조는 중인과 서얼 출신 중에서 무예가 출중한 자를 금군으로 채용하는 변통을 실시하고, 무과에 합격한 자 중에서 명문에 속하는 사람을 뽑아 금군이 되도록 조치하여 금군의 질을 높이려 하였다. 자리가 한정된 금군은 무과에 합격하더라도 쉽게 들어갈 수 없었다. 그래서 정조는 선천내금위宣薦內禁衛 일번一番, 이번二番의 제도를 변통하여 금군의 인원을 늘렸다.

하지만 당시의 지적처럼 금군의 폐단으로 인해 금군의 질은 훈련도감의 마병馬兵과 금위영의 기사騎士만도 못할 정도였다. 이들은 경기도 일대에 거주하면서 몇 말斗의 급료를 받기 위해 금군에 지원한 이들로, 군대의 모양새가 피폐하여 조잡할 뿐만 아니라 군사정책이 허술해지는 발단이 되었다. 금군을 변통하고자 하는 시점에서 국왕 시해 기도사건이 발생하였고, 정조는 이에 새로운 호위기구 설립으로 전환하게 된 것이다.

정조는 재위 1년 11월 15일에 창덕궁 건양문 동쪽에 자신의 친위 호위부대인 숙위소를 설치하고 도승지와 금위대장을 겸임하고 있는 홍국영을 숙위대장으로 삼았다. 그리고 포도대장에게 대장패와 전령패가 있음을 모방하여 숙위대장에게도 대장패와 전령패 각 1부씩을 어필御筆로 써서 내려주었다. 그리고 홍국영에게 궁성 안팎에서 숙위하는 군사들을 통제하게 하였다. 그리고 훈련도감, 금위영, 어영청과 병조와도 숙위체계에 대한 약속을 정하도록 하였다.

정조는 궁궐 내의 위장, 부장과 금군도감의 군병, 대궐의 각 문의 수문장과 밖으로 삼영에서 입직한 순라들로 하여금 날마다 사고 유무를 홍국영에게 보고하게 하였다. 그리고 이들은 3일마다 교대 명단을 숙위소에 바치고, 숙위소에서는 해당 담당 승지를 통하여 받아오도록 하였다. 또 도총부와 병조는 소속 관청은 다르지만 서로 연계하여 일을 하게 하였다. 순검하는 등 숙위소에서 거행하는 일과 관계되는 것은 숙위 대장에게 문서로 보고해야 함을 격식으로 삼도록 했다. 🌀

4_

홍국영의 역모와
숙위소 혁파

○

홍국영은 정조의 모친인 혜경궁 홍씨와 같은 풍산 홍씨로 그녀의 10촌
오라버니인 홍낙춘의 아들이었다. 어려서부터 머리가 좋고 담대한 기질이 있
던 홍국영은 자신의 아버지 홍낙춘이 당숙뻘인 홍인한에게 수모를 당한 것
을 알고 일찍이 복수를 다짐했다. 그래서 정조의 동궁 시절 측근으로 일하
면서 그를 국왕으로 만드는 데 온 힘을 다하였다. 그 결과 정조가 즉위한 후
홍인한을 유배보내고 끝내 사약을 내려 자신의 원수를 갚았다. 정조의 입장
에서는 아버지 사도세자를 죽이고 자신을 국왕이 되지 못하게 하려 한 홍
인한에 대한 복수를 하였지만 이는 홍국영의 복수이기도 하였다.

홍국영은 정조가 등극한 이후 실제적인 조선의 집권자나 마찬가지였다.

홍국영이 정조에게서 받은 권한은 엄청났다. 인사권을 장악한 이조판서,
군사권을 장악한 병조판서, 오늘날 청와대 비서설장 격인 도승지, 그리고 중
앙오군영의 핵심인 훈련대장과 거기에 더하여 새로 만든 호위기구인 숙위대
장까지 겸직하였다. 또한 홍국영은 특별명령인 정조의 특교^{特敎}로 모든 신료

들을 통제하는 중영대장에 임명되었기에 그의 권한은 무소불위였다. 그는 소론 계열 무반 구선복과 노론 김종수 등에게 영향을 줄 뿐만 아니라 송시열의 후손인 송덕상을 산림으로 초치招致하여 그를 조종함으로써 송시열의 후손이라는 명망과 호서 지역의 산림 기반을 자신의 집권 기반으로 활용하였다.

홍국영은 정조의 왕비인 효의왕후孝懿王后가 건강이 좋지 않아 후사를 이을 수 없다는 명분을 내세워 1778년(정조 2년) 6월에 자신의 여동생을 후궁으로 들여보내 원빈元嬪이라 하였다. 사람들으 모두 당시 홍국영의 처사에 불만이 있었으나 그의 정치적 위세로 인해 어느 누구도 반대를 공론화하지는 못했다.

정조의 후궁으로 원빈이 들어서자 홍국영의 권세는 사관의 기록처럼 "홍국영의 방자함이 날로 극심하여 온 조정이 감히 그의 뜻을 거스르지 못하였다"고 할 정도로 대단했다. 원빈이 일찍 사망하자 장례에 관한 절차를 예관禮官이 모두 참람한 사례를 원용하였고, 송덕상은 마땅히 국모인 왕비가 죽었을 때 하는 공제公除가 있어야 한다고까지 할 정도였다.

홍국영은 원빈이 죽자 자신이 문벌이 한미함에도 벼슬이 높아 자신을 시기하는 사람들 때문에 원빈이 죽었다는 이유로 벼슬을 내놓으며 정조를 압박하는 무례를 보였다. 정조는 홍국영의 도승지를 비롯한 일체의 직책을 거두는 듯하였으나 다시 그에게 훈련대장 등 이전의 모든 직책을 내렸다. 하지만 정조는 원빈과의 가례 때부터 홍국영의 무례함을 지켜보고 있었다. 그럼에도 불구하고 '동덕회'同德會 등 자신이 등극하기까지의 옛정을 고려하여 쉽게 축출하지 않았다.

홍국영은 원빈이 죽고 나서 더 이상 정조가 후사를 잇기 어렵다는 이유를 들어 은전군의 아들 상계군을 상주인 대전관으로 삼고 상계군의 명칭을 고쳐 완풍군完豊君이라 하고 자신의 생질이라고 불렀다. '완'은 태조 이성계의 고향인 완산完山을 뜻하고, '풍'은 홍국영의 본관인 풍산豊山을 가리킨 것이었다. 이는 결국 홍국영이 상계군을 자신의 여동생인 원빈 홍씨의 아들로 만들고, 장차 정조가 그를 입양하게 하여 왕세자로 만들겠다는 의지였다. 국왕이 결정하지 않았음에도 불구하고 이렇게 처신한 홍국영은 분명 대역죄에 해당하는 것이었다.

홍국영의 행동이 장차 왕세자 책봉까지 이어질 매우 중대한 것임에도 불구하고 정조는 별다른 반응을 보이지 않았다. 그러나 이러한 홍국영의 의도는 결국 자신의 파멸을 가져오고 말았다.

정조는 왕세자 책봉에 관여하려는 홍국영의 기도에도 불구하고 그를 최대한 명예롭게 물러날 수 있게 조치하였다. 다른 신료들은 전혀 모르는 상태에서 홍국영은 사직했고, 정조는 최대한 예우하여 봉조하奉朝賀의 직책을 주고 배웅까지 해주었다. 봉조하란 은퇴한 정승들을 말하는 것으로, 비록 은퇴는 하였지만 현직에 있을 때와 똑같은 급여를 주어 안정된 삶을 누릴 수 있게 해주는 제도였다. 조선시대를 통틀어 머리가 검은 봉조하는 홍국영이 유일하였다고 당시 사관은 기록하고 있다. 30대 초반에 정계에서 은퇴하여 봉조하가 되었으니 당연히 머리가 검었을 것이다. 정조의 홍국영 제거는 전권을 휘두른 홍국영 개인에 한하는 것으로 보이지만 실제로는 그의 집안인 풍산 홍씨가 국가에 영향력이 있는 가문인 벌열로 성장하는 것을 막기 위함이었다.

정조는 홍국영에 대한 조처를 처리해달라는 신료들의 요청에 대해 "이 사람이 물러가기를 청하고 내가 윤허한 것이 어찌 헤아린 것이 없어서 그런 것이겠는가? 나도 이런 지경에 이르러 그 뜻을 만회하기 어렵고 또한 끝내 보전하여 그 아름다운 뜻을 이룩하려 하였으므로, 한마디 말로 곧 윤허하

立朝榰柱大義在野
不愛緇塵是爾誚跡
突兀心宮藏庈人耶

左相文衡金鍾秀

김종수
金鍾秀

일찍이 정조가 김종수(1728~1799)에게 묻기를, "아무개는 유선柔善한 사람인데 경은 왜 그리
심히 미워하는가?" "바로 유선하기 때문에 미워합니다. 유선한 사람은 하지 않는 일이 없습
니다. 혹시라도 긴급한 일이 생긴다면 적의 조정에 머리를 조아릴 자는 반드시 유선한 사람
일 것입니다." "그의 말이 지나친 것 같지만 사군자士君子의 몸가짐은 '강剛'자 하나를 버려서
는 안 되는 것이다." 정조는 또 말한다. "세상 사람들은 내기 의리義理에 임격한 것이 심송수
의 도움 때문이라고 한다." 시호는 문충文忠이다.

고 어제의 거조까지 있었던 것인데, 나는 본디 헤아린 것이 있어서 그런 것이다"라고 우회적으로 홍국영을 방축^{放逐}한 의도를 설명하였다.

정조는 홍국영의 삼촌인 홍낙순을 우의정에 특배하고, 구선복을 훈련대장으로 임명하면서 혹시라도 있을 노론계의 저항에 대비하였다. 정조는 자신을 보호하는 호위기구이지만 홍국영의 사병과도 같은 존재이기에 숙위소를 신뢰할 수 없었다. 더욱이 정조는 홍국영의 집을 보호해 준다는 명목으로 삼군문으로 하여금 지키게 하였다. 이는 홍국영의 숙청으로 뜻하지 않은 일이 발생할 수도 있기 때문이었다.

정조는 홍국영을 방축하기 전에 1779년(정조 3년) 8월 초에 남한산성을 방문하였다. 수어청에 대한 통합 논의를 했던 곳을 방문한 것은 홍국영에 대한 견제 때문이었다. 당시 수어사였던 서명응은 소론 계열로 좌의정 서명선의 형이었다. 서명선은 홍국영이 방축되던 날 동덕회의 회원이면서도 배웅을 하지 않을 정도로 정조가 홍국영을 방축하려는 내심을 읽은 인물이었다. 서명선은 뒤에 홍국영의 잘못을 지적하는 상소를 올림으로 유배형을 내리는 데 결정적인 역할을 하는데, 이는 정조의 의중을 반영한 것이었다. 결국 정조의 수어청 방문은 서명응을 비롯한 소론 계열의 충성심을 확인하고 만약에 있을 홍국영의 반란을 군사적으로 막기 위함이었다.

정조는 마침내 숙위소를 해체하겠다는 결단을 내렸다. 그리고 홍국영을 제거하는데 결정적인 역할을 한 서명선을 호위대장으로 임명하여 권한을 강화하고 숙위소의 기능을 대신하게 하였다.

원래 정조는 즉위 이후 군권을 장악하는 과정에서 자신의 진위부내인 숙위소를 강화하고 호위청의 기능을 축소하려 하였다. 호위 3청의 기능 가운데 2청을 폐지하여 1청으로 줄이고, 이를 숙위소 아래에 둠으로써 힘을 줄여 그야말로 자신의 호위기구로 삼았다.

호위청은 인조반정에 성공한 서인 정권이 숙위가 약하다는 명목으로 설치한 것이었다. 즉 인조반정에 적극 가담했던 훈신들이 그들의 사병을 혁파하여 돌려보내지 않고 그대로 유지하기 위한 방안이었다고 할 수 있다. 그러므로 호위청은 인조반정 이후 서인정권의 군사적 기반이었다. 이서와 신경진 등이 대장에 임명되어 표면적으로는 왕권호위를 내세웠지만 실제로는 자기 세력 유지를 위하여 거사 후에 각종 무사를 불러 모아 이른바 가병家兵의 성격을 띤 사병을 거느리고 있었다. 결국 호위청 설치를 통한 반정 군사력의 정규군화는 서인계 훈신들의 사병적 기반을 공인하는 의미를 지니는 것이었다. 서인정권의 분화로 숙종대 이후 정권을 장악한 노론 세력은 호위청의 군사적 기반을 유지하고 있었으며 정조는 이를 약화시킬 필요가 있었던 것이다.

그래서 정조는 조정 신하들의 찬성을 얻어 호위 3청을 1청으로 축소하고 자신을 지지하는 동덕회 회원인 서명선을 대장으로 임명하였으며 군관도 350명으로 한정하였다. 정조는 이때 비록 대신이라 하더라도 훈척이 아니면 대장을 겸임하지 못하도록 함으로써 호위대장권을 사실상 대신에게서 빼앗았다. 이로써 과거 공로가 있는 훈신이나 대신의 군사적 배경으로 왕권견제 구실을 하던 호위청이 왕권 호위의 친위체제로 개편되었다. 이는 자연스럽게 노론 세력의 기반을 약화시키는 결과를 낳았다. 호위청 군사는 대궐 내의 입직은 물론 국왕의 교외행차 및 도성 안 행차 때 국왕의 가마를 호위하는 역할을 담당하였다. 정조는 이런 호위청을 숙위소를 대신하여 자신을 보호하게 만든 것이었다.

홍국영의 비호세력 중 하나인 홍낙순은 정승으로 들어가자 권세를 거머쥐기 위해 영의정 자리를 노렸고, 홍국영은 대제학 자리를 노렸으나 대제학 서명응이 이에 응하지 않았다. 홍낙순과 홍국영은 이보행 등을 부추겨 번갈아 상소를 올려 서명응 형제를 규탄하였다. 그러나 정조는 이들의 의중을 파악하고 홍낙순의 벼슬을 빼앗고 도성 밖으로 쫓아내는 조처를 취하였다.

숙위소를 폐지한 후 정조는 숙위소 군사들의 반란을 염려했다. 숙위소의 군사들은 국왕을 호위하는 임무를 가지고 있던 최강의 군사들로 한 순간 아무 잘못도 없이 해산되었기에 거사를 모의할 수도 있었기 때문이다. 그래서 정조는 숙위소의 군사들을 원래의 군영으로 소속시키면서 이들의 노고를 치하했다.

"바람을 무릅쓰고 추위를 견디면서 순찰을 돌고 경호하고 호위한 노고를 이 때문에 완전히 삭제시킬 수는 없는 것이다. 왕실의 입장에서 보면 모두 국왕을 위한 일인 것이니, 군졸들 가운데 승진한 별무사, 겸사복은 혹 강제로 삭직시키는 일이 없도록 하고 패순별초를 환속하는 일은 전교에 의하여 거행하는 일임을 아울러 잘 알게 하라."

－『정조실록』권11, 5년 1월 계묘

이와 같이 정조는 홍국영과 숙위소 군사들의 일을 마무리하였다. 정조는 일찍이 세손 시절에 홍국영의 충직한 보필을 받았으므로 즉위 후 그에게 조정의 모든 권한을 위임하여 세손의 왕권 승계에 장애가 되었던 척신과 신료들을 숙청하였다. 그러나 홍국영의 세도가 한계를 넘어서자 정조는 홍국영을 사직시키고 세도를 회수하여 왕권을 확립하였다. 이는 정조가 집권 초기 정국운영에 고도의 정치술을 가지고 있었음을 보여준다. 🐱

5_
정감록을 신봉하는
홍국영 추종세력 역모사건

○

　정조 즉위 초 정국을 주도하던 홍국영의 죽음 이후 정조는 친정체제를 구축하기 시작했다. 정조는 연덕윤 등이 홍국영이 산림으로 영입해서 대우하던 송덕상을 위하여 한양 아래 경기도, 충청도, 전라도, 경상도에 통문을 보내어 서로 선동하여 역모를 모의했다는 죄목으로 삼수부三水府에 안치하는 등 홍국영 잔여세력에 대한 처분을 마무리하였다.

　당시 대신과 삼사三司(홍문관, 사헌부, 사간원)에서 일제히 국청을 설치하여 송덕상과 충청도의 감옥에 갇혀 있는 죄수들을 법대로 처벌할 것을 청하였으나 정조의 반대로 삼수부에 안치하는 것으로 정리되었다. 정조는 송덕상의 죄를 인정하지만 그가 송시열의 손자로 유림의 존경을 받고 있고, 아울러 집권 초기 자신을 도왔던 공로를 인정했다. 이러한 정조의 배려는 더이상 자신에 대한 역모사건이 발생하지 않기를 원함과 동시에 그들에 대한 포용력을 보여줌으로써 정국 안성을 도모하고자 함이었다.

　그러나 이어서 송덕상과 연관된 또 다른 역모 사건이 일어났다. 호남 강진 출신인 김정채가 금을 몰래 캐는 사굴죄를 범하여 평창으로 유배를 간 가운데 조정을 비방하고 백성들을 선동하기 위한 문서를 지니고 있었다. 실제 사건이 진행된 것은 아니었으나 그 지역의 이택징, 이유백과 모의한 것이 드러났다. 이들은 송덕상은 억울하며 홍국영 역시 공과 죄의 경중이 같다고 하여 그의 억울함을 주장했다.

당시 홍충도(충청도) 유학 윤응렬 등 2천 6백여 명과 황해도 진사 오희집 등 2천 4백여 명과 평산 유생 우상인 등 1천여 명이 상소를 올려 송덕상과 홍국영의 죄를 성토하고 전형을 밝혀 바르게 시행할 것을 청하였으나, 정조는 관대한 비답을 내리고 허락하지 않았을 정도로 홍국영에 대한 배려를 하였다.

김정채의 사건은 이침, 신형하, 백천식 등이 송덕상의 신원을 주장하는 또 다른 사건과 함께 대역부도죄로 연계되었으나 거제도에 귀양 보내는 정도에서 그쳤다. 당시 송덕상이 병중에 있었기 때문에 국문을 하지 않고 돌려보낼 정도로 정조는 최대한 배려를 아끼지 않았다.

그러나 송덕상의 추종세력은 체제변혁을 도모하던 세력과 연계하여 보다 조직적이고 치밀한 거사를 준비한 이른바 '이경래·문인방 역모사건'을 일으켰다. 이들은 도성을 공격하여 거사에 성공한 후 송덕상을 대선생으로 추존한다는 계획을 세웠으나 주동인물 중 하나인 박서집의 고변으로 사전에 발각되어 실패로 끝났다. 정조는 지난 '호옥지사'湖獄之事를 관대히 처분하였음에도 불구하고 송덕상을 중심으로 연이어 사건이 발생하였기에 친히 국문하여 사건의 전모를 밝혀냈다.

조선후기 민란사를 연구하는 고성훈 박사는 「정조조正祖朝 『정감록』鄭鑑錄 관련 역모사건에 대하여-이경래李京來·문인방文仁邦 사건을 중심으로」(『동국사학』26, 1992)라는 논문에서 이 사건이 홍국영 사후 구심적 역할을 하던 송덕상 일파의 정치적 재기를 위한 역모사건이라고 할 수 있으나, 여기에 변혁세력이 이상사회 구현을 목표로『정감록』을 사상적 틀로 이용하여 동조세력을 규합하고 거사추진을 주동했다는 점에서 변혁운동의 한 유형으로 규정하고 있다.

이경래·문인방 사건은 지난 '호옥지사'^{湖獄之事}와는 다른 체제전복을 기도하는 중대 사건이었다. 그러나 정조는 이 사건이 확대되는 것을 원하지 않았다. 그래서 대소 신료들을 진정시키고, 죄지은 자들을 깨우쳐 사형을 언도하는 국법을 제대로 집행하지 못한다 할지라도 모두가 새로운 마음으로 국가에 충성하기를 원했다.

정조는 "죄가 있는 자는 은혜를 생각해서 마음을 고쳐먹고, 죄가 없는 자는 의심을 풀고 마음을 가라앉혀 다 같이 새로운 교화 속에 들어가 이 경사의 기쁨을 같이 한다면 그들의 다행일 뿐만 아니라, 국가의 다행이다"라고 하며 송덕상만을 처형하고 사건의 주모자였던 이경래·문인방 등 관련자에게는 사형을 면해주는 특별조치를 내렸다.

이처럼 홍국영과 송덕상이 정조의 정권유지세력에서 배제되고 난 후 그의 잔여세력들은 기회를 틈타 정치적 재기를 모색하였으나 이들 모두가 실패하였다. 정조는 어쨌건 자신을 제거하고자 하는 모의세력을 최대한 포용하면서 정국을 주도하고자 하였다.

그러나 홍국영의 잔여세력들은 정조의 집권 안정기에 들어서는 시점까지 정조 시해를 기도하였다. 그 주역이 바로 홍국영의 사촌동생인 홍복영이었다. 홍복영은 자신의 아버지 홍낙순과 사촌형 홍국영이 정조의 친위세력에서 배제된 후 정치적 입지를 상실한 인물이었다. 홍낙순은 홍국영 실각 이후 좌의정을 밑는 등 권력의 중심에 있었으나 본인의 영의정 임명과 홍국영의 대제학 복권운동을 주도하다가 우의정 서명선 형제의 상소로 끝내 실각하고 말았다. 홍복영은 산림세력들과 연계하여 도성을 공격하고 정조를 시해하려는 계획을 세웠다.

정조는 기존의 역모사건과는 다르게 홍복영 사건은 매우 심각하게 받아들였다. 정조는 사건이 발생한 9년 2월 29일부터 한 달여 동안 창덕궁 숙장문 앞에서 친국하며 결과가 드러난 후 홍복영과 문양해 등 주도세력 대부분을 사형에 처하는 엄벌을 내렸다.

홍복영 역모 사건의 중심인물인 이율은 홍복영과 같은 양반으로 자신이 정조에게 올리는 상소의 소두疏頭가 되어 홍봉한을 죄인으로 다스려야 한다는 상소를 올렸다가 탄핵을 당했던 인물이었다. 당시 이율은 진사 신분으로 성균관 유생들과 함께 정조의 외할아버지인 홍봉한과 홍인한 그리고 정후겸을 싸잡아 비난하며 비록 혜경궁이 슬프다 하더라도 홍봉한의 죄를 용서해서는 안 된다고 하였다.

이율은 홍복영과 모의하기 직전 함께 거사를 준비했던 김이용에게 정순왕후의 척족인 김귀주는 죄인이 아니라고 말하는 등 정조의 정국운영에 극도의 불만을 표시하였던 인물이다. 더구나 정조 즉위 이후 주요 관직에 임명되었던 이조참의 김하재가 국왕인 정조를 맹비난하다 사형에 처해진 사건에 이르러서는 말하기를, '역적에는 공사公私의 구별이 있는 법이다. 나라에 도가 없으면 말과 행동을 조심하고, 나라에 도가 있으면 말과 행동을 바르게 하는 것이다. 말과 행동을 바르게 하는 것은 나라에서 볼 때는 역적이 되지만 그 집으로 볼 때는 역적이 아니다'라고 할 정도로 반왕적反王的이었다. 따라서 이들은 이미 정치세력에서 배제되었으므로 정상적인 방법을 통해 정국운영의 주도적 위치로 나아가는 것은 불가능한 사람들이었다.

홍복영 역모 사건의 실질적인 주도세력은 양형이었다. 그는 중인 신분으로 의술을 업으로 삼고 있으면서 풍수에도 능했다. 홍복영·이율 등과는 의

약상담을 하면서 친하게 되었다. 천민인 문양해는 양형의 외사촌인 문광겸의 아들로, 거사세력들은 양형을 중심으로 연결되어 자연스럽게 친해졌다.

홍복영은 양형과 친밀한 관계로 발전하면서 자신의 부친이 실각당한 후 신변과 관련한 장래문제까지 의논하게 되었다. 이들은 서찰을 주고받으며 장래문제를 협의한 결과 지방으로 내려가 명당터에다 집을 짓기로 하였다. 이사 갈 지방으로는 지리산 기슭의 하동을 선정하였는데, 이곳이 양형의 외가인 문양해 집안이 거처하는 곳이었기 때문이다. 문양해는 천민으로 공주에 거처하다 1783년에 하동으로 이사했으나, 한곳에 머무르지 않고 각지를 전전하며 풍수風水와 선술仙術에 심취했다. 그 결과 문양해는 실체가 확연히 드러나지는 않지만 『정감록』류의 비기사상에 입각하여 역성혁명을 주장하는 등 체제변혁을 추구하던 이른바 지리산 산인세력과 교류하면서 이들의 대리인 역할을 수행했다.

이들은 『정감록』의 내용을 사상적 기반으로 하여 동조세력을 규합하고 세를 확장시켜 거사를 위한 구체적인 준비에 착수하였다. 그리고 이들은 거사의 명분을 반정을 위한 것이라고 선언함으로써 체제를 부정하고, 자신들의 행위를 정당화하려고 하였다. 이들은 "조선의 산천과 천문지리가 모두 삼분三分의 조짐이 있다. 임자년(1792년)에 도적이 창궐하고 그 후 나라가 3분되었다가 다시 하나로 합쳐진다. 셋으로 갈라진다는 성씨는 정가鄭哥, 유가劉哥, 김가金哥이지만, 필경에는 정가가 마땅히 합하여 하나로 만든다"는 이른바 '동국삼분지설'東國三分之說에 기초하여 이를 전파하면서 동조세력을 규합하는 한편, 거사를 위한 조직체계를 정비하고 거사 일자를 정하였다.

이들 주동세력들은 충청·전라·경상 3도에서 독자적으로 또는 서로 연계하여 거병하기로 한 이른바 '삼도거병지설'三道擧兵之說을 내세우며 병력수도 40,000명에 달한다고 과장하였다. 그리고 거병 시 도원수는 통천의 유가

창덕궁 인정전
昌德宮 仁政殿

인정전은 창덕궁의 정전이다 '인정'仁政은 '어진 정치'라는 뜻이며, 인정전은 창덕궁의 법전法殿이 된다. 법전은 왕의 즉위식을 비롯하여 결혼식, 세자책봉식 그리고 문무백관의 하례식 등 공식적인 국가 행사 때의 중요한 건물이다. 광해군 때 중건된 이후 순조 3년(1803년)에 일어난 화재로 인한 재건, 그리고 철종 8년(1857년)의 보수공사 이후 시금에 이르고 있다. 인정전의 넓은 마당은 조회가 있었던 뜰이란 뜻으로 조정朝廷이라고 부른다.

劉哥, 충청도 대장은 한수채, 전라도 대장은 이인영, 경상도 대장은 고경현으로 세웠다. 이들은 3도에서 거병할 뿐만 아니라 서울에서도 이율과 친분이 있는 조영소 등이 내응하기로 하였고, 산인세력인 주형채를 중심으로 하여 북도에까지 연결되어 있었다. 이처럼 거사조직을 체계화하고 충청도는 정조 9년 3월 15일, 전라도는 4월 28일, 경상도는 5월 그믐날로 설정하여 거병하기로 함으로써 거사준비를 마무리지었다.

이 사건은 거사에 참여했던 전 현감 김이용의 고변으로 사전 발각되어 일단락되었으나 실제 이와 같이 큰 거사사건으로 준비되었다고 볼 수는 없다. 홍국영 척족과 『정감록』을 신봉하는 산인세력이 결합한 거사계획이기는 하나 문양해의 진술이 자신의 이야기가 아닌 실체가 불분명한 지리산 산인세력의 주요 인물인 김정의 말을 빌려서 하고 있기 때문이다.

또한 거사에 있어서도 홍복영을 비롯한 거사주도 세력들이 도원수 및 각도의 대장에서 배제된 채 지휘부가 구성되어 있다는 것 역시 허위자백일 가능성이 매우 높다. 백승종은 『정감록 역모사건의 진실게임』(2006, 푸른역사, 204~213쪽)에서 역모사건의 주역인 문양해와 홍국영의 잔여세력은 송덕상과 홍복영은 전혀 무관했고 송덕상의 제자들만 극소수 관련이 있으며, 정조를 비롯한 집권층이 역모 사건의 본질을 왜곡시켰다고 판단하고 있다. 특히 『정감록』을 신봉한 문인방의 등장은 서북지역의 술사로 대표되는 평민 지식인들이 자신에게 씌워진 억압의 멍에를 스스로 벗어던지고 새로운 사회질서를 구현하기 위한 역사의 무대로 나오는 것이라고 평가하였다. 이런 측면에서 문인방 사건을 확대하여 역모사건으로 만들어 장용영 창설의 기반을 마련한 정조의 조처에 대해서는 올바르지 않은 행위로 평가하고 있다.

이와 같이 거사 계획은 있되 구체적인 규모와 실제적인 거사의 움직임이 있었는지 확인되지 않은 사건에 대해서도 정조는 이전과는 다른 강력한 대응을 하였다. 지난 '호옥지사'와 이경래·문인방 사건은 실체가 있음에도 불구하고 주모자 한두 사람을 제외하고는 용서해준 데 비해 이번 사건은 한 달여 동안이나 친국을 하며 사건을 확대시켰다. 더군다나 주동자 대부분이 국청 중에 죽거나 극형에 처해져 이전까지 있었던 정조의 통치행위와는 사뭇 다른 모습이었다.

정조는 이 사건의 진실이 제대로 밝혀지지 않을 것으로 판단하면서도 친국을 하는 한 달여 동안 침식을 제대로 하지 못하였으며, 각 도의 감사와 병사들에게도 경계를 강화하도록 하였다. 그 이유는 홍복영 등을 주도한 세력들이 정조 즉위 이후 계속된 역모사건의 주동자들과 밀접한 연관이 있다고 보았기 때문이다.

정조는 홍복영의 반정 거사계획에 대해 다음과 같이 심정을 토로하였다.

"병자년, 정축년 이후에 난역逆亂이 거듭 일어났는데, 불평분자와 서자 출신의 사람들이 언제나 난리를 일으켜서, 화를 즐기려는 속셈을 품고서, 혹자는 비수를 품고 흉계를 꾸미기도 하고, 혹자는 흉측한 물건을 파묻어 임금을 죽이려고 하고, 혹자는 군사를 일으켜 거사하려고 하였다. 홍상범·홍상길·문인방·이경래 등의 옥사를 보건대, 그들의 기맥이 서로 통하고 걸어온 길도 서로 연관된다는 것을 알 수가 있다."

－『정조실록』 권19, 9년 3월 임신

즉 성소는 앞서의 말과 같이 즉위 이후 계속된 옥사가 일관된 세력의 것이라고 인식하였던 것이다. 그렇기에 홍국영 및 정순왕후 척족들의 반정 시도에 대비하여 앞선 호위기구와는 다른 적극적인 호위기구가 필요하였다. 그 기구는 장기적인 측면에서 군제개혁의 한 축으로 자리매김하며 자신의 왕권유지에 필요한 기구이어야 했다. 그래서 정조는 어떠한 역모사건이 일어나도 자신을 보호하고 절대왕권을 신료들에게 보여줄 수 있는 숙위소의 질적 수준을 넘는 친위병인 장용위壯勇衛를 창건하기로 했다. 🐉

6_
새로운 호위기구
장용위 설치

O

　정조는 홍복영의 옥사사건을 겪으면서 호위기구의 강화를 추진했다. 정조는 창경궁 명정전 서쪽 월랑에 주둔하고 있던 무예출신武藝出身들을 승차시켜 새로운 호위기구를 신설하기로 결정하고 이 기구를 군제개혁의 중심에 세우고자 하였다.

　무예출신은 원래 훈련도감 내의 별기군 중에서 우수한 자를 뽑은 무예별감 가운데 무과에 합격한 자들이다. 정조는 무예출신들을 다른 군영의 군사들에 비해 특별히 우대하였다. 정조 8년에 실시한 경과의 무과 초시합격자는 무려 2,926명이었다. 이는 병자호란 때 호종군사를 위해 산성에서 임시로 본 무과시험 합격자를 국왕 면접인 전시로 직접 보내는 이른바 산성직부山城直赴니 숙종 초 북벌을 위한 만 명에 가까운 무사를 뽑은 만과萬科와 비견되었다.

　물론 정조는 이들 모두를 무예출신으로 근무하게 하지는 못했지만 장기적으로는 이들 모두를 새로운 호위기구로 전환시켰다. 이는 정조의 생부인 사도세자의 존호를 장헌세자莊獻世子로 바꾸고 그 「광경희희」廣慶餠喜를 함께하는 명목으로 설치된 특별과거로서, 앞으로의 왕권강화정책을 위한 장원한 계획의 첫 걸음이기도 하였다. 정조는 각 도에 모인 이 무과 합격자를 단순히 합격이란 명예를 주는데 그치지 않고 실제로 이들을 활용하여 금위체제를 강화하고자 하였다.

정조는 이들의 귀향을 막기 위해 일단 각 영의 대장에게 분속시켰다. 그리고 이들을 금위체제에 흡수하는 방법을 모색하여 처음에는 금군에 편입시키려 하였다. 그러나 금군은 원래부터 자리가 적기 때문에 다수인 그 인원을 감당할 수가 없었다. 결국 정조가 생각해낸 것은 새로운 금위체제의 창설이었다. 이들 경과 출신들을 대거 편입시키는 친위 금위체제를 창설하려고 할 때 앞에서 언급한 홍복영 사건이 벌어져 더욱 가속화된 것이다.

하지만 새로운 호위기구를 만드는 것은 너무나도 중대한 일이기에 정조는 아래와 같이 신료들에게 일러 무예출신의 전환을 합리화하였다.

"무예출신들이 대를 편성하여 입직을 하는 것은 이미 선대부터 있던 일이다. 인조 기사년(인조 7년, 1629년)에 훈련도감 출신으로 청廳을 설치한 일과 숙종 신미년(숙종 17년, 1691년)에 무예별감 출신을 국출신청局出身廳에 전속시킨 고사를 계술한 것이며, 하나는 영조 무신년(영조 4년, 1728년)에 금위영 출신으로서 별기위를 설치한 고사를 계술한 것이다. 이 제도가 있으면서부터 정병을 잃지 않았고, 경비에 손실이 없었으며, 또한 숙위를 엄중히 할 수 있었다. 그럼에도 아직도 정식 칭호가 없이 다만 출신청出身廳이라고만 일컫고 있다. 본청의 수행자는 무과에 급제한 사람일 뿐만 아니라, 무예청에서 승진한 사람의 경우에는 모두 이 출신청으로 전속이 되고, 또한 한산직 두서너 자리를 두었으니 출신이라 말할 수 없다."

-『정조실록』 권20, 9년 7월 기유

정조는 이처럼 무예출신들을 친위 호위기구로 전환하는 것이 예전부터 있던 일이라는 것을 강조하고 새로운 기구의 명칭을 공론화하여 이 기구를 안정화시키고자 하였다.

무예출신의 새로운 호위기구의 이름은 예전부터 사용된 친군위^{親軍衛}와 장용위^{壯勇衛} 그리고 선조 연간에 불렀던 무용위^{武勇衛}를 두고 논의하였다. 구선복은 무예출신청^{武藝出身廳}을 변통으로 삼은 것은 역대 조정으로부터 이어져오는 것이기에 마땅히 이름을 고쳐 장용청^{壯勇廳}으로 하는 것이 좋을 것이라고 하였다.

이에 대해 홍국영 이후 정국운영의 실세로 등장한 서명선은 친군위로 명칭하는 것이 좋다는 견해를 밝혔다. 그리고 새로운 조직의 격을 높이기 위해 영전^{令箭}을 바꾸어 신전^{信箭}으로 전교하는 것과 대장패, 전령패, 순장위장패, 적간표신, 문안표신, 목마패 등 각각의 부신^{符信}들을 착용하는 것을 건의했다. 서명선과 같은 소론인 서유린 역시 친군위가 좋겠다는 의견을 내놓았다. 선혜청 당상 조시준 역시 친군위가 좋다고 하였다.

당시 무예출신의 칭호를 선정함에 친군위, 장용위, 무용위를 놓고 대신들의 의견 교환이 있었다. 여러 의견을 검토한 결과 정조는 "친군·무용의 칭호가 모두 옳지 않은 것은 아니나 장용^{壯勇}이 나을 듯하니 지금부터 장용위로 칭하고 이 일을 훈련도감으로 보내라"고 하여 장용위로 최종 결정하였다.

1872년(성조 6년)에 성조는 1685년(숙종 11년)에 무예별감 출신 30인을 훈련도감국 출신 3개 번과 교차시킨 선례를 따라 무예출신 및 무예별감의 장교를 지낸 경력이 있는 자 30인을 골라 명정전 남쪽에 근무하게 했었다. 이들 30인에 추가로 20명을 더 선발하여 장용위를 창설하였다. 장용위는

신전
信箭

임금이 거둥할 때에 선전관宣傳官을 시켜서 각 영營에 군령을 전하는 데 쓰던 화살이다. 그 방위의 빛깔을 사용하여 병조·훈련도감 및 단영單營에는 황색을, 금위영禁衛營에는 청색을, 어영청御營廳에는 백색을, 수어청守禦廳에는 홍색을, 총융청摠戎廳에는 흑색을 사용하였는데, 1795년(정종 19년)에 수어청이 남한산성南漢山城으로 나간 뒤부터는 전부 황색만 사용하였다. 정조가 화성에 거둥할 때에도 선전관이 신전으로 미리 알렸다.

훗날 장용청과 장용영으로 승격될 때까지 척계광의 남군南軍 제도를 본받아 5개 사司에 25개 초哨를 두었는데 중사中司 5개 초는 서울에 있게 하고, 전사前司 5개초는 수원에, 좌사左司 5개초는 양성·용인·광주에, 우사右司 5개 초는 고양·파주·안산·과천·시흥에, 후사後司 5개 초는 지평·양근·가평·양주·장단에 있게 했다.

무예출신으로 창설된 장용위의 설치는 상대적으로 금군의 축소를 가져왔다. 새로운 금위기구 창설에 따른 부담을 최소화하기 위해 기존 군영의 급료를 지급할 수 있는 자리를 장용위로 옮겨왔기 때문이다.

효종대 이후 금군은 칠번제七番制로, 내금위가 3번, 겸사복과 우림위가 각 2번이었고, 각 부대의 1번은 100명씩이었다. 일내一內·이내二內·삼내三內·

일겸一兼·이겸二兼·일우一羽·이우二羽는 각 위衛의 번별 편제의 약칭이다. 이 3종의 위는 조선전기에 금군이 계속 이어진 것으로, 효종은 이를 통합·편성하여 금군으로 삼은 것이다. 때문에 이후 금군은 내삼청內三廳이란 별명을 지니게 되었다. 이러한 금군이 장용위의 설치로 육번제六番制로 개편되었다. 금군은 700명의 정원 중에서 100명을 장용위로 넘겨주고 자연스럽게 육번제로 변했다. 정조는 금군 내 최고의 군사들을 장용위로 전출시킴으로써 군사력을 약화시키는 동시에 장용위 창설에 따른 군비의 절박함도 일부 해결할 수 있었다.

그러나 장용위의 설치에 대한 반대 의견이 많았다. 그 이유는 정조가 장용위를 설치한 것이 왕권을 강화하고자 하는 의도라는 것을 알고 있었기에 장용위 운용에 대한 견제가 극심하였다. 당시 장령 오익환은 직접적인 반대 의견을 상소하였다.

"국가의 지나친 경비가 본래 용병冗兵(남아도는 병사)에 있으므로 금위를 병조에 소속시키고 수어청과 총융청을 혁파하여 경군京軍에 소속시켜야 한다는 것을 전후의 조신 중에 말한 자가 진실로 많았습니다. 그런데 지금 또 장용위를 설치하셨으니, 그 요포料布(급료로 주는 무명이나 베)를 계산한다면 어찌 적다고 하겠습니까. 안으로는 금군과 무예청이 있고 밖으로는 오영의 장졸이 있어, 빠진 곳 없이 빙 둘러 호위하여 방비가 매우 견고한데, 전하께서는 무엇 때문에 필요 없는 이 장용위를 만들어서 경비를 지나치게 허비하는 길을 넓히십니까."

－『정조실록』 권25, 12년 1월 병술

물론 오익환의 상소는 장용위에서 장용영으로 바뀐 뒤의 내용이지만 수

어청과 총융청의 혁파를 제기하며 장용위를 만든 것에 대한 두려움이 나타
나 있다. 장용위의 설치 목적이 바로 군제개혁이라는 것을 여실히 드러낸 것
이다.

정조는 장용위를 설치한 후 한 달 만에 장용위 무예청에 행차하여 직접
군사들과 대화를 하였다. 그리고 그들에게 편안할 때 위급함을 잊어서는 안
된다고 특별히 유시하였다. 이로써 장용위 군사들은 국왕의 지우知友를 받는
특별한 위치임을 실감하게 되었다.

장용위는 1788년(정조 12년) 장용영壯勇營으로 확대 개편되고 1793년(정
조 17년) 내·외영제가 성립되기 전까지 정조의 호위를 담당하며 오위체제로
전환하고자 하는 정조의 군제개혁의 중심역할을 담당하였다. 🍵

4부

정조, 마침내
장용영을 설치하다

1_
성호의 친위군병론親衛軍兵論과
장용영

O

정치권력의 기반은 군사력이다. 이는 전 세계 역사의 공통점이다. 병권兵權은 권력의 실질적 기반이다. 오죽하면 군대를 합법적 폭력집단이라 하였을까! 군대를 장악해야 국가지도자가 온전히 자기 할 일을 할 수 있다. 군대를 장악하지 못한 지도자는 권좌에서 내려올 수밖에 없는 것이 현실이다. 그래서 동서고금을 막론하고 국가지도자들은 군사력을 장악하려고 했고, 그 과정에서 군대에 대한 개혁을 통해 강력한 군사력을 키우고자 했다.

조선후기 실학에서도 군사제도와 운영에 대한 개혁은 가장 중요한 내용 중의 하나였다. 특히 성호 이익의 개혁사상의 핵심 내용이 국방개혁이고, 그 핵심이 바로 양병養兵이었다. 또한 국왕의 친위군병론이기도 했다.

군대를 육성하는 것은 외세로부터 나라를 지키는 것만이 아니라 국왕의 권한을 강화하여 제도를 개혁할 수 있는 힘을 갖는 것이기도 하다. 그런데 성호 이익 선생이 살던 시기에는 군사력을 가지고 있는 것이 국왕이 아닌 노론들이었다. 그래서 국왕이 군사력을 회복하지 못하면 절대로 개혁을 할 수 없었다.

조선후기 중앙군사제도의 핵심은 5군영이다. 훈련도감, 어영청, 금위영, 총융청, 수어청을 오군영이라 하는데, 훈련도감·어영청·금위영은 수도방어의 역할이었고, 총융청·수어청은 수도외곽 방어가 주 임무였다.

훈련도감을 제외하고 나머지 4군영은 서인에 의해 설치되었다. 인조반정 이후 반정反正에 동원된 사병들을 해체하기보다는 국왕호위, 궁성수비, 수도방어의 병력으로 전환하였는데, 이 사병들을 자연스럽게 오군영으로 재정립시킨 것이다.

조선후기 정치사가 서인(훗날 노론) 중심으로 흘러가는 것은 바로 그들에게 군사력이 있었기 때문에 가능했다. 현종대 남인의 무반 유혁연이 훈련별대를 만들었던 적이 있지만 장희빈의 죽음 이후 남인이 몰락하면서 훈련별대 역시 사라지고 말았다. 그래서 국왕을 지지하는 군사력이 없는 기묘한 정치상황이 지속되고 있었다.

이러한 상황에서 성호 이익은 친위군영의 필요성을 적극적으로 개진하였다. 단순히 국왕을 호위하는 금군禁軍만이 아닌 국왕의 뜻을 충실히 수행하는 독자적인 군영이 필요하다는 것이었다. 국왕을 시해하는 급변 사태가 발생할 경우를 대비하여야 한다는 것도 이유 중의 하나였다. 이런 내용을 살펴보면 성호가 국왕 중심의 개혁을 추구하는 왕권론자임을 알 수 있다. 아마도 성호의 친위군병 창설은 당시 노론이 중심이 된 오군영의 폐단을 개혁하고자 하는 의지에서 나온 것이리라.

당시 오군영은 십여 만의 군사들을 보유하여 많은 국가 재정이 낭비되고 있음에도 불구하고 군사훈련의 성과와 효용은 그리 높지 않았고 오히려 많은 폐단을 야기하였다. 특히 노론의 정치적 기반이었기에 군영 대장의 자천제自薦制를 실시하였다. 오군영의 대장이 다른 보직을 받아 자리를 이전하면

이익
李瀷

이익李瀷은 『성호사설』星湖僿說에서 "임금에게는 반드시 친병이 있어야 한다. 그렇지 않으면 급한 사변이 있을 때에 막을 방법이 없다"고 하여 친위부대의 필요성을 역설했다. 정조는 국왕으로서 개혁정치를 하기 위해 이를 지지해줄 강력한 왕권이 필요했으며, 이익의 '친병강화론'을 받아들였다. 초상화는 포천 옥동서원에 모셨던 것이 한국전쟁 당시 화재로 손실되자 후손들이 1989년에 다시 제작하였다.

후임 대장을 국왕이 임명하지 못하였다. 후임 대장을 군영 대장이 내정해놓고 국왕의 형식적 결재만을 받아 진행하였다. 즉 노론 신하들에 의해 군영 대장이 결정되고 국왕은 허수아비처럼 옥새를 찍고 교지를 내려 주었다.

성호는 이러한 정치현실이 너무도 개탄스러웠다. 자신의 아버지 이하진이 노론에 의해 유배되어 죽음을 당했고, 친형 이잠이 바른 소리를 하다가 노론에 의해 장살당하는 가족사의 비극은 그로 하여금 노론을 깊이 불신하게 만들었고, 자연스럽게 그들에 의해 장악된 군사체제도 부조리한 것으로 판단하게 되었다. 그래서 국왕의 권한이 강화되어 새로운 국가개혁을 추구하기를 바랐던 것이다.

성호의 이러한 사상을 가장 적극적으로 받아들인 이가 바로 정조였다. 정조는 성호의 친위군병론을 적극 받아들여 친위군영인 장용영壯勇營을 창설하였다.

성호는 친위군병 양성과 함께 국영농장인 둔전 개발을 강조하였다. 토지 없는 백성들이 농사를 지을 수 있는 국영농장인 둔전을 확대하여야 한다는 것이다. 둔전이란 군대용 토지이지만 성호는 이를 군사용 토지만이 아니라 백성들의 민생안정에 기여하는 토지로 전환되어야 한다고 생각하였다. 이러한 성호의 생각을 정조는 장용영을 통해 이루고자 하였다.

정조는 즉위 직후 국가재정을 확충하기 위해, 노론의 사병과도 같은 오군영은 혁파하고 조선 초기 병농일치를 위주로 하는 오위체제로 군제개혁을 단행하고자 하였다. 앞에서도 이야기했듯이 당시 오군영에는 쓸모없는 병사가 너무 많아 이들에 대한 녹봉의 지급이 국가 재정에 막대한 지장을 초래하였다. 결국 각 군영의 축소를 통해 남는 군비를 백성들의 구휼과 경제기반 구축에 써야 한다고 인식하였다. 이러한 정조의 견해는 군제 개혁에 대한 각종 상소와 동시대의 국방개혁을 부르짖은 성호 이익, 송규빈 등의 실학자들의 요구를 수용한 것이라 할 수 있다.

정조는 조선 초기 오위체제로의 전환을 추구하면서 그 형태와 유사한 둔전경영에 초점을 두었다. 장용영 군사들과 농민들이 둔전에 농사를 지어 그 수입으로 군영을 운영하고자 한 것이다. 다시 말해 오군영처럼 군영 재정을 백성들의 군포 납입으로 운용하는 것이 아니라 자체적인 수입으로 충당하여 백성들의 어려움을 줄어들게 하고자 한 것이다. 이러한 장용영의 둔전 운영이 안착되면 정조는 모든 군영에 이와 같은 제도를 도입하여 백성들의 군포납부를 아예 폐지하고자 했다.

결국 성호 이익의 국왕의 개혁을 위한 친위군병 양성과 둔전 개발 이론은 정조에게 이어졌고 장용영의 창설로 그 뜻을 이루게 된 것이다. ❀

2_
구선복의 역모와
장용영 설치

◯

　자신의 아버지에게 욕을 보인 사람은 평생 원수가 되기 마련이다. 정조
에게 그런 사람이 하나 있었다. 그가 바로 영조, 정조 시대 무반들의 우두
머리였던 구선복이란 인물이다. 일반인들에게는 잘 알려지지 않은 인물이지
만 구선복은 조선의 군사력을 좌지우지하는 막강한 실력자였다. 이 구선복
이 사도세자가 뒤주에 들어갈 때 사도세자의 얼굴에 침을 뱉었고, 그 광경
을 11살의 어린 정조는 직접 눈으로 보았다. 사도세자의 죽음에 대한 역사
적 사실을 소론의 입장에서 서술한 『현고기』現皐記를 보면 구선복이 뒤주에
들어간 사도세자에게 자신의 병사들로 하여금 오줌을 갈기게 하는 대목이
나온다. 차마 있을 수 없는 일을 구선복이 자행했던 것이다. 그러나 정조는
군사력을 장악하지 못한 국왕이었기에 구선복을 제거할 수 없는 것이 현실
이었다. 이 현실이 정조에게는 너무나 고통스러운 상황이었을 것이다.
　정조는 이 비극적인 현실을 타개하기 위해 자신의 호위부대인 장용위를
확대하여 구선복을 비롯한 노론이 장악한 오군영을 제어할 수 있는 친위 군

영춘헌
迎春軒

영춘헌은 정조의 침전이었다. 일반적으로 국왕의 침전은 창덕궁 희정당熙政堂인데, 정조는 창경궁 밖에 있는 사도세자의 사당인 경모궁景慕宮과 가까운 곳에 자신의 침전을 정하였는데, 이곳이 영춘헌이다. 정조는 검소함을 실천하였던 국왕으로 비가 수시로 새는 작고 누추한 영춘헌에 사는 것을 즐겨하였다. 정조는 1800년 6월 28일 영춘헌에서 승하하였다.

영을 만들고자 하였다. 그래서 정조는 당시 군권을 장악하고 있던 구선복을 제거하고 이를 명분으로 친위 군영을 만들 기회를 준비하고 있었다.

　　정조 초년부터 구선복 옥사가 일어나는 정조 10년까지 중앙오군영의 핵심인 훈련도감의 대장은 장지항, 홍국영, 구선복 3인뿐이었다. 이 중 10여 년의 대부분인 7년여의 기간을 구선복이 장악하고 있었다. 장지항은 1778년(성소 2년) 영암으로 귀양 가 있는 동안 장님 점생이를 통해 흉언을 써뜨리고 환관과 교류하여 역모를 꾀했다는 이유로 국문을 받았고, 홍국영은 1779년(정조 3년) 9월에 실각됨으로써 이후 훈련대장은 구선복 1인이 오랫동안 역임하였다. 이처럼 구선복은 영조대부터 정조 10년에 이르기까지 군영대장을 역임하고 있었기에 대부분의 무장들이 '무종'武宗이라 받드는 위치에 오를 정도였고 심지어 국왕조차 제어하기 힘들 정도의 인물이었다.

이와 같이 구선복이 조정에서 무반으로 강력한 영향력을 행사할 수 있었던 것은 능성 구씨綾城 具氏 집안의 영향력 때문이었다. 능성 구씨를 무반 벌열로 성장시킨 인물은 인조반정으로 3등 공신에 녹훈된 구인기이다. 구인기로 대표되는 능성 구씨 가문은 인조반정의 정사공신으로 녹훈된 이후 훈무세가勳武世家로 평가받으며 음직을 통해서도 서용되는 조선후기 무반 가문의 중심에 자리 잡게 되었다. 구인기의 아들인 구일이 능력이 모자람에도 훈무세가이기 때문에 한성부 우윤에 특배된 것을 놓고 대부분의 신료들은 불만이 많았다.

구선복은 1757년(영조 33년) 총융사로서 최초의 군영대장에 오른 이후 1765년(영조 41년)에 마침내 훈련대장에 올랐다. 구선복은 종형이었던 구선행과 번갈아가며 병권을 잡아 무반 벌열의 위세를 떨쳤다. 정조 즉위 이후에는 홍국영과 번갈아 훈련대장과 금위대장을 역임하였고, 홍국영의 실각 이후에는 혼자서 영향력을 행사하며 1786년(정조 10년)까지 훈련대장의 직위를 유지했다.

구선복은 정조 즉위 초 영의정을 역임한 소론의 거두 김상철과 사돈을 맺고 있었다. 구선복의 딸과 김상철의 아들인 김영진이 혼인을 맺어 구선복은 정조 연간 강력한 세력을 형성할 수 있었다. 김상철의 집안에서 구선복이 무반 가문임에도 혼인을 맺은 것은 능성 구씨 집안의 영향력 때문이었다.

김상철은 사도세자를 죽음으로 몰아넣은 화평옹주의 시아버지인 정유량의 사위로서, 소론임에도 불구하고 정후겸, 김귀주, 홍인한과 밀접한 연관을 맺고 있었다. 따라서 구선복 역시 이들과 가까운 관계 속에서 사도세자의 죽음과 깊은 연관이 있었다. 1762년 윤5월 13일 사도세자가 뒤주에 갇히기 직전 창경궁 휘녕전에서 윤숙이 사도세자를 위해 호위군사들을 꾸짖고 대신들의 손을 붙잡으며 영조에게 사도세자를 살려야 한다고 주청하다가 구선복과 홍인한에 의해 끌려 나간 뒤 흑산도로 유배되었다. 이때 구선복은 홍인한과 정후겸, 김귀주와 한편이 되어 사도세자 죽음에 앞장선 인물이었다.

하지만 정조는 이들의 세력이 너무도 강했기 때문에 당장 제거할 수 없었다. 특히 구선복은 훈련대장으로 있으면서 훈련도감에서 궁중으로 파견 보낸 서리들을 통해 승정원에서 발행하는, 오늘의 신문과도 같은 조보^{朝報}를 통해 반포하지 않은 조정 대소사까지 일일이 보고를 받았다. 더구나 구선복은 정조의 모친인 혜경궁 홍씨의 오라버니인 좌의정 홍낙성을 국왕과 함께 하는 자리에서 대놓고 업신여길 정도로 그 위세가 대단하였다.

정조가 국왕으로서 군권을 장악하기 위해서는 구선복을 반드시 제거해야 했다. 마침 정조의 이복동생 은언군^{恩彦君} 인^裀의 아들인 상계군^{常溪君} 담^湛이 갑작스런 죽음을 맞이했다. 이 죽음과 연관하여 뜻밖에 영조의 계비인 정순대비의 언문 전교가 승정원으로 하달되었다. 5월에 세자로 책봉된 문효 세자가 죽고, 9월에 세자의 모친이자 출산을 앞둔 의빈 성씨가 갑작스런 의문의 죽음을 당한 것이 바로 홍국영과 깊은 연관이 있는 상계군 담의 일파가 독살했기 때문이라는 주장이었다. 이에 역적을 찾아내어 처단하지 않으면 자신이 탕약과 수라를 먹지 않겠다고 정조를 압박하였다.

실제 정순대비의 하교는 은언군 인을 노린 것이었다. 정조의 하나밖에 남지 않은 동생인 은언군 인을 죽여 만에 하나라도 정조가 후손을 낳지 못할 때 내를 이어줄 종실을 제거하고자 하는 것이었다. 이는 자연스럽게 정조의 왕권을 약화시키는 일이었다. 그런데, 정조는 대비의 의도와 다르게 상계군 담의 죽음을 구선복을 제거하는 기회로 삼았다.

상계군 담이 죽고 며칠 후 담의 외조부인 송낙휴가 상계군 담의 죽음에

은언군 관혼례 은신군 관례 의궤
恩彦君冠婚禮恩信君冠禮儀軌

1767년(영조 43년) 사도세자의 제3왕자인 은언군의 관혼례 및 제4왕자인 은신군의 관례 과정을 기록한 책이다. 표제는 '은언군 관혼례의궤'이나 우측 상단에 작은 글씨로 '은신군관례동'恩信君冠禮同이라 부기되어 있다. 내용은 은언군과 은신군의 관례의궤가 먼저 나온 후 이어서 은언군의 가례의궤가 나오는데 전교傳敎, 간택揀擇, 계사啓辭, 이문移文, 내관來關, 감결甘結, 물목物目, 의주儀註의 순으로 구성되어 있다.

정조 즉위 초 영의정을 역임한 김상철과 구선복의 아들인 구이겸이 연관되어 있다는 고변을 하였다. 상계군이 죽기 전에 "김 정승이 살면 나도 살고, 김 정승이 죽으면 나도 죽는다"라는 말을 했고, 구이겸이 황해병사로 있을 때 상계군에게 후한 선물을 주며 받들었다는 주장이었다.

당시 정조는 후사인 문효세자가 죽고 다른 후사가 전혀 없는 상황이었고, 이미 나이도 30대 중반을 넘은 상태였다. 따라서 상계군은 장차 세자로 책봉될 가능성이 있는 인물임과 동시에 정조를 몰아내고 왕위를 차지할 수 있는 신분이기도 했다. 따라서 사도세자의 죽음에 참여하였던 김상철이 정조의 등극 이후 배척받는 위치에 처해져 구선복 가문과 연계하여 상계군을 추대하기로 했을 수도 있다는 주장이었다.

정조는 즉시 추국청을 설치하고 김상철의 아들 김우진과 구선복의 아들 구이겸을 강력하게 심문하였다. 이 자리에서 김우진은 문양해 역모사건의 주범이었던 이율과 친분을 맺고 있었던 사실이 새로 발각되었지만 역모사건과는 무관하다고 주장하였다.

상계군 담의 죽음이 역모사건으로 확대된 직후에도 구선복은 훈련대장의 지위를 내놓지 않을 정도로 오만한 자세를 보이다가 추국청에 의해 체포되었다. 정조는 혹시라도 모를 구선복 휘하 군사들의 발호를 우려하여 삼군문의 대장에게 명하여 군사를 거느리고 각자 도성 내에 주둔하게 하고, 병조판서는 용호영 휘하의 금군을 거느리고 내병조內兵曹의 사문四門과 대궐 문에 병력을 투입하여 불의의 사고를 예방하고, 합문의 내외 좌우 장군들은 무예별감을 거느리고 칼을 차고서 지키게 하였다.

구선복은 추국청에서 이 사건이 자신을 죽이고자 하는 음모라고 하며 결백을 주장하였다. 하지만 당시 사건의 관련자였던 장언회와의 대질 심문 끝에 1년 전에 있었던 홍복영과 문양해의 역모사건에 자신이 관여하여 상계군 담을 국왕으로 추대하는 반정을 추진하다 그만두었다고 실토하였다. 이에 정조는 구선복을 최고의 형벌인 능지처사로 형을 내리고, 그의 또 다른 아들인 구명겸을 효수하도록 하였다.

하지만 정조는 이 역모사건에 상계군의 부친인 은언군이 관련되어 있으므로 사형시켜야 한다는 여론을 정면으로 돌파하였다. 구선복의 자백 이후 정순대비는 은언군을 죽이지 않으면 수라를 먹지 않겠다고 정조를 공공연하게 압박하였다. 노론의 신료들 역시 정조에게 은언군에게 죽음을 내리라고 강요했다. 이때 정조는 3일 동안 합문을 닫고 수라를 먹지 않으면서 정순대비와 신료들의 압박을 극복했다. 이 과정에서 정조는 은밀히 강화도에 몇 채의 기와집을 구입하여 하나로 만든 이후 은언군 가족을 몰래 강화도로 보냈다. 그리고 신하들에게 사형 대신 강화도로 위리안치圍籬安置하겠다는 타협안을 내놓고 더 이상 이 문제에 대해서는 거론하지 못하게 하였다.

구선복의 역모사건에 대해 정조는 구선복이 병권을 쥔 지 수십 년이나 되어 오래전부터 역모를 계획한 것이며, 그가 이야기 한 사실은 만분의 일도 되지 않는다고 언급했다. 그럼에도 불구하고 더 이상의 확대를 통해 정국이 파괴되는 것을 원하지 않았다.

"구선복이 10년 동안 훈련대장으로 있어서 뿌리가 튼튼하고 소굴이 깊었으므로 문무백관을 막론하고 그 가운데 참여한 자가 반드시 많을 것이니, 보지 않는 것이 더 나을 것이다. -중략- 풍속이 날로 무너지고 법이 날로 문란해져 군신 상하가 서로 의심하고 막히는 데까지 이르러 이번 구선복의 변고가 있는 것이다. 외면으로 보면 세상에 드문 은총을 받은 것 같았고 융숭한 권고를 받은 것 같았으나, 위아래가 서로 의심한 지 오래되었다."

-『정조실록』 권22, 10년 12월 계사

이처럼 정조는 국왕을 음해하여 반정의 기운이 오래전부터 존재해왔음을 신하들에게 토로하면서 이 기회를 통해 자신의 왕권을 강화하고자 하였다.

부친인 사도세자의 죽음으로 인해 정통성을 훼손당해 오랫동안 국왕의 지위를 제대로 행사하지 못한 정조의 구선복에 대한 분노는 대단했다.

> "병오년(정조 10년, 1786년)에 이르러서야 국법에 의해 처단되었는데 시신을 저자에 버리는 형벌이 어찌 이 역적에게 법을 충분히 적용했다고 하겠는가. 사실은 살점을 씹어 먹고 가죽을 벗겨 깔고 자도 시원치 않았었다."
>
> -『정조실록』 권32, 15년 6월 무신

이 사건은 구선복의 능지처참형으로 마감하는 듯하였으나 이듬해인 1787년(정조 11년)에 새롭게 부각되었다. 판의금부사 김종정이 자신의 척족 이광운의 상소에 대한 내용을 문제 삼아 국왕과의 면담을 통해 역모사건에 대한 단초를 제공했다. 이광운은 정조의 뒤를 이을 왕세자가 없어 종묘사직에 문제가 있으므로 종친 중에 선발하여 왕세자를 일찍 정하라는 상소를 준비하였던 것이다. 이는 분명 의도가 있는 것으로, 노론이 자신들이 지지하는 종친을 왕세자로 임명하라는 압력일 수 있었다. 자신들이 지지한 인물이 왕세자가 되고, 훗날 정조가 죽은 이후 왕이 된다면 다시 천하는 자신들의 것이 될 수 있다는 생각인 것이다. 국왕 정조와 합의되지 않은 이 사항은 자칫 역모로 해석될 수 있는 중대한 사건이었다. 이에 김종정은 사건이 확대되면 자신의 집안에도 문제가 있을 것으로 판단하여 정조에게 고변을 하였던 것이다.

정조는 상계군 담의 죽음을 통해 왕세자 책봉과 관련한 문제로 곤욕을 치렀고, 자신의 동생인 은언군마저 강화도로 보내야 했던 고통을 겪었기에 문제의 심각성을 인정하고 즉시 친국을 단행하였다.

이광운은 공초에서 왕세자를 정하도록 청하는 상소는 구선복의 상계군 추대와는 다르다고 항변했다. 이와 더불어 5월과 9월 이후 국가가 위급하게 된다는 구선복 역모사건에 대해 언급하면서, 오히려 자신의 상소는 구선복의 역모를 통분했기 때문이라고 항변했다. 하지만 정조는 친국을 통해 이광운의 상소에 국왕체제의 전복을 노린 '입승대통'入承大統, 즉 세자를 세워 대통을 잇게 하라는 대목이 있음을 밝혀냈다.

결국 조정에서는 이광운의 '입승대통'에 대한 상소는 앞서 구선복의 상계군 담의 추대사건과 동일시하여 이광운에게 사형을 언도하였다. 그리고 이광운의 일파로 이 사실이 알려지면 위험할 것이라 생각하여 이광운의 상소를 불태운 한채를 신지도로 유배하는 것으로 마무리하였다.

하지만 이 사건은 구선복 옥사사건과 연계된 것만이 아닌 홍복영 사건과 연계되어 반정의 역모사건으로 확대되었다. 구선복이 홍복영 사건의 핵심인물인 이율과 밀접한 연관을 맺고 있었으며, 이를 통해 정조를 제거하고자 하였다는 것으로 다시 한 번 정리된 것이다. 결국 정조는 홍복영 사건을 통해 장용위를 설치하였듯이, 이 사건을 통해 단순히 궁중수비만을 전담하는 부대가 아닌 역모사건을 방지할 수 있는 군영으로 확대하는 것을 추진하게 되었다. 아울러 정조는 구선복의 제거를 통해 군권을 완전히 장악하게 되었다. 더 이상 정조에 맞설 무반 세력은 없게 된 것이다. 또한 정조는 이 사건을 통해 5군영의 대표인 훈련도감을 약화시키고 새로운 친위 군영인 장용영 창설을 추진하게 되었다. 🐝

3_
장용영 창설 목적·1
-친위군 강화

O

　성호 이익은 백성들을 위해 국왕이 개혁을 하기 위해서는 반드시 힘이 있어야 한다고 했다. 그래서 성호 이익은 국왕이 자신을 지키고 군영을 통제할 친위군병이 있어야 한다고 강조했던 것이다. 정조는 성호 이익의 친위군병론을 기억했다. 정조가 성호 이익의 학문적 후예들을 적극적으로 중용하여 자신의 재위 기간에 함께 정국을 운영한 것은 잘 알려진 사실이다. 이러한 친위군병론을 마음속으로 간직하고 있던 정조는 앞서의 내용과 같이 즉위 직후 경희궁 존현각 침입사건, 홍국영의 방축과 홍상범 역모사건 그리고 홍복영·문양해 역모사건 등 국왕을 제거하고자 하는 역모사건을 겪으면서 호위부대를 창설하고 이를 확대시켜 장용영이라는 친위부대를 만들었다.

　정조는 장용영을 만든 뒤 처음으로 병조 내에서 별도로 급여를 받는 특별기구인 '별부료병방'別付料兵房의 규정을 적용하여 훈련대장과 동등한 지위의 병방兵房으로 하여금 모든 군무를 맡게 하였다. 그래서 장용영의 대장 명칭은 장용영병방이었다. 그리고 정조는 장용영을 만든 목적이 남 보기 좋으

장용영 편액 탁본첩
壯勇營扁額拓本帖

김종수金鍾秀가 쓴 장용영 편액을 탁본한 첩이다. 끝에 대사마태학사大司馬太學士와 김종수정부인金鍾秀
定夫人의 낙관이 찍혀 있다. 정부는 김종수의 호이다. 이 편액은 이유원이 『임하필기』林下筆記에서 조선
시대 관청에 걸린 편액 중 19개의 명필을 선별할 때 뽑힌 작품이다.

라고 한 것이 아니라 오로지 호위를 위한 것이라고 하였다.

정조는 이와 더불어 국왕을 지키는 호위는 매우 중요하고 비밀스럽다고
하며 크고 작은 업무가 누설되면 군율로 시행할 것을 명령하고 이를 제도화
하였다. 이는 그만큼 자신을 호위하는 일의 중요성을 강조한 것이었다.

따라서 정조의 장용영 설치는 일차적으로 자신과 궁성을 호위하기 위한
친위부대로서의 기능에 주안점을 두었다. 이는 국왕 호위부대인 호위청과
용호영의 폐단이 실질적으로 존재하였기 때문이다.

당시 각 군영의 폐단이 심각하였는데 그중에서도 금군인 용호영의 폐단
은 심각한 수준이었다. 용호영 군사들은 근무를 서지 않고 집에 있을 때에
도 물금패勿禁牌를 차고, 번을 설 때는 청나라에서 수입한 고급 가죽 신발인
당운혜를 신었으며, 등급은 무과 출신들과 같은 정규 장교의 예우를 받고,
절은 반드시 대청에서 할 정도의 영예와 총애를 받았었다. 하지만 조선후기

에 들어와 기강이 해이해지고 무예 수준이 형편없이 떨어져서 정조는 더 이상 이들로 하여금 자신과 궁성의 호위를 맡겨서는 안 되겠다고 생각하였다.

이와 같은 현실 속에 정조는 용호영의 군병 700명을 600명의 제도로 변경시키고, 나머지 100명 중 50명은 금군청의 내금위, 우림위, 겸사복으로 번을 서게 하고, 나머지 50명은 장용영으로 이관하여 훈련의 강도를 높여 정병을 만들고 궁성을 호위하게 하였다.

이와 같은 정조의 조처에 대하여 병조판서 김문순은 용호영의 군사들 모두가 장용영으로 이관되기를 원한다면서 정조의 조처에 대해 적극적인 반응을 보이기도 하였다.

장용영은 국왕의 안위를 위한 궁성 수비만이 아닌 정조의 거둥을 수행하였다. 정조는 즉위 후 자신이 만든 사도세자의 사당인 경모궁景慕宮 행차 때 장용영 보군 3초와 마군 1초로 호위하게 하였다. 뿐만 아니라 현륭원 행차 시에도 장용영의 향군 3초를 장관이 인솔하게 하였다.

이처럼 정조는 장용영을 자신의 호위를 담당하는 친위부대로 양성하고자 하였다. 이는 효종이 심양에 볼모로 갔을 때 자신을 호위하여 함께 다녀왔던 8장사를 별군직으로 임명하여 친위부대를 양성하였던 것을 본받고자 한 것이다.

"우리 효종조에 군비를 정돈하여 북벌할 계책을 강구하시어 융비戎備를 수선하고 군사를 훈련시키며, 심양의 관사에 동궁을 보좌하는 사람을 가려 뽑아 배치하고 친비親裨라는 호를 내려 주고, 손수 전영에 서명하여 총애하였다. 이 뒤로부터는 그대로 녹봉을 받는 관원으로 대궐 안에 숙직하는 막사를 설치하여 윤번으로 숙위宿衛에 이바지하게 하였으니, 오늘날에 일컫는 별군직別軍職인데, 이는 감히 친비라고 부르지 못하였다."

　정조는 1787년(정조 11년)에 이와 같이 별군직 같은 친위 군영을 만들겠
다는 확고한 의지를 보여주었다. 정조가 생각하는 장용위는 국왕 옆에서 보
좌하는 영화로운 자리로 평가했다. 당연히 장용위는 무사만이 아닌 일반 문
신들도 부러워하는 자리로서 정조의 총애와 대우가 규장각 학사와 필적할
정도였다. 당대 최고의 문신들이 규장각 관원과 초계문신으로 선발되어 명
예와 세상 사람들의 존경을 받았는데, 장용위의 무사들도 이 귀한 존재와
같은 동급으로 예우를 받았으니 장용위는 그야말로 조선 최고의 무관으로
인정받은 것이다.

　과거 효종이 왕권을 강화하기 위해 북벌을 위한 조총부대를 창설하고
이를 활용했던 것처럼 정조도 장용영을 창설하여 이를 왕권을 강화하는 매
개로 사용하고자 했다. 또한 장기적으로 화성을 축성하고 철저하게 군사도
시화 한 뒤 왕권을 양위하고는 스스로 군사정책을 담당하여 새로운 군제개
혁을 추구하고자 한 것이다.

　정조는 장용영 내외영제를 수립하였는데, 조선 초기 도성과 태조의 고향
인 관북(함경도)의 땅을 지켰던 오위체제를 그대로 따름과 동시에 장용위의
명칭과 화성에 설치된 친군위의 명칭 모두가 과거 오위체제의 관북 군영의
명칭을 따랐다. 이는 태조로부터 자신에게로 이어지는 국왕으로서의 정통성
을 보여주고자 하는 의도였다. 정조는 이러한 체제와 명칭을 만든 것은 선조
의 뜻을 계승하고 오위 제도를 본받으려는 뜻에서 나온 것이라 하였다. 이
는 곧 과거 태조를 관북의 자제들이 호위하듯 자신의 정치적 고향인 화성
의 장용영 군사들이 자신을 호위하게 하겠다는 의지였다.

　군영을 지휘하기 위해서는 깃발旗幟의 운용이 매우 중요하다. 오늘날 사

람들은 깃발이 중요해봤자 얼마나 중요한 것인가 생각하겠지만 조선시대에는 각 군영의 깃발의 상징성이 중요했다. 지금도 한국전쟁 때 북한군에 빼앗긴 사단의 깃발을 되찾아야 한다고 하고, 또 당시 빼앗은 북한 군대의 깃발을 자랑하듯이 군대에서 깃발은 그 군영을 상징하는 것이다. 그러니 각 군영의 위상에 따라 깃발의 크기와 색상이 달라진다. 그래서 정조는 장용영의 위상 강화와 5군영과 차별을 두고 격을 높이기 위해 장용영의 체제가 대체로 갖추어진 1791년(정조 15년)에 황색 띠에 황색 바탕의 기를 사용하는 기호旗號의 정식을 세웠다. 정조는 장용영이 자신의 친위군영이기 때문에 중앙을 상징하는 색인 황색으로 만든 것이다.

다만 깃발의 길이와 넓이는 마음대로 정할 수 있는 것이 아니었다. 처음 장용영이 설치된 이후 장용영병방의 수기手旗를 제작하고자 하였으나 먼저 파총과 초관이 제작하는 결례가 나타났다. 그러나 정조는 그 사유를 조사하지 않고 묵과해줌으로써 초기 군영의 반목을 없애는 포용책을 쓰기도 하였다.

당시 각 군영의 기치는 『기효신서』와 『속병장도설』續兵將圖說을 근거로 제작하였다. 하지만 정조는 장용영의 기치는 기존의 사례나 고금의 서책을 참고할 필요가 없이 새로운 형식으로 제작하도록 하였다. 당시 장용영 병방의 기는 사방 1자 1치(34cm)이고 길이는 1자 8치(55cm)이며, 파총의 기는 사방 1자 2치 5푼(38cm)이고 자루의 길이는 1자 8치 4푼(57cm), 선기장은 같고, 초관의 기는 사방 1자 3치(40cm)이고 자루의 길이는 1자 8치 8푼(58cm)이었다. 이는 기존 군영과 장용영 사이에 차별성을 두면서 군영 자체에 새로운 기운을 넣고자 함이었다.

그리고 장용영병방의 수기手旗에는 '장용'壯勇이란 두 글자를 쓰도록 하였다. 이 제도는 중국의 황제가 사용하는 제도로서 조선에서는 사용하지 않던 것이다. 다만 조선이 건국된 직후 의흥삼군위의 용양위 대장기와 호분위 대장기가 이러한 형태였다.

정조가 장용영 깃발에 대한 정식을 세운 것은 조선 초기 이성계가 건국을 하였듯이 장차 화성 축성을 통해 새로운 국가건설을 하겠다는 개혁 의지와 조선의 군세가 중국과 동등하다는 자주적 의지가 깔려 있다고 하겠다.

아울러 정조는 장용영의 창설을 통해 소외세력의 사회적 진출을 추진하였다. 특히 서북지역 백성에 대한 깊은 배려와 서얼들에 대한 인재 발굴을 시도했다. 정조는 장용영이 서북지역민을 대거 등용하면서 그들의 지지를 얻기 위해 서북지역 유민들의 구휼에도 참여하게 하였다. 정조는 사도세자가 평양 일대의 세력들과 연대하다가 죽음을 당한 것으로 인지하고 있었다. 실제 사도세자가 비행이 있다고 영조에게 고변을 한 나경언의 고변서에 사도세자가 평양 군사들과 함께 역모를 단행하여 영조를 제거하겠다고 한 내용이 있었다. 사도세자의 죽음 이면에는 영조와 상의하지 않고 평양을 다녀온 것이 결정적이었다. 사도세자는 자신의 꿈인 북벌을 위해 강력한 무예 능력을 갖고 있지만 세조대 이시애의 난 이후 소외되어 온 평양 일대의 서북지역 무사들을 활용하려고 했었다. 이러한 사도세자의 의도를 알고 있는 정조역시 평양을 중심으로 하는 서북지역 무사들을 활용하기 위해 이들을 장용영에 소속시키려 한 것이다.

정조의 서북지역에 대한 배려는 특별했다. 1795년(정조 19년) 2월 정조의 현륭원 행차 시 서북 지방의 유민 수십 명이 어가가 지나는 길옆을 지나가자 정조는 어가를 멈추고 위로하며 장용영에서 돈과 베를 주고 진휼청에서 증명첩을 주어 고향으로 돌아가도록 하였다.

또한 정조는 장용영병방 유효원으로 하여금 서북지방의 무사를 특별히 선발하도록 지시하기도 하였다. 이때 병조판서 서유대가 서북지역은 자고로

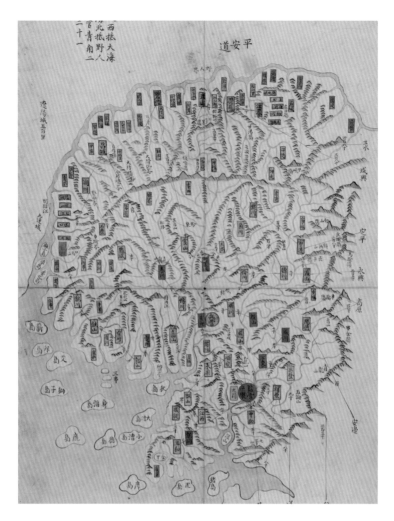

평안도 지도
平安道地圖

평안도 지역을 그린 채색지도이다. 총 14장의 지도를 엮어 만든 장첩중의 하나이다. 지도 우측 하단의 적색 원圓 안에 '감영監營 평양平壤'이라고 표기하여 평안도의 중심지가 평양임을 알 수 있다. 평양 주변 사방의 각 고을은 적색 실선의 교통로로 연결되어 있으며 실선 옆에는 고을 사이의 거리가 숫자로 표시되어 있다. 하천은 하늘색 그리고 산세는 초록색으로 그리는 등 회화성이 뛰어난 지도이다. 중요 고을로는 안주安州, 의주義州, 선천宣川, 성천成川, 강동江東 등을 꼽을 수 있는데 특히 안주는 병영兵營이 주둔하던 군사 요충지였다. 평안이란 평양과 안주의 머리글자를 합하여 만든 지명이며 흔히 관서지방이라고도 불리었다. 사도세자는 영조에게 고하지 아니하고 1761년 3월 말경부터 약 10여 일 정도 평양을 다녀왔다. 평양행의 이유에 대해서는 의견이 분분하다.

무예를 숭상하는 고향이었으나 최근 무예보다는 글공부에 치중하는 경향이 높아 뛰어난 무인이 없다고 하자 관찰사와 병마절도사가 무예를 육성하고 3개월 안에 다시 취재하라고 지시할 정도로 서북무사 우대책을 추진하였다.

정조의 서북지방 무사에 대한 배려는 계속되었다. 1797년 6월 평안병영의 무사 중에서 철전鐵箭쏘기, 모래들기擧沙 등을 시험보이고 합격한 자들은 장용위에 소속시켜 훈련된 말을 지급했다. 그리고 이들을 도성으로 올라오게 하여 자신 앞에서 활쏘기를 거행하게 하였다. 당시 철전이었던 육량전으로 시험과목을 정하였는데, 영남무사들의 경우 육량전 120보면 합격을 한데 비해 관서무사들은 200보로 잡았다. 그만큼 관서무사들의 활쏘기 능력이 탁월하였던 만큼 정조는 무예가 출중했던 관서지역 무사들을 자신의 친위군영인 장용영에 소속시키고자 하였다.

이와 함께 정조는 장용영의 초관을 선발할 때 중인이나 서얼도 참여하게 하여 전례 없는 혜택을 입게 하였다. 이는 무예가 출중함에도 불구하고 무관으로 나갈 수 없는 소외세력을 끌어들여 인재양성과 더불어 친위세력을 공고히 하기 위함이었다.

이처럼 장용영 창설은 왕권강화를 위한 호위체제 구축과 더불어 균역법의 폐단으로 인한 민생의 어려움을 극복하고자 했던 민생개혁의 방편이었고, 동시에 소외세력을 등용하여 인재를 양성하고자 추진된 것이다. ◈

4_
장용영 창설 목적·2
-균역법 혁파를 통한 민생안정

O

정조는 장용영을 설치하는 것은 궁궐의 호위를 위해서만이 아닌 또 다른 뜻이 있어서라고 신료들에게 강조하였다. 정조의 또 다른 뜻이란 바로 장용영을 통해 민생의 안정을 추구하고자 하는 것이었다.

정조는 즉위 초부터 백성들의 생활이 왜 그렇게 어려워지는지 폐단의 근원을 깊이 궁구하였다. 세상을 변화시킬 생각과 계획을 세웠지만 쉽게 결정하지 못하고 10년 동안 전반적인 사회 문제를 고려하여 경장정책을 개발했다. 이러한 고민 속에서 나온 정책은 바로 왕실에서 사용하는 재정을 줄여 이 비용으로 새로운 군영인 장용영을 창설하고 민생을 안정시키는 것이었다. 이와 같은 의도를 지니고 있던 정조는 아예 장용영 창설이 자신의 호위와 민생을 위한 고민의 결과였다고 내놓고 선언하였다.

"대개 새로 설치한 이 장용영은 실상 장용藏用이라는 은미한 뜻을 붙인 것이니, 병사를 선발하여 왕궁을 엄중히 호위하게 한 것은 기문期門이나 우림羽林

에 비할 뿐이 아니며, 둔전屯田을 두어서 농사짓는 뜻을 붙인 것은 나름대로 부병富兵의 유법遺法을 취한 것이다.

-『홍재전서』 권22, 제문 4

정조가 이처럼 새로운 군영을 창설하여 민생 안정을 추구하는 군제개혁을 시도한 것은 조선후기 백성들에게 가장 큰 고통을 주던 군역軍役 때문이었다. 군역으로 인한 고통을 덜기 위해 균역법이 만들어졌으나 운영되는 과정에서 발생한 문제점으로 인해 민생은 파탄이 날 지경이었다. 영조는 백성들이 1년에 군역 세금으로 면포 2필을 납부하는 것이 힘들다고 생각해서 양반을 포함한 조선의 모든 백성들이 1년에 면포 1필을 납부하게 하였다. 그러나 양반들은 세금을 내기 싫어 이러저러한 명목으로 군역 세금을 회피했고 결국 그 몫까지 백성들이 충당하다 보니 오히려 군역법의 좋은 의도는 사라지고, 백성들의 고통은 가중되었다.

그래서 정조는 장차 균역법을 혁파하기 위한 방안으로서 장용영을 만든 것이다. 정조의 묘지문을 지은 이조참판 윤행임은 정조가 궁중 창고의 재정의 일부를 따로 저축하여 기근 구제의 비용을 마련하고 장용영을 설치하여 균역법을 없애려 하였다고 서술했다.

원래는 새로운 군영을 창설하게 되면 그에 따른 재정이 필요하고 이는 백성들의 세금으로 충당되었다. 임진왜란 때 훈련도감이 생기자 포수, 살수, 사수의 군사들을 위한 재정 마련을 위해 세금으로 베 두 필을 징수했고, 인조가 즉위하고 금위영, 어영청, 수어청, 총융청이 창설되자 보미保米와 보포保布를 함경도와 평안도를 제외한 나머지 지역에서 내야 했다. 그렇기 때문에 정조는 기존의 5군영의 형태와 다른 구상을 하였다.

"내가 군영 하나를 새로 설치하면서 다른 영들이 했던 식으로 한다면 그것은 내가 몇 십 년을 두고 먼 안목으로 원대한 계획을 세우기 위해 마음을 써 온 본의가 아니다. 그리하여 나는 내탕전(왕실소유 돈)으로 각 도의 곡물을 사서 그곳에다 두고, 백성들에게서 많은 조세를 받아오던 내수사의 토지에 대해서도 그 요역과 부세를 경감하고 평안도, 황해도에는 그것으로 둔전屯田을 만들기도 했다. 그리고 그 밖의 더 보태진 진상품이거나 상격에 쓰이는 것들, 또는 정원 이외의 남아도는 액례, 격식에 틀린 군제, 그리고 또 군대에 주어야 할 미곡이 선혜청에 저장되어 있거나 내수사가 지급해야 할 대금이 호조에서 나오는 것들을 혹은 바로 잡기도 하고, 혹은 그쪽으로 전속시키기도 했다."

-『홍재전서』 권13, 서인 6

즉 정조의 이와 같은 말은 장용영을 만들고 그 운영을 위해 백성들로부터 더 많은 세금을 부과하는 것이 아니라 조선 건국 때부터 있었던 왕실의 사적 재산인 내탕전의 비용과 둔전으로 장용영을 운영하고 이를 통해 오히려 백성들에게는 요역과 부세를 감해주고자 한다는 것이다.

정조는 즉위 후부터 '궁부일체론'宮府一體論을 주장했다. '궁부일체론'이란 왕실의 재산도 국가의 재산이기 때문에 백성을 위한 국가의 운영비용으로 활용해야 한다는 것이다. 정조 이전 국왕들은 왕실 재산을 철저히 사유화하여 자신들만을 위해 사용하였고, 백성들의 재산을 빼앗아 내탕전으로 소속시키는 경우도 허다했다. 한말 매천 황현이 쓴 『매천야록』梅泉野錄을 보면 나라를 망친 고종의 경우 내탕전으로 정부에 고리대로 돈을 빌려주고 백성들에게 세금을 거두어 예산이 확보되면 그때 돌려받기까지 했다. 그래서 고종대 국가 재정은 붕괴될 정도였다. 반면에 정조는 왕실의 재산도 국가와 백

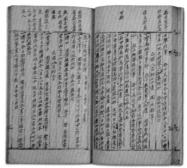

영우원 천봉 등록
永祐園遷奉謄錄

1789년(정조 13년) 양주楊州 중량포中梁浦 배봉산拜峯山에 위치한 사도세자의 묘소 영우원永祐園의 천봉遷奉 과정을 기록한 책이다. 정조는 금성위錦城尉 박명원朴明源이 소疏를 올리고 천장의 구실을 만들어주자 영우원 천봉을 주관할 천원도감遷園都監과 원소도감園所都監을 설치한 뒤 수원부 화산 아래 남향한 좋은 자리에 부친의 묘소를 새로 천봉하고 원호園號를 "현부顯父의 은혜를 융성하게 보답한다"는 의미에서 현륭원顯隆園이라 명명하였다.

성을 위해 사용해야 한다고 강조했고, 실제 재위 기간 내내 내탕금을 공적 자금으로 활용하였다. 특히 종친들이 불법으로 백성들의 재산을 빼앗으면 반드시 그 재산을 찾아 백성들에게 돌려주고, 종친들의 재산을 호조 소속으로 전환시켜버렸다. 그러자 종친들은 무서워서 백성들에 대한 탐학을 할 수 없었다.

그리고 장용영의 둔전에서 발생한 농민들의 수확량에 대한 세금을 받을 때는 가장 헐한 전세田稅, 대동미大同米의 예에 따라 받도록 하였다. 이를 정한 뒤에 부당하게 더 받으면 감봉장관과 이서배 모두에게 죄를 묻겠다고 하였다. 이와 같은 조처는 군영과 백성 모두를 편하게 해주려는 정조의 뜻이었다.

정조는 장용영의 둔전에 대한 민폐 여부를 담당자들에게 확인케 하고,

요역과 부세의 분급량을 따져 백성들에게 부담을 주지 않고 재용이 늘 남아돌도록 하였다. 이처럼 자신이 장용영을 통해 백성들의 고통을 없애주고 마침내 균역법을 혁파하고자 했다는 것을 언젠가는 알 때가 있을 것이라고도 하였다.

이렇게 하여 둔전에서 거두어들인 각 창고의 곡식이 총 43만 1,691석이었는데, 이를 평안도, 황해도, 충청도, 전라도, 경상도, 강원도에 나누어 두었다. 장용영 소속의 또 다른 둔전인 사도세자의 첫 번째 묘소가 있었던 배봉산 일대의 둔전인 배봉진 등 3곳에서 거두어들인 곡식은 총 9,948석이었다. 이곳에서 매년 한 해에 들어오는 곡식은 쌀이 2만 5,890석이고, 대두는 4,690석이고, 돈은 7만 8,895냥이고, 무명은 367동 19필이고, 삼베는 26동 25필이었다. 장용영은 이를 통해 군비를 절감하여 재정확충을 추진했다. 장용영의 돈 4만 냥을 경기 감영에 꿔주어 현륭원 구역 안에 있는 백성들의 전답 값을 보상해주고 나머지로는 임금이 행차할 때 외탕고의 경비 및 현륭원과 수원지역 일대에 나무를 심는 식목 비용으로 쓰도록 하였다.

정조의 이와 같은 실행으로 1800년(순조 즉위년) 11월에 장용영에서 관할하는 황해도와 평안도의 곡식을 돈으로 바꿔 관서의 14만 1,000여 민과 해서의 4만 4,000여 민을 황해·평안 두 도의 민고民庫에 특별히 붙여줄 수 있었다. 또한 순조 즉위 초 내수사 노비 혁파에 따른 재정적 손실도 모두 장용영의 재정에서 충당되었다. 이를 통해 장용영의 설립이 정조의 의도대로 나아가고 있음을 확인할 수 있다.

정조는 장용영의 실지를 통해 오군영체제의 도성방어체제를 조선 초기의 병농일치를 통한 오위체제로 변경시키고자 하였다. 오위체제로의 전환은 앞서 균역법 혁파안과 일정 정도 궤를 같이하는 것이다. 오군영체제가 확립되면서 군사의 수효가 엄청나게 증가하고 양인들이 국가에 납부해야 할 신

領議政文肅公樊巖蔡先生六十五歲眞草本

채제공 초상 초본
蔡濟恭肖像草本

채제공의 65세 때 초상화 유지 초본이다. 보물 제1477호로 지정되어 있다. 채제공은 최초의 화성유수이자 장용외사이다. 정조는 가장 신뢰하였던 채제공에게 신도시 화성과 장용외영을 맡겼다.

역과 요역이 증가하게 되었다. 이러한 상황이다 보니 17~18세기에 군제변통론軍制變通論이 등장하게 되었다. 군제변통이란 오군영이 불필요한 군액을 감축함으로써 이들 장정들이 지니고 있는 백골징포, 황구첨정 등 양역 폐단을 일시나마 완화시키고자 하는 변통책이다.

하지만 이러한 군제변통론이나 균역법 또한 사회 문제를 해결하지는 못하였다. 당시 상황은 정조의 표현대로 "군영제도가 나타나 오위제도가 폐지되었으니 옛날과 지금이 서로 같지 않은 것이 하늘과 땅처럼 현격할 뿐 아니라 농부가 밭을 갈아도 먹을 수가 없고, 아낙네가 길쌈을 해도 옷을 입을 수가 없게 된 지 이제 200년이 되었다"고 할 정도로 민생이 어려웠다. 정조는 이러한 이유가 바로 오위제도의 폐지 때문이라고 인식하였다.

정조가 국방체제를 오위체제로 전환하고자 한 것은 오위체제가 병농일치를 통한 개병제이기에 군역을 담당하는 양인이 따로 세금을 내지 않고 자신의 군역 의무기간을 이행하면 경제가 안정될 수 있다고 판단하였기 때문이다. 정조가 생각하는 병농일치를 통한 장용영의 체제는 장용영 소속의 둔전에서 군사의 반은 농사를 짓고, 반은 소속 부대에서 훈련을 하는 것이었다. 이렇게 되면 취재를 통해 군사를 선발하고 이들에게는 백성들로부터 걷어 들이는 군포가 아닌 둔전에서 나오는 비용으로 급료를 주면 된다고 생각한 것이다.

정조는 균역법과 군제개혁을 요구하는 양주익의 상소에 대한 답변에서 "병농兵農을 합일시키자고 청한 조목으로 말하면, 어찌 말로 다 할 수가 있겠는가. 매번 여기에 생각이 미치면 밤에도 벌떡 일어나곤 한다. 근일 장용영을 설치한 것으로 말하면, 먼저 한쪽부터 해보라는 주자朱子의 말을 내 나름대로 행하려는 것인데, 일이 아직 이루어지지도 않은 상황에서 그렇게 경솔하게 말해서야 되겠는가!"라고 하였다. 즉 병농일치를 위해 개혁의 시범으로 장용영을 설치하였는데 아직 시작단계라 성과를 알 수 없다는 것이다. 이 답변만 보더라도 정조가 얼마나 병농일치를 통해 민생을 안정시키고자 하였는지 알 수 있다.

이와 더불어 정조의 장용영 창설은 신해통공辛亥通共과 같은 사회경제정책과도 연관되어 있다. 1791년 신해통공책이 발표됨으로써 조정의 육의전이 갖고 있는 '금난전권'禁亂廛權을 혁파함으로써 자유상인의 난전 활동을 인정해 주었다. 조선이 건국이 되고 조정에서는 정부로부터 허가를 받은 시전상인들만이 상업행위를 할 수 있도록 했다. 그런데 이들은 물품의 유통에 대한 독점권을 가지고 물화를 대량으로 매점매석함으로써 소비자 물가를 올려 백성들을 힘들게 하였다. 그리고 조정의 관료들과 연계하여 상업행위를 하였다. 요즘으로 치면 재벌들이 정치인들과 결탁한 정경유착을 했다고 할 수 있다. 여기에 더해 금난전권을 행사하는 시전상인들은 이들을 보호하는 각 군문 세력과 결탁을 하고 있었다. 정조는 모든 백성들에게 기회를 균등하게 주어야 한다는 생각을 갖고 있었고, 난전을 금하기 위해 폭력배들을 동원해서 없애버리는 특권인 금난전권을 혁파하고 조선의 모든 백성들이 장사를 할 수 있게 하였다. 이것이 바로 신해통공 정책이었다.

그렇듯 통공정책은 각 군문과 시전상인의 결합을 통해 사회경제적 안정을 흔드는 것을 방지하고, 이들의 재정적 기반을 약화시키기 위해 실시된 측면이 있다. 즉 장용영 창설을 통해 중앙 5군영과 시전상인의 결탁을 최소화하고 자유상인을 확대하여 경제를 활성시키고자 하는 의도도 함께 내포되어 있었다. 🌀

5_
장용영 창설 목적·3
-북벌을 위한 군사력 증강

O

병자호란은 조선사회 전반에 많은 변화를 주었다. 소중화^{小中華}로 자부하던 조선이 오랑캐로 치부되던 만주족 청나라에 군신^{君臣} 관계의 굴욕적 강화를 맺어야 했던 현실은 정신적 공황상태를 야기하였으며, 이는 자연스럽게 척화론^{斥和論}으로 대두되었다. 이러한 척화론은 효종이 즉위하면서 북벌론으로 발전했다. 효종은 척화론의 중심인물로 당시 낙향해 있던 김집, 송시열, 송준길 등의 기호사림을 등용하여 김자점 일파를 제거한 후 북벌을 추진하였다. 효종은 자신이 청에 볼모로 잡혀가서 경험했던 지식들을 바탕으로 청과 맞설 수 있다고 느꼈다.

이러한 북벌론 속에는 청나라에 대한 복수설치^{復讐雪恥}를 주장하면서 조선이 중화라는 것, 그리고 정은 중원의 지배자라는 현실적 지위와 무관하게 여전히 오랑캐라는 것이 전제되어 있었다. 하지만 효종의 급작스런 죽음으로 북벌론은 조정의 중심 논의에서 제외되었다. 이에 북벌론은 송시열, 윤휴, 유형원 등 여러 학자들의 손길을 거치면서 17~18세기 지식인들에게 대

명의리對明義理라는 정신적 자양분을 제공하였다.

18세기는 조선과 청나라가 화친을 맺은 지 백여 년이 지난 시기임에도 불구하고, 노론계 문인들을 중심으로 지속적으로 이어졌다. 특히 연행 길에 올랐던 조선의 지식인들은 지위고하를 막론하고 19세기까지도 조선만이 주자朱子를 섬기며 옛날의 의관제도를 고수하고 있다는 사실에 대단한 자부심을 가지고 있었다. 한편 청국에 대해서는 힘으로는 마지못해 복종하고 있지만 내심으로는 오랑캐라고 멸시하는 감정을 강하게 지니고 있었다. 소중화로서의 자부심과 청에 대한 멸시는 조선후기 지식인들의 지배적인 대청관對淸觀이었다. 당시 북학파의 종장이었던 홍대용의 부친인 홍억 역시 홍대용의 사행 길에 있어 지금 황조皇朝는 오랑캐의 굴혈에 빠져 있으니 열사로서 대보단과 만동묘를 세운 의리를 잊지 말라고 강조할 정도였다.

박지원의 대청 인식 또한 소중화 의식에 바탕을 둔 조선후기의 전반적인 사회적 인식과 다르지 않았다. 그는 조선만이 주자가례와 유교를 숭상하고 있음을 자랑하였고, 청나라에서 행하고 있는 변발에 대한 거부감과 함께 명나라가 망하자 그 의관제도가 오히려 배우들의 잡극 속에나 남아 있음을 한탄하였다. 그래서 박지원은 청의 제도가 규모 있고 범절 있는 것이기에 이를 본받아 이용후생에 힘쓸 것을 이야기하였지만 그럼에도 불구하고 청나라에 대해서는 복수해야 할 오랑캐로 간주하였다. 결국 박지원은 북벌론과 북학론 모두를 가지고 있었던 것이다.

명의 복수를 위해 실용에 힘써야 한다는 박지원의 영향을 받은 박제가는 북벌론과 북학론 모두를 강하게 강조하였다. 그는 연행을 다녀온 이후 『북학의』北學議 「존주론」存周論에서 '지금의 청淸은 진실로 오랑캐다. 빼앗긴 것은 중국이고, 명나라를 위해 원수를 갚으려면 중국을 배워야 한다'고 하였다. 이 내용은 중국에서 배워야 하는 북학적 개념을 이야기하고 있지만 말

북학의
北學議

박제가가 1778년(정조 2년) 청에 다녀와서 견문한 바를 쓴 책이다. 주로 일상 생활에 필요한 기구와 시설에 대한 개혁론을 제시해 현실의 문화와 경제 생활 전반을 개선하려 하였다. 『북학의』 진소본進疏本은 농서를 구하는 임금의 요청에 따라 응지상소應旨上疏의 형식으로 내외편을 간추린 것이다.

의 밑바닥에는 명의 원수를 갚기 위해 청나라를 무너뜨려야 한다는 북벌론이 중심에 있는 것이다.

또한 노론 청류계의 북학론을 주도하고 있던 홍대용이 청의 사신으로 가는 도중에 청나라 사람들이 불을 무서워한다는 점을 들어 자연스럽게 조만간 북벌을 할 경우 불로 공격할 수 있다는 이야기를 하였다.

"역관들의 말이, 중국 사람들은 불을 호랑이보다도 더 무서워하여, 한 집에 불이 나면 옆집을 헐어내어 불이 더 번지지 못하도록 할 뿐이니, 그 어리석기가 그만이라고 했다. 그래서 농담으로 우리나라에서 조만간 북벌을 할 경우 만일 불로 공격을 한다면 천하를 별로 힘들이지 않고 평정시킬 수 있을 것이다."

－홍대용, 『담헌서』 외집 권8, 연기 경성기략

이와 같은 존주론과 북벌론에 대한 견해가 존재하는 상황에서 영, 정조 대 활동했던 송규빈과 같은 국방개혁론자들은 국왕에게 직접적인 북벌론을 주장하기도 하였다. 송규빈은 국방정책론에서 효종의 뜻을 이어야 한다는 주장을 했다.

"우리나라는 저들에 대하여 오랜 원한이 쌓여 있다. 선대왕(효종)께서 일찍 이 '해는 저무는데 갈 길은 멀어 지극히 애통한 마음이 가슴속에 있다'는 전교를 내리셨다. 우리의 문화를 높이고 오랑캐를 물리치는 대의명분을 한 세상에 크게 밝힌다면, 천하와 만국으로부터 칭찬을 받을 수 있을 것이다."

－송규빈, 『풍천유향』, 서

송규빈은 효종의 북벌론을 이어받아 군대를 잘 훈련하여 만주지역의 봉황성과 안시성을 빼앗아 그곳에서 생산된 곡식을 군량으로 활용하고 군대를 휴식시키면서 청의 군사들이 조선을 향해 쳐들어오는 요충지를 막아버린다면 압록강 일대의 천여 리를 확보할 수 있다고 주장했다. 이와 같은 견해는 청은 오랑캐이고 조선이 명나라를 이은 중화中華라고 하는 확고한 인식 위에 형성된 것이다.

송규빈 역시도 『풍천유향』에서 계속해서 병자년의 치욕을 거론하며 북벌을 해야 한다고 주장하지만 공개적으로 북벌이란 직접적인 표현을 사용하지 않고 '한담'閑談이라 하여 두 학자들의 입을 빌어 과거의 치욕을 극복하고 서북지역과 만주 일대의 영토를 확보하자는 내용을 서술했다.

따라서 송규빈은 청을 제압하기 위해서는 오위제로의 복구를 강조했다. 실제 숙종대 이후 오위제 복구론이 나오면서 기병을 중심으로 한 오위제만이 북방 오랑캐를 제압할 수 있다고 생각했다. 왜냐하면 오군영제도의 근간인 척계광의 진법으로는 왜구는 제압할 수 있어도 북방의 청은 정복할 수 없다고 판단했기 때문이다. 결국 정조는 북벌론의 연장선에서 오위체제로의 전환을 추진하고자 하였던 것이다. 이러한 오위제를 실현하기 위해 정조는 장용외영에 오위제를 적극 도입했다.

정조는 청에 대해 북벌론과 북학론 모두를 지니고 있었다. 과학기술에 대한 것은 북학을 통해 배워야 한다고 생각했지만 여전히 조선의 문화와 역량이 청나라보다 우월하다고 인식했다. 이러한 인식을 통해 정조는 북벌에 대한 의지를 즉위 초부터 보여주었다. 심지어 정조의 북벌에 대한 표현은 오히려 효종대보다 적극적이었다.

정조가 즉위 초인 1779년(정조 3년)에 효종의 영릉을 참배하고 여주에 있는 송시열의 사당인 대로사大老祠에 배향한 것은 노론세력을 자극하지 않고 그들과 연대하겠다는 의지의 표명임과 동시에 한편으로 송시열이 가지고 있던 북벌의 의지를 계승하고자 하는 뜻이기도 하였다. 그래서 정조는 대로사 치제문에 송시열이 북벌을 준비하고 추진했다는 것을 명기하였던 것이다. 이는 외교적인 문제로 비화될 수 있는 상황이었지만 그보다는 오히려 북학과 더불어 북벌론 역시 지속적으로 연구해야 할 과제라 생각한 것이다. 곧이어 병자호란의 역사석 현상인 남한산성으로 행차하여 자신의 군권장악 의지와 더불어 북벌의지도 보여주었다. 정조는 남한산성의 서장대에 올라 직접 군사훈련을 지휘하고 전현직 대신들에게 병자호란에 대한 자신의 감회를 나타냈다.

"선대왕(영조) 경술년(1769년) 행행 때에 이 대臺에 들르셨고 오늘 내가 또 여기에 왔는데, 산천이 옛날과 다름없어 사물에 접하면 감회를 일으키니 내 마음이 더욱 절실하여 슬프고 사모하게 된다. 병자년(1670년)에 적병이 밤을 타서 널빤지를 지고 성에 오르는 것을 아군이 발각하고 끓인 물을 부으니 모두 문드러져 물러갔다 하는데, 이곳이 바로 그곳인가?"

－『정조실록』권8, 3년 8월 경신

이에 대하여 영의정 김상철이 병자호란의 치욕을 잊지 말고 선대왕의 뜻을 이어 받아야 한다고 건의하였다. 이에 정조는 명의 멸망을 안타까워하면서 북벌을 하겠다는 선대왕의 뜻을 이어받겠다는 의지를 표명하였다.

"우리 숙종, 영조께서 효종의 뜻과 사업을 뒤따르고 명나라의 멸망을 개탄하여 모든 계술하는 도리를 극진히 하지 않으신 것이 없으니, 이것은 후대의 국왕들이 본받을 것이라 할 수 있을 것이다. 내가 덕이 없는 사람으로서 어찌 감히 만분의 일이라도 성조의 성덕을 닮기를 바랄 수 있으랴마는, 구구하게 스스로 힘쓰는 마음만은 늘 선대 국왕들의 뜻을 추모하고 이어받아 반드시 계승할 것을 바라는데, 그 뜻을 잇는 것을 잘하는 방책은 참된 마음으로 참된 정사政事를 행하기에 달려 있을 뿐이다. 그러고서야 내 오늘의 마음이 겉치레로 돌아가는 것을 면할 수 있을 것이거니와, 경들도 내 이 마음을 본받아 모두 협력하는 도리를 다해야 한다."

－『정조실록』권8, 3년 8월 경신

정조는 남한산성 내에서 병자호란 당시 전투가 벌어졌던 모든 시설물을 돌아보면서 신료들에게 북벌에 대한 의지를 새삼 강조하였다. 사실 북벌을

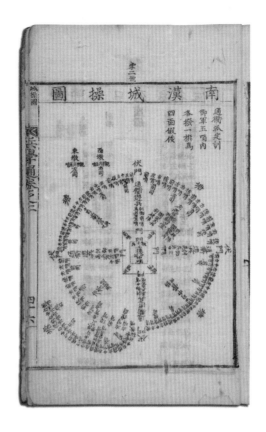

병학통 남한성조도
兵學通 南韓城操圖

조선 후기의 군사 교련서이다. 1777년(정조 1년)에 형조판서 겸 지훈련원사인 장
지항張志恒이 왕명으로 편찬하고 서명선徐命善 등 무신 8명의 교열을 거쳐 1785년
(정조 9년)에 간행되었다. 훈련도감 등 중앙 군영이 당파와 연결돼 일종의 정치 세
력화한 것에 강한 불만을 품고 있던 정조는 중앙 군부대의 통합과 개편이 절실
하였다. 그리하여 사전 정지 작업 차원에서 서로 다른 각 군영의 야외 훈련 절차
인 장조정식場操程式을 통합하였다. 핵심부대인 훈련도감의 규정을 기준으로 하였
는데, 각 군영의 규정이 이와 다를 경우 작은 글자나 별도 항목으로 표시해 놓아
군영별로 어떤 차이가 있었는지를 알 수 있다. 군사들의 강서講書시험에도 사용
된 『병학통』은 조선 후기의 병법을 이해하는데 귀중한 자료이다. 책머리에 정조
의 어제서御製序가 있다.

주장했던 효종대에도 신료들은 청의 감시와 압박이 존재하는 상황에서 효종에게 '복수설치'를 노골적으로 진언하기 어려웠다. 따라서 효종 초반 척화에 관련된 논의는 대부분 은유적이고 추상적으로 표현되었다. 당시 정승인 김집 또한 효종을 월왕越王 구천에 비유하는 등 완곡한 어투로 말하였을 정도였다. 정조와 신료들 역시 효종대보다는 나았지만 직설적 화법보다는 은유적 표현과 행동으로 북벌에 대한 의지를 보여주었다.

숙종이 창덕궁 후원에 만든 명나라 황제를 추모하는 황단皇壇에 제향하는 과정에서 정조는 청나라에 끌려갔던 삼학사에 대해 사제하도록 하고 참판 최효일의 후손에게 황단 제향의 반열에 참여하라고 하교함으로써 북벌에 대한 의지를 대소신료들에게 보여주었다. 정조는 황단의 제향을 선대왕인 영조의 탄신일 전날에 거행하였다. 이날 거행한 것은 바로 선대왕께서도 북벌에 대한 의지를 지니고 있었다는 것을 알려주기 위함이었다. 즉 정조의 북벌론은 조정에서 은밀하게 진행되었던 것을 자신이 계승하고 있다는 것을 보여주기 위함이었다.

정조의 효종 북벌론에 대한 계승은 일상적인 행동에서도 이어졌다. 정조는 효종이 후원에서 북벌을 위해 말타기 연습을 한 것을 좇아 본인도 청양문 안에서 말을 타고 다녔다고 강조하고 있다. 이러한 말타기 연습은 장차 자신이 친위군영을 창설하고 북벌을 위한 군사훈련을 지휘함에 있어 주도적으로 나서는 모습을 보여주기 위한 것이다. 또한 효종의 북벌을 계승하고자 노력한 아버지 사도세자의 위업을 이어받겠다는 의지도 함께 내포되어 있는 것이다.

정조는 또한 효종의 북벌에 대한 의지를 계승하기 위해 병조판서에서부터 자신에 이르기까지 모두 활을 쏠 때 쓰는 각지角指를 끼고 다니도록 하였다.

효종이 북벌을 하기 위한 몸과 마음의 준비로 각지를 끼도록 하였듯이 정조 자신도 효종과 숙종의 뜻을 이어 언제든지 군사훈련을 할 수 있도록 각지를 끼기로 한 것이다. 대부분의 신료들에게 각지 착용을 요구할 만큼 정조의 북벌 계승 의지는 컸다고 볼 수 있다.

효종은 북벌을 위해 특별과거시험인 관무재觀武才와 열병을 실시하고, 금군의 강화, 수어청의 재정비, 어영청의 개편, 훈련도감의 확장 등 중앙군 강화를 추진하였다. 정조 역시 효종의 북벌을 계승하기 위해 능행시 군사훈련과 열병을 실시하고 수어청과 총융청을 재정비하고 금군을 강화하기 위해 새로운 친위군영인 장용영을 만들었다.

이는 자연스럽게 사도세자의 북벌론과 연관되어 있기도 하다. 사도세자 역시 효종의 북벌의지를 계승하여 효종이 사용했던 청룡언월도를 사용하기도 하였으며, 북벌을 위해 『무예신보』를 편찬하기도 하였다.

특히 정조가 사도세자의 묘소를 굳이 수원부로 옮긴 이유는 그곳이 단순히 천하 명당이기 때문만은 아니었다. 사도세자가 묻힌 현륭원 터는 과거 선조와 효종의 능침으로 정해졌던 곳이다. 당시 서인의 반대로 선조와 효종의 능침으로 확정되었다가 이전하였지만 이 자리는 그만큼 상징성이 있는 자리였다. 즉 임진왜란을 극복한 선조와 북벌을 주창했던 효종이 묻히고자 했던 자리에 이 두 국왕의 뜻을 계승한 사도세자를 모신 것이다. 다시 말해 사도세자가 왜구방어와 북벌의 의지를 계승했고 이를 실현하기 위한 준비를 하다 죽었기에 정조는 아버지 사도세자의 뜻을 이어 왜구방어와 북벌을 추진하겠다는 것을 은연중에 보여주고자 한 것이다. 이를 위해서는 앞서의 내용과 같이 친위군영을 창설해야 했고, 이 군영이 바로 장용영이었다.

정조는 장용영을 북벌을 위한 군영으로 만들기 위해 청사를 이현梨峴에 건립한 것뿐만 아니라 1792년(정조 16년) 겨울에 선인문 아래에서부터 이현의 동구까지 양편으로 거주민들을 이사시키고 장용영 장교와 군사들을 입주시켰다.

정조가 이처럼 장용영의 장교와 군사들을 동쪽에 집단 거주하게 한 것은 효종이 북벌을 준비하면서 집중적으로 양성한 훈련도감의 포수들을 창경궁 동쪽에 배치한 것을 모방한 것이었다. 그러나 정조가 효종을 모방한 것은 단순히 군사들을 동쪽에 거주케 한 것뿐만이 아니라 효종이 북벌을 위해 군사를 보다 효율적으로 양성하기 위해 한 곳에 모여 살게 한 깊은 뜻을 헤아린 것이었다. 정조는 이와 같은 효종의 조처에 대해 "효종대왕의 뜻이 깊고 원대했음을 우러러 알 수 있다"고 우회적으로 표현했다. 따라서 장용영 군사들을 선인문 아래에서 이현 일대까지 모여 살게 한 것은 바로 장용영을 최고의 군대로 육성하여 장차 북벌을 추진하려 함을 뜻하는 것이었다. ❀

6_
장용영 대장의
지위와 성향

◯

조선의 국왕으로 즉위한 후 군사제도에 대한 개혁을 감행했던 정조는 장용영을 만들면서 본격적으로 개혁을 추진했다. 그가 즉위하던 때에 무반 출신의 군영대장은 인조대부터 내려온 몇몇 계열과 신흥 무반가문 등으로 다양하게 구성되어 있었다. 정조대 이전까지 오군영 대장 및 주요 무반직의 경우에는 외척 위주로 임명되었다. 하지만 외척의 군권 장악 및 무반 출신 군영대장에 대한 영향력은 영조 말 유력한 두 외척당인 경주 김씨계와 풍산 홍씨계가 모두 거세됨으로써 크게 약화되었다. 특히 무종武宗이라 불리며 영조대부터 정조대에 이르기까지 군권을 장악했던 구선복을 비롯한 능성 구씨 무반 가문을 제거한 1786년 이후 정조는 자신의 의중에 따른 군영대장 인사정책을 추진했다.

특히 정조는 장용영이 확대 개편된 이후부터는 장용대장을 자신의 측근 중심으로 임명하였다. 정조는 장용대장을 임명할 때 특별명령을 내려 대장을 차출하고 별장別將의 직제에 의하여 주요 고위 무관들을 수용했고, 여타

심환지
沈煥之

심환지(1730~1802)는 정조의 아버지 사도세자의 죽음이 정당했다고 주장하는 벽파의 영수였다. 순조 즉위 후 영의정에 올라 장용영反勇營을 혁파하고 정조대에 기용되었던 반대파들을 신유사옥을 일으켜 내몰았다. 따라서 정조와는 대립하였던 인물로 알려졌으나, 정조가 정책 추진에 앞서 반대 세력의 영수였던 심환지에게 보낸 비밀편지가 2009년 2월 공개되면서 정조와 심환지의 긴밀한 관계에 대한 관심이 증폭되고 있다. 초상화 오른쪽 상단에 '영의정 문충공 만포 심선생 진'領議政 文忠公 晚圃 沈先生 眞이라고 쓰여 있어 1800년(순조 즉위년) 영의정이 된 뒤에 제작되었을 것으로 보인다.

장령 직제를 통하여 대장 바로 아래급 무관인 아장 이하의 장관들을 수용케 하였다. 그리고 아장 층을 비롯한 각 군영의 장관들은 그들이 군영대장으로 나아가기에 앞서 장용영을 반드시 거치도록 하였다. 그 결과 숙종 이래 척신들의 강한 영향력 아래에 있던 무반 군영대장들을 친위군영인 장용영을 거치게 함으로써 이들을 자신의 세력으로 끌어들이는 데 성공하였다.

대규모의 새로운 군영인 장용영은 노론 훈척세력들의 기존 오군영에 대한 지배권도 약화시키는 작용을 했다. 더구나 장용대장은 훈련도감 소속의 무예별감까지도 잘못을 저질렀을 시에 곤장을 치며 조사를 할 수 있을 정도로 타 군영보다 우위에 있었다.

당시 정조를 견제하던 노론 벽파들은 장용영이 철저하게 국왕의 친위군영이라는 확고한 인식을 가지고 있었다. 따라서 이들 세력은 역으로 자신들 노론 벽파와 장용영과의 관계를 차단하고자 하였다. 1795년(정조 19년) 9월에 정조는 병조판서였던 심환지로 하여금 장용대장 김지묵을 대신해서 장용대장을 겸찰兼察(겸직)하라고 지시하였다. 오군영의 대장이 해임되었을 때 장용대장이 겸찰하는 경우는 정조의 명으로 자주 있었지만 장용대장이 일시적으로 체임될 시에는 일반적으로 훈련대장이 그 임무를 겸찰하도록 조치했었다. 하지만 정조는 오히려 노론의 영수였던 병조판서 심환지로 하여금 장용대장을 겸찰하라는 명을 내린 것이다. 이는 단순히 병조판서에게 장용대장을 겸찰하라는 뜻이 아닌 노론 벽파 세력과 화해하고자 하는 정조의 의도가 포함된 것이었다. 이에 대하여 심환지는 국왕의 명을 전면적으로 거부하면서 이를 당파적 차원으로 접근하였다.

"지금 장용영이라는 하나의 영문營門은 위치가 매우 높고 체모가 존엄하니, 다른 군문軍門에 비할 바가 아닙니다. 창설한 이래로 또한 신과 같이 한번 병조판서가 되어 문득 이 영문을 겸관하게 된 자가 없었으니, 신이 어찌 감히 외람되이 이 명령에 응하겠습니까? 또 다른 사람과 더불어 조정에 함께 서 있으면 그 사람을 배척하여 그 직임을 대신 살피게 된다면 이것은 포증包拯(포청천)이 삼사사三司使가 된 것과 같습니다. 소가 남의 전담에 들어갔다고 해서 그 벌로 소를 빼앗는 기롱을 무엇으로 해명할 수 있겠습니까? 조정에서 유지시켜야 할 바는 예의입니다. 사대부가 닦아야 할 바는 염치입니다. 앞으로 보나 뒤로 보나 신이 그대로 이 직임에 나아갈 수 없는 것은 결단코 그렇습니다."

-『장용영고사』壯勇營故事 권5, 을묘 9월 18일

심환지는 병조판서와 장용대장은 엄연히 다른 것이며, 이를 철저하게 당파적 관계로 해석하고 병조와 장용영을 조정을 위해 협력해야 할 큰 구조로 평가하는 것이 아닌 대립적 관계로 보았다. 심환지는 정조가 여러 차례 하교를 내렸음에도 불구하고 응하지 않다가 승정원 등 각사에서 질타하고 정조가 만약 장용대장 직을 겸직하지 않는다면 엄중하게 책임을 묻겠다는 하교까지 내리자 마지못해 명령을 받았다가 3일 만에 자리를 내놓았다.

이처럼 당시 정조와 대립관계를 형성하고 있던 노론 벽파에게 장용영은 자신들을 위협하는 군영으로 인식되었다. 이에 정조는 장용영을 더욱 자신을 위한 친위군영으로 삼고자 하였다. 따라서 초대 장용영병방 이한풍에서 10대 장용대장 신대현에 이르기까지 모두 시파 및 외척 중에서 임용하여 자신이 추진하는 군제개혁을 담당하게 하였다.

〈표〉 장용대장의 임명 기간

시기	장용대장	당색	비고
정조 12년 3월	이한풍	소론	장용영병방
정조 14년 6월	유효원	남인	장용영병방
정조 15년 5월 22일	김지묵	노론 시파	특지에 의해 차출
정조 18년 11월 22일	서유대	소론	특지에 의해 차출
정조 19년 8월 18일	김지묵	노론 시파	비변사의 의망
정조 20년 12월 27일	정민시	소론	비변사를 거치지 않고 의망
정조 21년 9월 11일	김지묵	노론 시파	비변사의 의망 : 장망(長望) (이주국, 이경무, 서유대, 김지묵, 이한풍)
정조 22년 2월 2일	조심태	소론	비변사를 거치지 않고 임명
정조 23년 9월 21일	이한풍	소론	비변사의 의망 : 장망 (이경무, 서유대, 이한풍, 정민시, 신대현)
정조 23년 9월 28일	신대현	무당파	비변사의 의망 : 장망 (이경무, 서유대, 정민시, 신대현)

정조는 1788년(정조 12년) 장용영을 개편한 이후 장용영의 수장을 병방兵房이라 하였다. 중앙오군영의 수장을 대장이라 한 반면 장용영에서는 그 위격에 맞는 칭호를 사용하지 않고 있었다. 이와 같은 이유는 훗날 장용영을 내외영을 개편하여 외영을 다스리는 외사外使가 나오기를 기다렸기 때문이었다. 1793년(정조 17년) 1월 장용영을 내외영으로 개편한 이후에야 장용영 병방을 장용사壯勇使라 했고, 어영사御營使를 어영대장御營大將이라고 문서에 기록하듯이 장용사를 장용대장이라 부르라고 지시하였다.

장용대장의 지위는 점차 높아져 1795년 장용대장이 삼영三營(훈련도감, 금위영, 어영청)의 군병을 이끌고 국왕이 행차할 때에 국왕 가마의 호위를 총괄 지휘하기도 했다. 이후 1796년 12월 정민시가 장용대장으로 임명될 때에는 장용영내영의 군병을 통솔하고 삼영의 우두머리에 위치하는 막중한 자리가 되었다.

장용영의 초대 병방은 이한풍이다. 정조는 구선복을 제거하고 난 뒤 무반들을 안정시키기 위해 무반 사회에 영향력을 가지고 있는 이한풍을 임명하였다. 이한풍은 충무공 이순신의 후예로, 영조대부터 능력을 인정받고 있었다. 영조는 이한풍이 무신임에도 불구하고 그의 능력을 높이 사서 승지로 특별 발탁하는 우대책을 썼다. 조선시대 무반이 승지로 임명되는 것은 아주 특이한 사례였다. 무신을 승지로 발탁하여 쓴 경우는 효종대 무신인 유혁연을 수원부사에서 승지로 특별 서용한 전례가 있었기에 탕평을 추진했던 영조가 이한풍을 승지로 임명할 수 있었다. 이처럼 무반으로서 능력을 인정받은 이한풍은 정조 즉위 이후 서북변장으로 외직에 나가 있었다. 이것은 오히려 이한풍을 대장으로 양성하고자 하는 정조의 의도였다고 할 수 있다.

정조는 "옛날에 김성응, 구선행 같은 이름난 무신은 모두 서북지역의 병마절도사를 역임하였다. 무반이 무과 합격 후에 한번 지방의 장수를 맡는 것은 숨겨진 뜻이 없지 않다"라고 하였기에 무장들은 변방에 나가 장수를 역임하고 중앙 군영으로 전입하기를 기대했다. 이러한 정조의 의중은 재위 전 기간에 가졌던 생각이었기에 이한풍 역시 함경도와 평안도의 병마절도사로 내보내었다. 서북변장의 일을 마치고 돌아온 이한풍은 초대 장용영병방의 소임을 맡아 장용영의 체제 구축에 큰 역할을 담당하였다.

초대 장용영병방을 역임한 이한풍은 이후 훈련대장, 어영대장 등을 역임하다 1799년(정조 23년)에 다시 장용대장에 임명되었다. 정조는 이한풍의 선조인 충무공 이순신에 대한 전면적인 재평가와 함께 충무공의 사료를 모아 1792년(정조 16년) 8월에 『충무공이순신전서』^{忠武公李舜臣全書} 편찬사업을 지시하였다. 아울러 정조는 1793년 직접 충무공의 신도비명을 지어 올린 정도로 충무공에 대한 높은 관심을 보였다. 이는 충무공의 충심을 높이 평가함으로써 당파에 관계없이 모든 무반들이 자신에게 충성을 다하기를 원했기 때문이었다. 이 편찬사업은 3년 후인 9월에 완간되어 궐내와 5대 사고에 보관하고 홍문관과 성균관 등에도 비치시키고 충무공 사당과 여러 중신들에게 나누어주었다.

정조의 충무공 선양사업은 이한풍으로서는 더 없는 영광이었고, 자연히 정조의 군제개혁에도 최선을 다해 임하였다. 정조는 장용영병방의 임기를 마친 이한풍을 평안도병마절도사로 다시 보냈는데, 그 이유는 관서 일대의 장용영 둔전을 제대로 관리하게 하기 위함이었다.

정조는 1795년 윤2월 혜경궁 홍씨 회갑연을 치루기 위하여 화성으로 8일 간의 행차를 떠났다. 이때 도성을 지키기 위한 책임자의 한 사람으로 당시 어영대장의 직임에 있던 이한풍을 임명하여 지키게 하였다. 혹시라도 있을 도성에서의 반란 진압의 책임을 맡겼다는 것은 이한풍에 대한 정조의 각별한 신뢰가 있었기 때문에 가능한 일이었다.

초대 이한풍을 통해 장용영 체제를 구축한 정조는 두 번째 장용영병방으로 유효원을 임명하였다. 유효원은 진주 유씨로, 역시 조선후기 무반 벌족이었다. 유효원은 효종조에 이완의 천거로 관직에 나간 유혁연의 4세손이다. 유혁연은 숙종대 종실과 중첩혼을 이루며 병권을 장악하였다. 하지만 유혁연은 남인이었던 영의정 허적과 백호 윤휴와 함께 북벌론을 주장하다가 환국과정에서 서인들에 의해 죽음을 당하였다. 그럼에도 정조는 유혁연을 중심으로 하는 진주 유씨 집안에 대해 "유씨 집안에는 어찌 그리도 충신과 명장이 많은가"라고 하면서 칭찬을 아끼지 않았다. 이와 같은 정조의 진주 유씨에 대한 배려는 정조의 왕권강화 과정에서 소외되었던 남인들에 대한 위무책의 일환이었다. 1796년(정조 20년) 진주 유씨 무반들에 대한 시호를 내릴 때 남인의 영수이자 정조가 가장 신뢰했던 채제공이 쓴 것을 보면 알 수 있다. 따라서 정조는 채제공을 중심으로 하는 남인 세력들이 조정에 출사하고 있는 상황에서 장용영을 자신의 친위군영으로 만들기 위해 유효원을 장용영병방으로 임명한 것이다.

정조는 유효원 다음으로 금위대장 김지묵을 특지로 장용영병방에 임명하였다. 김지묵은 청풍 김씨로, 정조의 장인인 김시묵의 친동생이었다. 청풍 김씨는 인조반정 이후 서인 정권의 핵심으로 영·정조대 노론의 중추였다. 그럼에도 불구하고 정조의 장인이었던 김시묵과 김지묵 형제는 정조를 지지하는 시파로, 청풍 김씨 집안과는 다른 당파의 특성을 지니고 있었다. 정조는 남인 출신인 유효원이 계속 장용영병방으로 있는 것이 부담스러웠기에 장용영의 개편이 있던 1791년(정조 15년)에 외척인 김지묵으로 장용영대장을 바꿔 임명한 것이다. 특히 김지묵은 숙종대 청풍부원군 김우명의 현손이고, 영조대 병조판서를 역임하며 무반을 이끌던 김성응의 아들이었다. 더구나 남인의 이가환과 같은 항렬인 이규환의 사위였기에 모든 당파에서 반대할 이유가 없었다.

김지묵은 1795년 윤2월 정조의 화성행차 시 어영대장으로 도성 방어를 책임졌던 이한풍과 마찬가지로 국왕이 지방으로 행차를 나갔을 때 한양을 방어하는 유도대장留都大將을 맡아 실질적인 책임자 역할을 하였다. 이와 같이 도성의 책임을 맡긴 것은 정조가 김지묵을 각별히 신뢰하고 있었음을 확인할 수 있다.

김지묵 다음으로 장용대장에 임명된 무반은 서유대이다. 서유대는 달성 서씨 집안으로, 정조의 즉위를 막았던 윤태연과는 사돈이었다. 또 홍인한, 정후겸과 밀접한 연관을 맺고 있었다. 하다못해 정조의 즉위 후 지평 박성태와 집의 이일중이 "서유대는 역적 홍인한의 사인私人이며 정후겸의 밀개密客이자 윤태연과는 혼인을 하였던 인물이기에 아장亞將(포도대장, 용호별장, 금위중군, 어영중군, 도감중군, 병조참판 등을 통틀어 이르는 말)의 천망에서 제외

大司農內閣學士靜窩鄭公三十七歲眞 民始

國不此貌之不知心此 可謂丹靑莫此眞耶

정민시

鄭民始

정민시(1745~1800)는 정조의 세손 시절부터 절친하게 지내 온 신하이다. 영조의 건강이 악화돼 가는 1774~1775년 세손을 내치려는 기미를 미리 알아차리고 몸을 던져 세손 보호에 나섰다. 임금에 오른 정조는 정민시가 유람을 떠나거나 외직으로 나갈 때는 이별의 정을 담은 시를 지어 보냈다.

해야 한다"고 주장할 정도였다. 이 상소에 대해 정조는 서유대는 무반이기에 관직에서 물러나는 것으로 용서해주었다. 그러면서 정조는 서유대를 함경도 병마절도사로 임명함으로써 그에 대한 신임을 보여주었다. 이처럼 정조의 반대세력과 연관이 있던 서유대를 용서하고 관직을 내린 것은 그가 정조 즉위의 일등공신인 '동덕회'^{同德會} 회원인 서명선과 인척 관계에 있었기 때문이다. 또한 서유대는 특별한 당파가 없었으며 서유구의 선대로 특별한 무반이 없었기에 무반벌족을 형성하지 않은 이유도 있었다. 여기에 더해 무인으로서 상당한 능력도 지니고 있었다. 서유대가 도성에서 말을 타고 나서면 바람을 일으킬 정도로 빠른 속도로 다닌다는 기록이 있을 정도로 그의 승마 능력과 검술 능력은 매우 뛰어났다.

서유대는 남인의 영수로 정조의 신뢰를 받고 있었던 채제공이 형조판서로 재직시에 형조참판으로 임명되어 정조를 보좌하였다. 2년 뒤 삼도수군통제사로 임명되는 등 서유대는 무반으로서 정조의 인정을 받으며 성장하였다. 정조는 이후 무반으로 성장하여 훈련대장을 역임하던 서유대를 1794년(정조 18년) 11월에 국왕의 특지를 내려 장용영대장에 임명하였다. 서유대는 정조 연간 가장 중요했던 행사인 혜경궁 홍씨 회갑연을 위한 화성행차에 장용영을 지휘하며 무리 없이 처리하여 정조의 총애를 얻고 뒤에 한성판윤으로 자리를 옮겼다. 무반이 한성판윤을 맡은 사례가 거의 없었던 점을 보면 그가 얼마나 정조의 신뢰를 받았는지 알 수 있다.

6대 장용대장은 온양 정씨 집안의 정민시였다. 온양 정씨는 노론과 소론으로 양분되어 있는데, 정민시는 정조의 국정운영을 지지하는 시파 출신이다. 정민시는 정조 즉위 후 정조를 시해하고자 하는 홍상범 역모사건에서 정조를 지켰으며, 이후 목숨을 걸고 충성을 맹세한 인물이었다. 그래서 정조는 이와 같은 정민시의 충성스런 행동을 『명의록』에 자세히 기록해 놓았다.

筆跋 留守 趙心泰 像

© 수원화성박물관

조심태
趙心泰

조심태(1740~1799)는 정조시대 무신 武臣으로 본관은 평양平壤, 자는 집 중執仲이다. 당파색을 드러내지 않고 정조의 국방개혁의 중심인물로 활 동하였다. 1768년(영조 44년) 무과에 급제하여 여러 무관직을 두루 거 친 다음, 1785년(정조 9년)에 충청도 병마절도사가 되었다. 같은 해 3도 수군통제사로 승진한 뒤, 좌포도대 장·총융사에 이어 1789년에 수원 부사로 임명되었다. 이때 현륭원顯隆 園을 옮겨 오는 일, 도시 규모를 확 대하는 일 등 어려운 임무가 많았으 나 이를 모두 차질없이 처리하여 큰 공적을 남기고, 1791년 훈련대장으 로 직을 옮겼다. 1794년 승격된 화 성유수로 다시 등용되어 화성 축 성, 화성봉돈華城烽墩 설치 등의 방 어시설은 물론 호수를 중심으로 송 림을 보호하는 문제에 이르기까지 그의 공헌은 적지 않았다. 무관으로 서는 보기 드문 명필이었으며, 특히 대자大字에 뛰어났다. 좌찬성에 추 증되었고, 시호는 무의武毅이다. 이 초상화는 2009년에 수원시에서 표 준영정으로 제작한 것이다.

정조는 이 사건 이후 자신과 운명을 같이할 신하들과 더불어 '동덕회'라는 사적인 모임을 만들었는데 정민시 역시 우의정 서명선, 도승지 홍국영, 부제학 이진형 등과 함께 회원이었다. 그리고 해마다 12월 3일이면 '동덕회'를 만든 날을 기념하여 정조와 모여 지난날을 회고하였다. 이렇게 정조와 사적인 모임을 가질 정도로 정민시는 정조의 신뢰를 받았던 인물이었다.

이후 정민시는 홍국영이 상계군 담을 추대할 뜻을 가지고 그와 혼인관계를 맺고자 권했으나 끝내 거절하고 홍국영 방축 이후에도 노론 벽파와 결별하고 시파로서 독자 노선을 걸었다. 이로 인해 정민시에 대한 정조의 사랑은 그가 죽을 때까지 변함이 없었다.

정조는 정민시가 죽었을 때 "동궁 시절부터 다정했던 사이들이 앞서거니 뒤서거니 다 가버리고 오직 중신 한 사람만이 남아 있었다. 더구나 옛날 갑오, 을미년에 그는 기미를 미리 알고 그 변고에서 벗어나게 하기 위하여 심복으로 자처하고 동궁의 촛불 아래서 눈물을 뿌리며 신하로서 앞장서서 죽을 각오를 하고 있었다"라며 애석해 하였다.

이처럼 정조는 자신에게 충성을 바치는 정민시를 1784년(정조 8년)에 병조판서에 임명한 후 화성 축성을 마치고 장용영의 내외영제가 확립되면서 전체를 아우르기 위해 장용영대장으로 선택한 것이다.

8대 장용대장은 평양 조씨 집안의 조심태였다. 조심태는 시파로서, 통제사와 평안도 병마절도사를 지낸 조경의 아들이었다. 하지만 그의 집안은 다른 무반 벌족들과 달리 큰 세력을 형성하지는 못하였다.

조심태는 정조 즉위 이후 함경북도병마절도사, 삼도수군통제사, 포도대장, 총융사 등 주요 무반직을 역임하였다. 조심태의 능력을 인정한 정조는 1789년 사도세자의 묘소인 영우원 천봉과 수원부 읍치 이전을 통한 신도시 건설의 책임자인 수원부사로 임명하였다.

조심태는 무장임에도 불구하고 새로운 수원부 읍치를 조성함에 있어 시전市廛을 설치하여 상업을 활성화시키자는 기초안을 제시하기도 하였다. 이러한 노력으로 인해 정조의 특별한 사랑을 받은 조심태는 이후 훈련대장과 총융사, 금위대장 등 주요 군영대장을 모두 다 역임하였다. 정조는 군제개혁과 관련된 주요 정책 대부분을 조심태와 상의할 정도였다. 1793년(정조 17년) 화성유수부를 신설하고 화성유수부에 있는 군영제도의 개선에 대한 내용을 비롯하여 군제 복식 개선방향 등이 그것이다. 특히 조심태는 1794년(정조 18년) 화성유수로 임명되어 정조가 훗날 상왕上王으로 머물 화성 건설의 책임자로서 최선을 다하는 등 정조의 최측근으로 평가받았다.

정조는 화성 축성을 마친 이후 장용영 내외영제를 더욱 튼튼하게 다지고 자신의 정국구상을 실천하기 위해 보다 영향력 있는 장용대장이 필요했다. 이에 1798년(정조 22년) 2월 2일에 조심태를 장용대장으로 임명하였다.

마지막 장용대장으로 임명된 신대현은 평산 신씨로, 무반 벌족의 후손이다. 평산 신씨는 조선후기 무과 등과자 총 202명 중 7.4%인 15명을 차지하고 있다. 적어도 조선후기 무반 가문에 있어서 다수 등과자를 배출하였다는 것은 그 자체로서 무반벌족임을 뜻하는 것이다. 이는 그만큼 몇몇 특정 가문을 제외하고는 다수의 등과자를 배출하기가 쉽지 않았을 뿐만 아니라, 각 군영대장 출신 거의가 몇몇 가문에 의해 임명되고 있었기 때문이다.

신대현은 이러한 명문 무반 집안의 후손으로 황해수사, 경기수사, 금위대장, 어영대장, 총융사 등을 역임하고 1799년(정조 23년) 9월 28일 장용대장에 임명되었다. 신대현의 집안인 평산 신씨의 문반은 대체로 노론이었으나 무반은 특별한 당색을 보이고 있지 않았다. 조선후기 무반의 경우 그들 나름대로의 당색을 가지고 있었지만 정치적으로 소외받는 경우가 많아 당색을 드러내지 않는 반면 가문을 벌족화하려는 노력을 기울였다.

신대현이 정조의 지우를 받아 군영대장에 오를 수 있었던 것은 집안의 능력과 더불어 정조의 총애를 받고 있었던 서영보와 사돈을 맺고 있었기 때문이다. 서영보의 부친은 정조대 예조참판과 대제학을 지낸 서유신이고, 서유신의 부친은 영조대 영의정을 지낸 서지수이다. 서지수는 정조의 세손 시절의 스승으로 정조는 1789년(정조 13년) 서영보가 문과에 장원급제하여 소견할 때 서지수의 은혜에 대한 고마움을 언급할 정도였다. 서영보는 선대의 은혜로 문반의 영예로 여겨지는 규장각 직각에 임명되었다. 따라서 정조는 노론의 극심한 저항에 부딪혀 오히려 무편무당의 당색과 자신의 척신이 아닌 신대현을 임명한 것으로 보아야 한다. 또한 자신의 신뢰를 얻고 있는 서영보의 사돈이기에 내적으로는 정조의 측근으로 판단했던 것이다.

지금까지 위에서 살펴본 장용대장은 무반벌족 출신과 척신 출신 그리고 신흥무반세력으로 보아야 한다. 이들 모두는 대부분의 당색이 노론 벽파가 아닌 시파 내지는 남인과 당색이 없는 인물들이다. 이들 대부분은 정조의 군제개혁론을 적극 지지하는 세력이었기에 정조는 자신이 추구하는 장용영을 통한 왕권강화와 군제개혁을 통한 민생안정을 위해 대장에 임명하였던 것이다. 🐢

O

5부

장용영,
조선의 최정예 군대

1_
장용영의
직제 개편

O

새로운 술은 새 부대에 담으라는 말이 있다. 그래야 신선한 맛을 내면서 새로운 술이 되기 때문이다. 정조가 기존의 군영을 축소하는 방식으로 장용영을 만든 것은 두 가지 때문이다. 앞서의 설명대로 새로운 군영을 만들기 위한 세금을 걷지 않으려는 것이고, 또 하나는 노론과 연계된 중앙오군영의 힘을 약화시키려고 한 것이다. 그러다보니 아주 새로운 군대로 볼 수 없는 상황이 될 수 있었다. 그렇기 때문에 백성들과 군문 세력들에게 장용영만의 차별성을 보여줄 필요가 있었다. 그래서 정조는 장용영을 기존의 오군영 체제와는 다른 직제와 무관 임용 체계로 구성하였다.

장용영은 중국 남쪽 지역인 광동성 일대를 노략질하는 왜군을 무찌른 명나라의 전설적 무장 척계광의 남군南軍 제도를 본받아 5개 사司에 25개 초哨를 두었다.

중국과 조선은 군영 체제를 만들 때 보통 5개 부대를 기본으로 하고 있었다. 동서남북과 중앙이 곧 5방이기 때문에 이를 합리적으로 수용한 것이

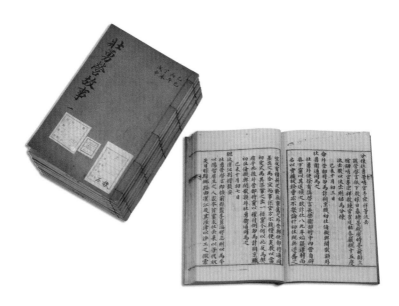

장용영고사
壯勇營故事

장용영에 관한 다양한 기록을 일별로 필사한 책으로 원래 9책이었으나 제4책이 결락되어 8책만으로 전한다. 수록 연도를 책별로 보면, 제1책은 1785~1788년, 제2책은 1789~1791년, 제3책은 1792년, 제5책은 1794~1795년, 제6책은 1796년, 제7책은 1797년, 제8책은 1798년, 제9책은 1799~1800년까지로 되어 있다. '고사'故事란 '옛날부터 전해 오는 유서 깊은 일과 규칙이나 정례'를 말하는 것으로 『등록』謄錄이라 표현하지 않고 '고사'라 부른 이유가 무엇인지는 알 수 없다. 이 책은 장용영의 전신인 장용위壯勇衛가 창설되는 1785년(정조 9년) 7월부터 운영, 혁파되기 직전인 1800년(정조 24년) 4월 17일까지 17년 동안의 여러 사실들을 충실하게 기록하고 있다. 내용 중 가장 많은 분량은 관원의 임면任免, 숙위宿衛, 왕이 거둥할 때의 시재試才, 호위扈衛, 군사훈련 등이다. 더불어 엄청난 무기의 제조와 군병들에 대한 복지와 기율 등을 통해 정조의 장용영에 대한 애정을 확인할 수 있다.

다. 장용영도 수도 한양을 중심으로 5개 부대로 나뉘어 주둔하게 하였다. 그래서 가운데 주둔하는 중사中司 5개 초는 한양에 있게 하고, 전사前司 5개 초는 수원에, 좌사左司 5개 초는 양성, 용인, 광주에, 우사右司 5개 초는 고양, 파주, 안산, 과천, 시흥에, 후사後司 5개 초는 지평, 양근, 가평, 양주, 장단에 있게 했다. 오늘로 치자면 서울을 중심으로 경기도의 주요 도시들에 장용영의 주력부대를 주둔시킨 것이라고 볼 수 있다.

장용위가 장용영으로 확대 개편된 이후 장용영은 해마다 인원을 늘려가기 시작했다. 정조는 기존 오군영의 인원을 장용영으로 이관하는 형태를 취하며 장용영의 규모를 확대시켰다. 이는 자신이 처음부터 강조하던 개혁정책 중에서 군사개혁을 실현하기 위함과 동시에 왕권을 강화하고자 함이었다.

처음 장용위는 마군과 보군 3초 정도의 소규모 부대였다. 하지만 장용영으로 명칭 및 기능이 확대된 이후 계속하여 인원을 증가하다가 마침내 1793년(정조 17년) 장용영 내외영제를 실시하면서 대폭적으로 인원을 증가하였다.

정조의 이와 같은 군사 증대로 인해 장용영의 군제는 크게 마보군이 기병인 선기대善騎隊의 좌, 중, 우 3초와 보군인 오사五司의 각 5초와 아병牙兵의 6초를 합한 34초와 각색표하군이 839명으로 구성되었다. 이는 기존의 오군영과 다른 매우 특수한 형태였다. 기존 중앙오군영은 따로 기마부대를 두지 않았다. 군영 안에 기마부대가 포함되어 있었는데 장용영에서는 새로 만드는 5사 25호의 지상군 외에 기마병을 3초나 만든 것이다. 기마병이 지상군인 일반 보군에 비해 전투력이 3배가 높기 때문에 기마병을 적극 육성하여 활용하고자 한 것이다. 여기에 더해 장기적으로 청나라 내부에 혼란이 생겼을 때 만주 일대로 북벌군을 진격시키기 위해서 보군보다는 기마병이 훨씬 유리하기 때문이었다.

아牙는 대장기大將旗를 뜻하는 것이므로, 아병은 대장을 수행하는 임무를 맡았다. 장용대장을 호위하고 특별한 명령을 수행하는 부대가 아병인 것이다. 표하군 역시 대장의 직속 군사들로 여러 분야의 무사들을 각색표하군이라 하였는데, 이들을 839명으로 정한 것은 대략 장용영 기준으로 하면 6.5초 정도 되는 것이라 할 수 있다.

새로 편성된 부대의 인원은 3초의 선기대는 모두 345명으로, 각 초는 115명으로 구성되었다. 한양도성에서 차출하여 근무하는 경군京軍은 615명이며, 각 지방에서 근무하는 향군鄕軍은 2,540명, 장군의 지휘를 받아 시중을 드는 사후군伺候軍은 52명, 무기 등 군영에 필요한 물품을 만드는 군사들인 공장아병은 26명, 기마병의 군마를 관리하는 치중복마군 40명, 사도세자의 처음 묘소였던 배봉산 일대를 지키는 배봉아병 245명, 평안도 박천군의 장용영 둔전인 고성진을 지키는 고성아병 439명, 한강을 건너는 노량진 일대의 장용영 둔전인 노량아병 144명으로 장용영의 군사 총 인원은 5,245명

촬요
撮要

장용영의 관직官職, 편제軍制, 훈련操鍊, 활쏘기 연습私習, 활쏘기 시험試射, 각종 활쏘기 시행요령溝射, 군마 관리 규정馬政, 시험요령取才, 선발규정抄定 등 그 설치·편제·운용을 정리 수록한 휴대용 업무지침서이다.

이었다. 하지만 『장용영대절목』의 군제 내용을 통한 전체 군사를 세분화 할 경우 총인원이 5,284명으로 약간의 차이가 나타나고 있다. 대략 5천여 명의 정예화된 군사들이었다.

장용영 역시 처음에는 기존의 군영과 완전히 다른 체제를 갖춘 것은 아니었다. 당시 훈련도감의 군사제도를 따라 직제를 만들었는데, 그럼에도 중앙오군영은 각 초의 군사를 125명으로 한 데 반해 장용영은 127명을 1초의 인원으로 삼기로 하였다. 사실 각 초마다 군사의 숫자를 125명에서 127명으로 한 것은 중국 주周나라 때 만든 제도인 『주례』周禮에 근거한 것이다. 『주례』에는 나라를 지키기 위한 군영을 만들 때 1개 단위의 군부대를 125~127명 사이로 만들게 하였다. 조선에서는 『주례』를 이상적으로 생각하였기 때문에 건국 후 법전인 『경국대전』을 만들 때 철저하게 『주례』를 본떠 만들었다. 그렇기 때문에 조선시대 군영제도 역시 『주례』를 본떠서 만들었다. 정조가 파격적으로 장용영의 직제를 만들지 않은 것은 당시 조선사회가 성리학의 질서 체제에 있었기 때문에 『주례』를 숭상하는 사대부들과의 마찰을 없애기 위함이라고 보아야 할 것이다. 그래서 중앙오군영이 125명으로 통일된 것에서 약간 변동을 시켜 127명으로 한 것으로 보인다.

이러한 체제를 만들었다가 선기대 3초를 만들면서 기존의 군영과 다른 독자적인 체제를 구축하기 시작한 것이다.

중사 5초는 도성에 있었는데 당시 말이 부족해서 자신의 말을 가지고 군영에 마병으로 들어온 복마군卜馬軍을 중사에서 받았다. 아마도 군마軍馬의 가격이 높고 구하기가 쉽지 않아 개인이 소유한 말을 가지고 직접 들어와 무관이 되고자 하는 자들을 장용영에서 받은 것 같다. 선기대가 독자적인 기마부대지만 도성인 한양에 주둔하는 중사의 위상이 있기 때문에 내부에도 복마군이란 이름으로 기마부대를 만든 것이다.

전사前司 5초는 수원에 있었는데, 1789년(정조 13년)에 사도세자의 영우원을 수원도호부로 옮겨 현륭원이라 이름을 바꾸고 관리하면서 이를 호위하기 위하여 5초를 처음으로 창설하였다. 수원은 정조 이전부터 무향武鄕으로 인정받았던 군사적 요충지였다. 특히 독성산성은 임진왜란 당시에 권율 장군이 일본군 총사령관 우키다 히데끼와 싸워 이긴 곳으로 한양 도성 탈환에 큰 기여를 한 곳이다. 그렇기 때문에 사도세자의 현륭원을 보호하기 위한 명분과 함께 수원에 장용영의 전사 5초를 주둔하게 한 것이다. 또한 정조는 현륭원 행차를 정례로 삼아 매년 한 차례씩 행차하였는데, 한양 각 영문의 군병이 여러 날 동안 어가를 호위할 때 한강 밖에서 군병들을 교체하기 위해 수원에 5초를 설치하였다. 그리고 수원부 관아 건립과 더불어 돈과 면포를 보관하는 창고인 장용영전목고壯勇營錢木庫를 지어 설치하였다.

전사 5초를 수원에 주둔시킨 이후 수원 인근을 강화하기 위해 1793년 이후 수원 인근에 좌사를 설치하여 오늘날 평택시의 일부인 진위, 지금의 안성시의 양성, 용인 그리고 남한산성 밖에 있는 광주廣州에 주둔하였다. 즉 전초는 진위에 있고, 좌초는 양성에 있고, 중초는 용인에 있고, 우초와 후초는 광주에 두었다.

우사右司는 1788년(정조 12년)에 2초를 창설했는데, 우초를 고양, 후초를 파주에 두었다. 이후 3초를 1793년(정조 17년)에 증설했는데, 전초는 안산, 좌초는 과천, 중초는 시흥에 설치하였다.

후사後司는 1788년(정조 12년)에 3초를 창설했는데, 전초는 오늘날 양평지역의 한 축인 지평에 있고, 좌초는 양근과 가평에 나뉘어 있고, 중초는 양주에 두었다. 우초와 후초는 1793년(정조 17년)에 증설했는데, 우초는 양주에, 후초는 장단에 두었다.

이와 더불어 장용영은 1789년(정조 13년)에 오늘날 동대문구 전농동 일대에 있는 배봉둔 군병을 설치하였다. 배봉둔은 1789년 10월까지 정조의 생부인 사도세자의 영우원이 설치되었던 곳이었다. 영우원은 1762년(영조 38년)에 처음 묘소를 조성하여 1789년(정조 13년)까지 27년간 존재하였기 때문에 그 격이 다른 지역과 전혀 달랐다. 식목을 하는 것조차 나무꾼에게 맡길 수 있는 처지도 아니었고 땅을 그대로 내버려 둘 수도 없었다. 그래서 특별히 둔전을 설치하고 장용영에서 주관하게 하여 오래 근무한 고참 장교를 별장으로 임명하여 관리하게 하였다. 그리고 배봉둔을 관리하기 위해 배봉진 아래와 부근의 사람들 중에 신역身役을 원하여 들어오는 사람들을 차례로 모아 배봉아병 2초를 만들었다. 1초의 인원은 115명으로, 도합 230명이었다.

장용영을 확대하기 위해 훈련도감의 별기군別技軍, 어가 뒤를 호위하는 난후초欄後哨와 군대의 무기를 제작하는 군기시軍器寺의 별파진別破陣에 소속된 군사들의 인원을 축소하여 장용영으로 이속시켰고, 장용영신정향군절목壯勇營新定鄕軍節目을 작성하여 수어청 15초의 군사들 중에서 매 초마다 25명씩 줄여서 장용영의 좌·우·후초를 만들었다. 그러니까 중앙오군영의 편제에서 군사 숫자를 감축시켜 인원을 줄이게 하고 그 군사들을 장용영으로 이전하게 한 것이다. 이에 따라 그 군사들의 급료와 운영비를 새로 신설하는 것이 아니라 기존 군영의 운영비를 장용영으로 이관하게 하니 비용은 추가로 들어가는 것이 아니었다. 즉 애초부터 장용영이 새로운 군사력으로 창설된 것이 아니라 기존 군영의 군병 중에서 일부를 이속시키는 것이었으므로 자연히 지금까지의 오군영을 중심으로 한 무반과 군문 세력의 체제를 약화시키는 결과를 낳았다.

더구나 장용영의 군사가 궁성 문을 수위하는 무예청武藝廳으로 자리를 옮기게 되면 그 자리를 따로 선발하지 않고 훈련도감의 군사 중에서 이력이 분명하고 기예가 능한 사람으로 정하여 장용영 군사로 삼도록 하였다. 이는 훈련도감의 출중한 인원을 장용영으로 보낸다는 명목 아래 자연스럽게 훈련도감을 위축시키는 결과를 초래하게 되었다. ❸

2_
장용영의
직제 구성

O

중앙오군영의 경우 국왕이 대장을 임명한 이후 부사령관 급인 중군中軍 이하 무반들이 자리를 이동하면서 군영대장과 협의하여 스스로 사람을 천거自薦하였던 것을 영조대에 와서는 왕권을 강화하기 위해 병조로 이관하여 3명의 추천을 받아 국왕이 임명하는 체제로 바꾸었다. 하지만 장용영은 대장의 의도에 따라 단독으로 국왕에게 보고한 후 임명하는 파격적인 체제였다. 이러한 장용영의 관직은 정조의 친위군영이라는 것을 그대로 보여주는 것이라 하겠다.

장용영은 군사들을 선발함에 있어 용모와 풍채, 출신, 가족관계 등을 검사하여 선발하였다. 이러한 선발 기준은 장용영 내외영제가 실시되고 난 후에도 지속적으로 이어져 장용영외영의 현륭원을 지키는 수원군과 기병인 친군위를 선발할 때에도 똑같이 적용시켰다. 이들은 정조에 의해 실시되는 별시에 무과 초시에 대한 구비서류를 제출하면서 특별한 제약을 받지 않고 응시생으로 등록할 수 있었다.

우선 오군영과 유사한 도제조와 제조의 관직을 각기 한 자리와 두 자리를 만들었다. 도제조는 장용영이 화성유수부의 신설로 내외영체제로 정비되는 1793년(정조 17년)에 신설되었다. 대신 중에서 현직의 호위대장을 지낸 사람을 겸직하게 하여 이조로부터 한 명을 추천 받아 국왕의 결재 후 임명하도록 하였다.

제조는 두 명을 선발하는데 장용영으로 확대 개편되는 1788년(정조 12년)에 만들어졌다. 제조 두 명 중 한 명은 장용사가 겸직을 하기 때문에 실제로는 한 명이라고 보아야 한다. 제조는 장용영의 군수와 급료를 책임져야 하기 때문에 현직 호조판서가 이조에서 3명을 추천받아 국왕으로부터 낙점을 받아 임명하였다. 장용영 제조는 장용영에서 지출하는 돈과 곡식을 주관하기 위하여 선혜청 공사제조가 겸직하도록 하였다. 요즘으로 치면 국가 재정과 예산에 정통한 관료를 임명하는 것이다. 기획재정부 고위 관료가 예산을 편성하고 끌어당겨 쓸 수 있는 힘이 있는데, 이런 고위관료를 국방부의 각 사단에 사단장으로 임명하는 것과 유사하다. 정조는 향색제조라는 자리를 만들어 문관 중에서 호조 출신으로 예산과 재정을 확실하게 책임질 관료를 장용영 제조의 자리에 임명하고자 한 것이다.

장용영 제조가 하는 일은 무척이나 다양했다. 정조의 장용영에 대한 특별한 관심으로 국왕이 다양한 물음에 대한 답변을 수시로 해야 하고, 장용영 소속의 각 둔전이 곡물을 거두지 못하는 폐단이 있으면 해당 고을 수령의 죄의 경중을 조사하기도 했다. 또한 각 지역에서 장용영으로 이전한 곡물을 조정에 바칠 때 쌀과 콩이 부족하거나 조세 운반선의 결꾼^{船格}들이 잔꾀를 부리는 일에 대해서도 조사하여 다스리는 등 장용영의 재정과 관련된 부분을 총체적으로 책임졌다.

장용영의 도제조는 훈련도감, 어영청, 금위영과 마찬가지로 대신大臣 급으로 충원되었다. 그러면서도 대신 중에서 호위청 대장의 직분을 가진 자에게 한정된 것이 다른 군영과 다른 점이었다. 이것은 한편 인조 때부터 있어온 호위청을 폐지하여 장용영으로 합친 것을 의미하는 것이기도 하다.

장용영의 대장인 사使는 한 명으로, 1785년(정조 9년)에 병방兵房이라고 했었는데, 1793년(정조 17년)에 장용영 내외영제로 개편되면서 칭호를 장용사壯勇使로 고쳤다. 장용사는 일찍이 장신將臣을 지낸 사람으로 호위대장을 차출하는 규정에 의하여 종사관이 승정원에 보고하면, 승정원에서 국왕에게 보고하고 국왕의 특지에 의해 선발하였다. 다시 말해 국왕이 가장 신뢰하는 인물로 뽑은 것이다.

장용사는 군사를 거느리는 중책이기 때문에 인망이 낮고 직급이 낮은 사람에게 맡길 수 없다 하여 장수의 경력이나 아장亞將인 포도대장의 경력이 있는 사람 중에서 뽑도록 조치했다. 그리고 내외영제 실시 이후 어영청의 어영사를 대장으로 칭하는 이전 사례에 의하여 장용영 내의 문서에 대장으로 칭호하고 군색제조軍色提調의 역할을 겸직하게 하였다.

장용사는 금위영과 어영청, 수어청의 대장들이 다른 자리로 이동되어 임시로 비어 있을 때 각 군영대장을 겸직하여 군영을 통솔하기도 하였다. 이는 장용영이 중앙오군영보다 한 단계 높은 지위였음을 상징적으로 보여주는 것이었다.

장용사를 보좌하는 종사관從事官은 한 명을 선발하는데, 1791년(정조 15년)에 만들어졌다. 음관으로서 일찍이 군수 이상을 지낸 사람으로 명확한 출신 지역과 이력이 있는 사람을 장용영의 제조가 3명 추천하여 국왕으로부터 낙점을 받아 임명하였다. 신분이 확실하다는 것은 역모를 꾀할 사람이 아니거나 정조를 반대할 당파의 인물이 아님을 의미하는 것으로 보아야 할 것이다.

별장別將은 한 명으로, 종사관과 마찬가지로 1791년(정조 15년)에 만들어졌다. 당시 장용사로 임명된 김지묵은 장용영 별장은 고위직인 병마절도사 내지는 바로 아랫급의 무반을 선발하고, 이를 아예 선발 기준에 정식으로 삼자고 정조에게 건의하였다. 정조는 이 의견을 받아들여 별장은 일찍이 포도대장 및 훈련도감의 중군 혹은 금군별장을 지낸 사람으로서 장용영의 대장이 한 명을 추천하여 국왕에게 직접 고하여 승인을 받았다.

인조대에 오군영 체제가 확립된 이후 군영대장이 되기 위해서는 승진 과정이 정해져 있었다. 즉 각 군영의 중군을 역임한 후 외직의 무반을 거쳐 금군별장을 역임하고 이후 포도대장이나 군영대장으로 임명되는 것이었다. 이와 같은 무반 승진 과정에서 장용영의 별장을 훈련도감의 중군이나 금군별장을 역임한 무반을 임명하는 것은 장용영의 격식이 중앙 5군영에 비해 월등히 높다는 것을 의미하는 것이다.

장용영에서는 직분에 따른 위계질서를 정립하기 위해 예규를 운영 법규에 기재하게 하였는데, 별장을 새로 임명하게 되면 파총이 가서 알현하고 반드시 면회를 청하여야 하며, 길에서 만나면 말에서 내려 경어를 써서 말을 하고 서로 절을 할 때는 파총이 먼저 별장에게 절을 하도록 하였다. 이러한 제도는 일반 백성들에게 장용영이 매우 엄격하고 절도 있는 군대라는 인식을 심어주었을 것이다. 서로간에 존댓말을 하면서 존중해주고, 그러면서도 아래 직급의 장수가 윗사람에게 최대한의 예우를 하는 모습은 지금 생각해도 정중한 것이다. 이런 정중함이 백성들에게 신뢰를 주었을 것이다. 군인은 군인다워야지 가벼우면 안 된다. 그런 측면에서 정조가 만든 장용영은 위엄 있는 군대였다. 그리고 별장이 장용영에서 활쏘기와 무예시험을 볼 때 일찍이 포도대장을 거친 자는 이 과정을 면제해주었다. 이는 연륜 있는 장수들에 대한 예우였다.

파총把摠은 다섯 명으로, 1793년(정조 17년) 장용영 내외영제로 개편되면서 두 자리를 더 만들었는데, 이 중에서 한 자리는 화성유수부의 외영의 자리였다. 장용영의 파총은 중앙 5군영의 선발과정과 달리 비록 지역에서 근무하던 장수라도 능력이 있으면 장용대장이 추천하는 세 명 중에서 한 명을 국왕의 특지로 선발할 수 있었다. 다만 수원의 파총은 무반으로 당상관 이상의 이력을 지닌 사람을 선발하여야 했다. 이렇게 수원의 파총을 정3품 당상관 이상으로 한 것은 정조가 수원의 위상을 높이 하기 위함이었다. 당시 수어청과 총융청의 파총은 5품 이상, 훈련도감의 파총은 정3품과 당상관의 정3품의 지위에 있는 사람 중에서 선발하였다. 이처럼 파총은 그 군영의 지위에 따라 임명되는 직급이 차이가 있었던 것이다. 정조는 각각 군영의 파총이 모두 다르기 때문에 장용영의 파총은 당상관은 한양이 아닌 변방의 첨절제사 이하를 역임한 자 중에서 차출하고 당하관은 3품을 지내지 않은 자 중에서 국왕의 특별 임명 명령이 있으면 선발하도록 하였다.

당시 장용영을 제외한 군영에서는 천총千摠을 반드시 두었는데, 정조는 이 제도를 장용영에 적용하지 않았다. 군영 문서의 오영오사五營五司 제도에 파총으로 하여금 영장을 잇게 하고 있으며, 조선 고유의 오위제에도 각 단위 부대마다 대장을 임명할 수 있기 때문에 굳이 천총 제도를 만들어 군비를 낭비하거나 지휘체계를 복잡하게 하지 않은 것이다. 정조는 군제개혁의 일환으로 천총을 없애고 파총으로 대신한 것이다.

한편 정조는 특교로 임명할 수 있는 장용영 파총에 대하여 충신들의 후손을 임명하기도 하였다. 병자호란 당시 활약했던 충민공 임경업의 후손인 임태원을 장용영 파총으로 특별히 임명하고 갑옷을 비롯한 군장과 말을 하사하였다. 정조는 관례를 벗어나 특별히 임태원을 승차시키는 것이 충민공 집안을 위해서라고 하였으나 이는 충신을 우대함으로써 국왕에게 충성을

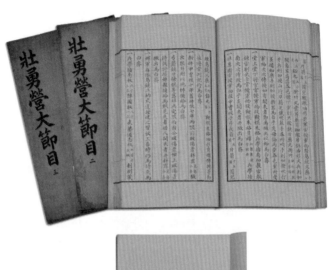

장용영대절목
壯勇營大節目

장용영壯勇營의 제원을 기록한 요람要覽 형식의 책으로 3권 3책으로 간행되었다. 권1에는 목록目錄, 관직官職, 장교將校, 군제軍制등 34항목, 권2에는 경용經用, 지방支放 등 14항목, 권3에는 외영外營의 제절목諸節目과 배봉진拜峰鎭, 고성진古城鎭, 노량진露梁鎭의 항목 등으로 구성되어 있다.

이 절목에서는 장용영 제조 이하 관원들의 체제와 군제를 기술하여 중앙오군영과 지휘 체제가 다른 것을 보여주고 있다. 더불어 장교들의 승진에 대한 사항, 국왕을 알현할 때 복식, 장용영 내영 군사들의 집단 거주지역과 그들이 청계천을 청소하는 업무 등 생활사에 대한 내용도 다루어지고 있다. 또한 장용영 본영의 전체 건물 규모와 연간 군사들의 봉급을 기록하여 조선후기 군제사 연구에 매우 중요한 사료적 가치가 있다.

다하도록 유도하는 것이었다.

이처럼 장용영의 핵심 지휘관인 파총의 선발 폭을 당상관 이상으로 높이면서도 인사적용 범위를 확대한 것은 인조대 이후 무반을 장악하고 있는 무반벌열의 장수들보다는 정조에게 충성할 수 있는 새로운 무반을 선발하려는 의도였다.

장용영 마병인 선기대가 3초이기 때문에 당연히 선기장善騎將은 3명으로 선발하였다. 선기장은 마병 조직인 선기대의 우두머리로서 해당 초의 장령 또한 선기별장이라 칭하였는데, 일찍이 변방 지역 및 중앙과 지방의 장수를 지낸 이력이 있는 사람으로서 장용대장이 한 명을 추천하여 국왕에게 보고하여 벼슬을 임명하였다.

초관哨官은 25명을 선발하였으며, 1787년(정조 11년)에 처음 한 자리를 만들었다. 초관은 오늘로 치면 육군의 대대장 급으로, 소령에서 중령 정도에 해당하는 지위라고 할 수 있다. 또한 초관 스물다섯 자리 중에서 다섯 자리는 수원 출신으로 선발하도록 했다. 장용영외영 역시 1793년(정조 17년) 독자적인 영으로 승격하였기 때문에 기존 수원 지역을 방비했던 총융청 소속의 보군 26초 중에서 절반인 13초를 정병으로 만들어 화성에 주둔하게 하고 용인, 안산, 진위, 시흥, 과천 등 5읍의 군병을 이속시켜 5읍의 속오군 중에서 정신이 온전하고 무예 능력이 있는 자들을 추려내어 12초를 더 만들어 도합 25초를 만들었다. 이에 장용영내영과 똑같이 1영 5사의 제도를 만들었다. 장용영내영의 초관 중 다섯 명을 수원 출신으로 선발하도록 한 것은 현륭원이 있는 수원을 우대하기 위한 특별한 배려라고 할 수 있다.

초관은 일찍이 정삼품 이하 당하관 및 천거가 있는 무과 합격자들로서, 장용대장의 천거로 국왕에게 보고하고 벼슬을 주는데, 이 역시 한 명씩 천거하였다. 전사前司 다섯 자리는 수원에 살고 천거가 있으며, 예전에 조정의

정6품 이상의 참상參上, 정6품 이하의 참하參下 출신으로, 임시로 법을 만들어 변통하여 차출할 수 있도록 하였다. 정조는 장용영 중사中司의 초관 한 자리는 반드시 효종을 심양까지 수행했던 8장사의 후손으로 장용대장이 추천하여 선발하도록 하였다. 8장사는 국가 충성의 모범이자 별군직의 시초로서 무반이 세습화됨에 따라 이들을 위무하여 친위화하고자 하는 의도였다. 충성을 다하는 자들은 국왕이 끝까지 책임진다는 것을 보여주는 것이리라. 이렇게 하면 국왕에 대한 무반들의 충성이 깊어질 수밖에 없을 것이다.

더불어 정조는 자신을 지지하는 왕실의 인척들을 초관에 임명하였다. 서명탁은 영조의 왕후인 정성왕후의 사촌으로 정조와 동덕회 회원인 서명선과도 사촌 사이였다. 정성왕후 집안은 본관이 달성으로, 소론의 중심 집안이었다. 정조는 이와 같이 자신을 지지하는 왕실 인척을 특별히 장용영 초관으로 임명하면서 실제 장용영을 움직이는 기본 세력의 지지를 확보하고자 하였다.

장용영 초관은 타 군영과 달리 초관으로 15개월을 근무하면 훈련원의 6품인 주부로 승진하여 자리를 옮기도록 배려하였다. 기존 군영은 20개월을 기한으로 하여 임기가 만료되는 반면 장용영의 초관은 비변사의 낭청의 관례에 따라 15개월로 정한 것이다. 이를 통해 처음으로 장용영 초관 정경행이 15개월을 채워 6품으로 승진하여 자리를 옮겼다.

1793년(정조 17년) 장용외영이 신설된 이후 장용외영 초관의 승진과 전근에 대한 논의가 있었다. 당시 장용영외영 초관은 선부장宣部將의 3명 추천으로 차출하였는데, 이는 수원에 있는 장용영외영의 위상을 중요시 여겼기 때문이다. 한편 장용영내영의 초관은 때가 되면 자리를 옮기는데 반해 외영의 초관은 그러지 못하였다. 따라서 1795년(정조 19년) 5월에 화성유수 겸 장용외사인 조심태는 내영 초관이 15개월이 되면 6품으로 승진하듯 외영 초관도

본영도형
本營圖形

장용영의 서울 본영(내영)을 상세히 그린 대형 채색그림이다. 한 변이 111.5cm인 장지 3장을 이어 붙인 후 밑그림을 그리고 채색했다. 건축물과 외부공간의 관계를 서술적으로 묘사한 의도로 사방에서 건물을 볼 수 있도록 그렸기 때문에 주요 지휘소와 막사, 무기와 군수품 창고, 연못 등 건물 깊숙한 곳의 공간 구성, 창호의 형태 등을 입체적으로 확인할 수 있다. 그리고 시설마다 한자 명칭을 적어 놓았는데, 정조에게 군영 현황을 보고하기 위해 만든 것으로 추정된다.

동등한 대우를 해달라고 요청하였다. 이에 조심태의 건의를 받아들여 내영과 외영의 초관 모두 15개월이 지나면 6품으로 승진하도록 조치하였다.

액외장용위는 장용영 정규 인원과 별도의 정원 외에 선발한 장용위로, 기패관旗牌官과 교련관敎鍊官 중에서 목전木箭 쏘기, 유엽전柳葉箭 쏘기, 달리기, 근력, 강서講書 등 다섯 가지를 시험하여 그중 세 가지 이상 합격한 장교들로 조직하였다. 액외장용위는 열다섯 명으로, 1791년(정조 15년)에 창설되었다. 이 자리는 때에 따라 증설할 수도 있고 줄일 수도 있었다. 액외장용위는 옛 규례에 따라 장수 집안의 번성한 자손과 문벌이 좋은 집안 후손 및 신체와 손의 힘과 체력이 출중한 사람으로 별장이 장용대장과 의논해서 뽑아야 했다. 임명의 권한은 장용대장이 가지고 있으나 합격사유를 국왕에게 보고하여야 했다. 다만 액외장용위가 무과에 합격하거나 유고가 있을 시에는 인원을 감원하였다.

한편 액외장용위는 내금위인 용호영에 비해 집안 내력이 훨씬 뛰어나기에 사대부 출신이 선전관을 겸한다는 『병조등록』에 의거해 1793년(정조 17년)부터 진법훈련과 활소기 시험 때에 임시로 국왕의 명령을 전달하는 일을 거행하게 되었다.

액외장용위가 선전관을 겸한 숫자가 만일 세 명을 초과하면 자리를 수어청과 당상장관과 금군의 남은 자리를 증획하여 옮겨 오도록 하고, 세 명이 되지 못하면 도로 병조로 돌려주도록 하였다. 액외장용위가 비록 열다섯 명의 정원이었어도 봉록을 받는 자리는 네 자리에 불과하였기 때문에 선전관을 겸한 액외장용위가 봉록을 받게 조처한 것이다. 그런데 이 자리가 세 자리가 넘게 되면 장용영의 재정 부담이 커지기 때문에 정조는 수어청과 금군에서 봉록을 뒷받침하게 한 것이다.

이 외에 사무를 주관하는 감관 한 명, 사무와 더불어 셈을 할 줄 아는 별부료 한 명, 약방·침의·화원·사자관·별우사파총·별후사파총·별아병장이 각각 한 명씩 장용영의 관직에 임명되었다.

장용영은 전곡錢穀의 출입이 너무 많아서 아무나 별부료를 맡을 수가 없었다. 이와 같은 상황에서 별부료로 임명된 인물은 가평의 유학 한이형으로, 수학에 정밀하고 밝다는 소문이 나서 인재를 등용한다는 취지 아래 정조의 특교로 임명하였다.

또 장용영의 약방은 군병의 구제와 치료를 위해 설치하였기 때문에 다른 군영과 달리 장교와 병졸이 가난하여 병들어도 약을 쓰지 못하는 자들을 구제하게 하는 특혜를 주었다.

장용영의 하급사관인 장교는 지구관知敎官 17명, 총장統長 2명, 제본사除本仕 7명, 교련관敎鍊官 20명, 장용위壯勇衛 102명을 선발하였다. 장용위는 장용영에서 국왕 호위를 전담하는 부서였다. 장용영의 출발이 이들로부터 시작된 것이기에 이들이 비록 낮은 직급이었지만 자부심이 대단했다.

장용영에서 특이한 직책은 바로 말의 치료를 전담하는 마의馬醫다. 기마병인 선기대가 있기 때문에 말을 관리하는 것은 매우 중요했다. 물론 말을 선기대의 마병들이 관리했지만 마의가 있어야 하는 것은 당연했다. 그래서 마의馬醫 1인을 두어 운영하게 하였다.

이처럼 장용영은 기존의 군영과 다른 직제로 편성되어 운영되었고, 특히 장용영 초관은 중앙오군영의 초관이 정9품직인데 비해 그 위상이 완전히 달랐다. 초관으로 15개월 근무하면 정6품 무관으로 승진할 수 있었으니 말이다. 아마도 조선시대 역사상 최고의 초관이 바로 장용영 초관일 것이다. 그만큼 장용영의 초관이 되는 것은 어려운 것이었고, 스스로 최고의 무사가 되기 위한 노력과 자신이 거느리고 있는 군사들에게 헌신을 해야 했을 것이다. ❀

3_
장용영의 확대와 수어청, 총융청의 합병

◯

정조는 국가의 개혁에서 가장 핵심이 되어야 하는 것으로 국방개혁을 꼽았다. 그런데 우리는 정조의 국방개혁을 국방을 강화하기 위한 군사제도의 정비로만 이해하곤 한다. 물론 당연히 이러한 내용이 절대적이다. 그 과정에서 나타난 것이 장용영의 창설이다. 그러나 이것만큼 중요한 국방개혁은 바로 쓸모없는 군대의 통폐합이었다. 앞서의 이야기대로 정조가 즉위한 후 국가 재정과 운영 등에 대해 파악해 보니 군영의 대장과 장군들에게 들어가는 비용이 너무 많았고, 이 비용을 충당하기 위하여 과도한 세금을 걷어 백성의 원성이 대단했다. 그렇기 때문에 새로운 조선을 만들기 위해 반드시 해야 할 것은 유사한 군영을 통합하고, 새롭게 정비된 군영의 군사들을 정예화시키는 것이었다. 이를 위해 정조가 추진한 것이 바로 수어청과 총융청의 통합이다.

장용영이 창설되면서 수어청의 군사와 둔전이 대폭 장용영으로 이양되었다. 수어청은 둔아병 3초가 수어청 경군문京軍門의 사냥 때 몰이꾼으로 동

│ 북한산성도
│ 北漢山城圖

남한산성과 더불어 서울을 남북으로 지키는 산성인 북한산성을 그린 지도이다. 임진왜란과 병자호란 등 외침을 자주 당하자 도성 외곽성의 축성론이 대두되어, 1711년(숙종 37년) 왕명으로 대대적인 축성공사를 시작하여 7,620보의 석성이 완성되었다. 북한산성의 수비는 처음에는 경리청에서 맡았다가 뒤에 총융청과 합해졌다. 17매 지도로 구성된『동국여도』東國輿圖는「도성도」都城圖를 비롯해 북한산성, 남한산성, 임진강 유역, 한강 하구, 강화도 부근 지역 등 서울 인근 지역이 상세히 그려져 있다.

원되어 원성이 높았다. 그리고 수어청 15초의 둔아병 중에서 매 초마다 25명씩을 줄여 375명을 장용영으로 이관시켰다. 관동과 호서에 있는 둔전을 제외한 경기지역에 있는 수어청의 둔전은 모두 장용영으로 이관시켰다. 이 둔전은 지평에 있는 전답 중에서 묵은 것을 제외하고는 밭이 70결 45부 4속이고, 논이 22결 92부 2속이었다.

수어청의 축소와 함께 총융청의 규모 역시 축소되었다. 총융청의 5영 제도를 축소하여 3영 제도로 개정하고 북한산성을 지키는 관성장管城將의 호칭을 별아병천총^{別牙兵千摠}으로 바꾸었다. 이는 단순한 명칭 변경이 아니라 규모의 축소에 따른 지위의 격하였다. 비변사에서 총융청의 제도를 변경시키면서 군사제도를 개혁하는 것이 아니라 호칭을 바꾼 것에 불과하다고 강조를 하였음에도 이와 같은 개정은 당연히 총융청의 지위를 낮추는 일이었다.

정조는 1793년 1월 수원도호부를 화성유수부로 승격시키고 장용영을 확대하여 내외영제로 개편하면서 도성에는 내영을, 화성에는 외영을 두도록 편제했다. 그리고 신군영의 설치에 따른 재정적 부담을 줄이기 위하여 기존 5군영의 재정을 대폭 흡수함으로써 기존 군영은 상대적으로 약화, 축소될 수밖에 없었다.

정조는 노론 중심으로 운영되어 온 정책의결기관인 비변사를 장악하면서 자신의 주도로 군영개편에 착수한 것이다. 정조는 일찍부터 중앙오군영의 군권에 깊이 관여해온 훈신가문의 벌열세력이 자신의 왕정 수행에 가장 큰 장애요인이라고 인식하고 있었다.

장용영이 설치되면서 기존 오군영의 인력과 재력을 대폭 할양받았기 때문에 기존 중앙군영들은 상대적으로 약화되고, 이들 군영과 연결고리를 맺고 있던 노론 세력들도 큰 타격을 받지 않을 수 없었다. 도성의 내영의 경우 부족한 병사를 보충하기 위해 금위영 병력 중 경기지역 내 거주자들을 차출했고, 그 밖에 재정 등도 함께 장용영으로 이전되어 오군영은 재정 면에서도 큰 타격을 받았다. 총융청의 경우 본청의 군사가 거의 다 경기인이었기 때문에 대부분의 병력을 장용영에 넘겨주었으므로, 1795년(정조 19년)에 그 편제가 대폭 축소되었다.

화성 축조가 완공되는 전후의 시기에 외영제의 확립을 위한 몇 차례의 군제개편이 뒤따랐다. 1795년(정조 19년) 이후 화성의 장용외영을 원거리 지역과 인근의 용인, 시흥, 과천, 진위, 안산의 군사들과 협력하는 협수군체제

남한산성도
南漢山城圖

북한산성과 더불어 서울을 남북으로 지키는 산성인 남한산성을 그린 지도로
『동국여도』東國輿圖에 포함되어 있다. 병자호란에서 항복한 이후 순조 때까지 남
한산성은 계속 증축 확장되었는데 성 남쪽 밖의 돈대, 동쪽의 옹성 등이 그러
한 사실을 보여주고 있다. 남한산성은 광주유수부의 읍치로 도성의 동쪽 방어
를 담당하였고, 남한산성의 수비는 처음에는 총융청에서 맡았다가 성이 완성
되자 수어청이 담당했다.

로 바뀌나가면서 그 군사 충원에 있어서 기존의 수원부에 소속되어 있는 경
우를 제외하고, 부족한 군사 인원은 모두 인근 군현의 총융청과 수어청에
소속되어 있던 군사들로 받았다. 즉 1795년(정조 19년) 2월 용인현·진위현·
안산군의 군사들을 화성에 이속시킬 때 용인의 수어청 속오군 5초, 진위의
수어청 속오군 3초, 안산의 총융청 속오군 4초 등을 옮겨 화성의 장용영외
영 군병으로 편성하였다.

　결국 장용영 내외영제로 인해 수어청과 총융청의 규모는 매우 축소되
었다. 수어청과 총융청 양영의 축소로 정조는 즉위 초부터 추진하고자 했

던 군제개혁을 할 수 있는 기반을 조성했다. 정조는 마침내 즉위 20년 만인 1795년(정조 19년) 8월에 수어청의 장수가 주둔하는 도성에 있는 수어경청守禦京廳을 혁파하고 남한산성으로의 출진出鎮을 영구화하였으며, 광주부를 승격시켜 유수로 하여금 남한산성을 통제하게 하였다.

당시의 상황을 이해하면 참으로 기가 막히다. 남한산성을 방어하는 것이 주목적인 수어청의 대장과 장군들이 자신들은 남한산성에 거처하지 않고 군사들만 주둔하게 하였다. 자신들은 한양도성에 수어청 지휘본부인 수어경청을 두고 편안하게 지냈다. 수어사 및 수어사의 중군 등으로 임명되었어도 남한산성에 가지 않았으니 참으로 기가 막힌 일이 아닐 수 없다. 대장이 존재하지 않는 군대가 올바르게 운영될 수 없는 것은 너무도 자명했다. 그래서 정조는 수어청과 총융청을 통합하는 과정에서 한양 도성에 있는 수어경청을 없애고 수어청의 대장을 비롯한 모든 장군과 병사들 모두가 반드시 남한산성에 머무르게 하였다. 이를 영원히 변경하지 못하게 만들어버린 것이다.

결국 이러한 정조의 결단은 수어청을 한양의 군사집단에서 벗어나게 하여 경기지역의 군영으로 만들었다. 이 결정에 대해 좌의정 유언호, 우의정 채제공, 수어사 심이지, 병조판서 심환지에 이르기까지 모든 신료들이 수어경청의 혁파를 찬성하였다.

정조는 오랫동안 염원했던 수어경청 혁파에 대한 자신의 의지를 아래와 같이 밝혔다.

"수어청을 혁파하려고 하는 것은, 첫째 즉위 초기 처음 조회를 열던 날 내렸던 윤음을 실행에 옮기기 위함이요, 둘째 경기 백성들의 어려움을 줄여주고 병폐를 제거해 주기 위함이요, 셋째 경비에 보탬이 되게 하고 쓸데없는 비용을 없애기 위함이다."

-『정조실록』 권43, 19년 8월 병신

정조의 수어청 혁파에 대한 이와 같은 윤음은 20여 년 가까운 국정운영
에 대한 자신감의 표현이라고 할 수 있다. 첫 번째 경장대고를 발표하던 조
회 첫날의 윤음을 실행에 옮긴 것은 국왕으로서 자신이 추구하고자 했던
정책을 완수한다는 것을 강조한 것이며, 향후 나머지 군영에 대한 개혁도
이루겠다는 의지로 보아야 한다. 또한 화성신도시 건설과 장용영 내외영제
를 확립함으로써 신권을 아우를 수 있는 강력한 국왕으로서의 권위를 보여
준 것이라고 할 수 있다.

정조는 수어경청이 혁파되고 남한산성으로 출진한 후 격년제로 수어청
에 내려 보냈던 진휼청의 월과미月課米를 장용영의 재정 창고로 이속시켜 장
용영의 재정을 한층 확충시켰다.

또한 정조는 수어청 혁파 이후 총융청을 혁파하겠다는 의지도 함께 보
여주었다. 총융청이 훈련도감이나 어영청같이 중요한 기구이기는 하지만 이
역시 수어청과 마찬가지로 북한산성에 별아병 천총만을 두어 방어한다면
큰 문제가 없을 것이라고 확신하였기 때문이다. 아울러 수어경청을 혁파하
고 남한산성으로 출진하도록 한 자신의 결정에 대하여 반대 의견을 표현하
는 자가 있으면 아예 국법으로 다스리겠다고 대내외에 선포할 정도로 강력
하게 추진하였다.

수어경청의 혁파는 실질적인 수어청의 혁파와 동일한 것이었다. 정조는
수어경청을 혁파한 뒤 곧이어 아예 수어청 자체를 혁파하였다. 수어청의 혁
파로 인하여 5영 제도는 허물어지게 되었다. 다음은 자연스럽게 총융청의
차례였다. 장용영외영의 창설로 인해 축소된 총융청은 오군영의 합동 군사

훈련에서 훈련도감의 후영後營을 맡았던 것을 폐지시켰다, 후영을 맡던 총융청을 북한산성만 방어하는 독자적인 군영으로 개편함으로써 총융청은 수어청이 혁파된 후 4군영에 속하기는 하였지만 그 군사적 기능은 유명무실해졌다.

결국 장용영 창설을 통해 수어청을 혁파하고 총융청을 대폭 축소함으로써 오군영의 기본 체제를 변화시켰으며, 이들 군영으로 들어가는 비용을 절감하고 오위체제 전환의 기반을 마련하였다. 이는 곧 정조의 친위군영인 장용영의 기반을 튼튼하게 함으로써 왕권강화를 추진할 수 있었으며 자연스럽게 장용영의 군사적, 재정적 안정을 이루게 되었다. 🦚

4_
백성과 함께하는
장용영 마을

O

조선이 건국된 후 수도를 한양으로 정하고 궁궐을 만들고 도성을 쌓았
다. 이때 풍수적으로 동쪽의 기운이 약하다고 하여 동대문의 '興仁之門'^{홍인}
지문 편액 글씨를 다른 4대문의 글자보다 하나 더 쓰고 성문 밖에 항아리를
반으로 자른 것과 같은 모양으로 성벽을 추가로 쌓아 동서남북의 기운을
맞추었다. 정조는 이와 같은 풍수사상을 바탕으로 한 도성 건설의 의미를
받아들여 장용영 청사의 위치를 잡았다.

정조는 건국 초기 도성의 안정을 위해 동쪽 지역의 기운을 높인 의미를
고려하여 장용영 본부를 동대문 인근의 이현梨峴에 설치하였다. 현재 종묘
왼편에 있는 혜화경찰서와 서울시선거관리위원회의 자리가 바로 장용영의
청사였다.

이현의 장용영 청사는 1787년(정조 11년)에 건립되었는데, 총 812칸의 대
규모 청사였다. 처음 경복궁을 지을 때 390칸으로 시작하였으니 812칸은
매우 큰 규모의 청사였다.

정조는 장용영 군사들의 거주지를 창경궁 정문인 홍화문弘化門 남쪽에 있는 선인문宣人門 아래에서부터 이현의 마을 입구까지 양편에 살고 있는 백성들에게 정당한 보상금을 주고 다른 곳으로 이사시키고 장용영 장교와 군사들을 입주시켰다. 이곳은 효종대에 북벌군들이 살던 곳이었다. 그러므로 정조가 과거 북벌군들이 살던 곳에 장용영 군사들을 거주하게 한 것은 북벌의지를 계승한다는 의미였다. 여기에 더해 궁성 인근에 사는 백성들이 궁성 주변을 깨끗이 해야 함에도 불구하고 질병과 오물 등을 마구 버리는 폐단을 막고 이를 장용영 군사들로 하여금 깨끗이 청소하게 하기 위함이었다.

조선후기로 들어서면서 백성들의 의식이 성장하고 관가의 부패가 심해지면서 조정의 권위가 약해졌다. 한성부가 궁성 주변 백성들의 오물 투척행위를 감시한다고 하였으나 전혀 제어하지 못하는 실정이었다. 따라서 장용영 장교와 군사들을 궁성 동쪽으로 이주시켜 이러한 폐단을 없앰과 동시에 장용영 군사들을 통제하고자 한 것이다.

정조는 자신의 친위부대인 장용영 군사들을 특별하게 대우하면서도 이들의 오만한 폐단을 막고자 하였다. 만약 장용영 장졸들이 민폐를 끼치게 되면 곧 정조의 허물로 공론화될 것은 너무도 자명한 일이었다. 만일 이러한 상황으로 발전하면 국왕 자신이 추진하고자 하는 군제개혁을 이룰 수 없었기에 강력한 단속을 실시하였다. 그래서 정조는 장용영 군사들에게 백성들을 괴롭혀서는 절대 안 된다고 특별히 지시를 내렸다. 만약 잘못을 저지르면 똑같은 죄에 대한 형벌의 두 배 이상의 형벌을 주었다. 장용영 군사들이 잘못을 저지르면 간단한 매로 다스릴 것을 곤장을 치게 하고, 곤장을 칠 죄가 되면 유배를 보냈다. 이렇게 장용영 군사에게는 특히 엄벌로 대하였기 때문에 장용영 군사들은 백성을 괴롭히는 죄를 저지르지 않았다.

특히 정조는 장용영의 체제가 정비되면서 기밀을 누설하면 군율로 처단

시흥환어행렬도
始興還御行列圖

시흥환어행렬도는 정조의 화성 행차의 일곱째 날 화성을 출발한 행렬이 시흥행궁始興行宮에 들어오는 과정을 그리고 있다. 그림 위쪽에 나란히 가고 있는 두 개의 가마가 정조의 누이동생인 청연군주淸衍郡主와 청선군주淸璿郡主의 가마이다. 혜경궁이 탄 가마는 그 아래에 보이는데, 가마 주위를 장막으로 감싸고 혜경궁에게 음식을 올리고 있는 중이다. 그 아래쪽 큰 깃발이 임금의 깃발인 용기龍旗이고, 그 앞에 가는 가마가 정조가 타고 있는 가마이다.

할 것이니 자신의 뜻을 장용영의 모든 관원들이 정확히 이해하고 숙지하여 잘못을 저지르지 않게 하라고 지시하였다.

더불어 정조는 자신의 행차 시에 장용영 군사들의 폐단에 대한 엄한 조취를 취했다. 정조의 행차는 다른 국왕에 비해 월등히 많아 재위 24년간 66회의 능행차를 거행했다. 이는 도성 외곽에 있는 선대의 묘소인 능원을 행차한 숫자이다. 실제 도성 안에서 종묘 및 사도세자의 사당인 경모궁 그리고 영조의 어머니인 육상궁과 성균관 및 관왕묘로 거둥한 것은 횟수를 헤아리기도 어렵다. 정조는 행차를 통해 백성들이 억울함을 호소하는 상언上言과 국왕의 행차를 막기 위해 징이나 북을 치며 자신들의 억울함을 호소하는 격쟁擊錚을 적극적으로 받아들이면서 백성들의 억울한 이야기를 들었다. 그런 이야기들 중에서는 장용영 군사들의 잘못도 있었다.

1795년 윤2월 화성으로 행차하기 위해 시흥대로를 만드는 과정에서 백성들이 국왕의 행차에 대해 좋은 감정을 가지고 있지 않다는 것은 암행어사의 보고를 통해서 정조도 듣고 있었다. 이러한 큰 폐단 외에 행차를 수행하는 관원 및 장용영 군사들의 폐단도 아울러 존재하였다. 정조는 자신을 호위하는 장용영 군사들의 폐단을 사전에 막기 위해 암행어사를 파견하고 잘못이 있으면 죄를 물을 것이며 군사들의 폐단이 발생할 시 인솔 관원을 파직시키기로 하였다.

이처럼 장용영 군사들의 폐단을 막고자 노력했던 정조는 장용영의 집단 거주 지역과 장용영 군사와 일반 백성들이 절반씩 거주하는 연화방(현재 서울 종로구 대학로 서울대학교 병원 일대) 일대에 다섯 가구가 하나의 통을 이루어 통제하는 오가작통五家作統을 통한 계모임을 조직하여 정확한 호구를 파악하여 각종 폐단이 일어나지 않도록 조치했다.

정조는 오가작통제를 시행함에도 불구하고 범죄를 저지르는 장졸들이 있으면 강력한 제제를 가하겠다고 다음과 같이 강조했다. 즉 5가구를 1통으로 만들어 1통 가운데 한 사람이 법을 범하면 1통 모두에게 죄를 주고, 감춘 채 보고하지 않는 자는 법을 범한 자와 동일하게 처리하였다. 이와 같은 정조의 의지를 반영하여 장용영은 연화방 일대의 마을 계에 대한 법을 제정하였다.

1788년 처음으로 '작통조'作統條를 만들어 오가작통을 통한 장용영 장졸들의 집을 통제하기로 하였다. 하지만 1793년(정조 17년) 장용영이 확대되고 내외영제로 개편되면서 작통제도 추가되어 새롭게 변경되었다. 작통제의 변경과 더불어 연화방 일대의 종묘와 다리를 청소하기 위해 '수소조'修掃條를 추가하였다. 또한 종묘에 어가가 행렬할 때 등을 만들어 매다는 '현등조'懸燈條와 혼인과 상례 등 연화방 안에 사는 사람들의 관혼상제를 서로 돕기 위한 '주휼조'周恤條를 신설하였다.

『장용영고사』에 기술된 연화방의 작통 절목의 내용을 보면 작통제는 처음 연화방 일대를 동서로 나누어 장용영좌계壯勇營左契, 장용영우계壯勇營右契로 하고, 이를 장용영에서 선발한 2명의 우두머리인 '존위'尊位가 관할하게 하였다. 좌계와 우계 안에서 서로 송사를 벌이는 사람들에 대해서는 크고 작은 것을 막론하고 장용영 제조와 종사관이 주관하여 재판하게 하였다.

당시 장용영 양계가 각각 26통이었으니 도합 260가구가 살고 있었고, 대략 거주인은 1,300명에 행랑살이 하는 인원까지 계산하면 약 1,800명 내외라고 할 수 있다.

연화방 일대의 길을 청소함에 있어 자기 집 앞은 장용영 소속의 호가 담당하되 선인문과 홍화문 밖의 길을 닦는 일은 장용영 군사들이 하도록 하였다. 어가가 행차할 때에 장용영 좌계와 우계에서 집 앞에 황토를 덮기 위해 매번 돈 2푼씩을 지출하여 실제 일하는 각 호에 주게 하였다.

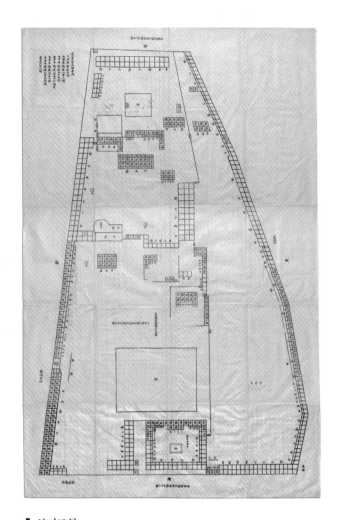

본영도형

本營圖形

장용영의 서울 본영(내영)을 상세히 그린 대형 그림이다. 장지 4장을 이어 붙인 후 2cm 간격으로 만든 붉은 색 격자를 기초로 도면 형식의 그림을 그렸다. 1799년 만든 「본형도형」에 비해 동쪽편 하단부에 각종 창고 건물이 많이 늘어났고, 건물의 용도가 바뀐 것들이 있다. 이 그림을 통해 본 장용영 본영의 구성은 상급 관직자 공간, 군사 실무를 담당하는 장교들 공간, 군기를 제작하는 장인과 부역자들 공간, 각종 무기와 군수 및 군량을 보관하는 곳간, 상번하는 향군들의 입접처入接處로 되어 있다.

각 통 안에는 장용영의 친속이 아니라도 살게 하였는데, 장용영 소속은 원거주민이라 하여 원호元戶라고 일컫고 그 나머지는 허접許接이라고 하였다. 연화방에는 전 민호마다 대문 앞에 무조건 버드나무를 심게 하였는데, 이는 미관을 아름답게 할 뿐만 아니라 경계의 표시도 되었다. 애초 목적대로 궁성 주변의 미관을 고려했기 때문에 버드나무를 심게 한 것이다.

작통조의 나머지 내용들은 대체로 기존의 동계洞契와 유사한데 앞서의 내용처럼 장용영의 확대로 인해 여러 조항이 추가로 만들어졌다.

작통조에 길을 닦는 조항이 있었지만 더욱 강화하기 위해 도성의 길을 청소하는 '수소조'를 추가하였다. '수소조'에서 가장 중요한 내용은 종묘의 제초와 겨울에 눈을 치우는 제설작업이었다. 또한 국왕의 종묘 제향 때에 장용영 군사들이 우물을 뚫고 청소하며 매달 초10일, 14일, 22일, 30일을 정식으로 하여 거행한다는 내용이 주류를 이루고 있다.

종묘에 어가가 행차할 때 마을 일대에 불을 밝히기 위해 거리와 여러 민가 곳곳에 등을 다는 것도 장용영 군사들이 해야 할 일이었다. 이 내용은 '현등조'에 자세히 기록을 하였는데, 만약 장용영 군사들이 하지 않으면 백성들이 그 일을 해야 하기 때문에 백성들을 위해 장용영 군사들이 힘을 내어 하라는 것이다.

마지막으로 '주휼조'는 질병이나 오물 등의 일이 있으면, 통장이 특별히 살펴보고 단속하여 곧바로 군사들을 보내어 해결하되 날을 넘기지 않도록 한다는 것과 관혼상제 시 좌계와 우계에 힘닿는 대로 도와주어서 대사를 치르게 한다는 것이다.

결국 장용영의 장졸과 가족들을 연화방 일대에 집단적으로 거주하게 하는 것은 궁성 수비를 용이하게 함과 더불어 일대를 깨끗이 하여 국왕의 존엄을 높이고자 함이었다. 원래 장용영을 만든 목적 중의 하나가 국왕을 호위하고 왕권을 강화하기 위함이었기 때문이다. 더불어 장용영 장졸들이 오만해져 민폐를 끼칠 우려를 차단하기 위하여 각각 동계에서 스스로 통제하여 국왕의 군제개혁을 지속적으로 추진하기 위함이었다.

참고로 장용영 융령 10조의 내용을 소개한다.

장용영 융령戎令 10조

營機莫泄班戶영기막설반호 군영의 기밀을 누설하지 말 것

莫通막통 양반과 내왕하지 말 것

毋得收斂무득수렴 수렴(뇌물)을 하지 말 것

毋得鬪鬨무득투홍 싸움을 하지 말 것

勿着禁服물착금복 도포나 당혜 등 금지하는 옷을 입지 말 것

勿借軍裝물차군장 군사 장비를 빌리지 말 것

勿爲雜技물위잡기 잡기를 하지 말 것

勿交無賴물교무뢰 무뢰배들과 사귀지 말 것

莫侮頭目막모두목 두목頭目을 업신여기지 말 것

莫酊街路막후가로 길거리에서 술주정하지 말 것

이는 군병으로 당연히 지켜야 할 규정이었고, 오늘날 기준으로 보면 상식적인 법이라고도 볼 수 있다. 하지만 왕조 사회에서는 매우 중요한 사안이었다고도 볼 수 있다.

군병 중에 글과 언문을 모르는 자들에게는 사습私習하는 날 입번入番 시 해당 장관將官과 장령將令이 시험을 치르게 하였으며, 외우지 못하면 처벌받았다. 만약 군율을 어기는 자가 발생하면 연좌제를 적용했다. 장용영 1대에서 보름 내에 2인이 군율을 어기면 대장隊長이 연좌되었으며, 1기旗에서 보름

내에 3인이 군율을 어기면 기총^{旗摠}이 연좌되었고, 1초에서 1삭^朔 내에 5인이 죄를 범하면 초관^{哨官}이 연좌되었으며, 1사^司에서 1삭 내에 10인이 범과하면 파총^{把摠}이 연좌되었다. 이런 연좌제는 군대라는 특수한 조직에서 장졸을 규제하는 역할을 했을 것으로 본다. 🌓

5_
장용영에 대한
특혜

○

　1788년(정조 12년) 장용영이 설치되면서 훈련도감을 비롯한 오군영에서 군사들이 장용영으로 이관되었다. 물론 그들은 기존 오군영의 군사들 중에서도 특출난 무예 실력을 지니고 있던 인물들이었다. 기존 군영에서 새로운 군영으로 온 이들에게 정조는 승진의 기회를 부여하였다. 또 정조는 친위부대 장용영을 강화하기 위한 방편으로 오군영과는 다른 특혜를 주었다. 이러한 특혜는 군사들의 승진과 훈련에 대한 포상 그리고 각종 재정적 지원으로 추진되었다.

　당시 훈련도감의 종4품 첨정 한 자리와 정5품 판관 한 자리, 정6품의 주부 세 자리에 대하여 각 영문에서 초관을 추천받아 병조에서 각종 자료를 검토하여 심사하도록 하였다. 이 자리에 대하여 금위영과 어영청 중에서 한 자리, 훈련도감에서 한 자리, 그리고 수어청과 총융청에서 한 자리 등 오군영에서 각기 추천을 받아 승진시켜 주었다. 그만큼 당시 군영에서 승진할 수 있는 자리가 무척이나 적었던 것이다. 하지만 장용영은 신설하는 과정에서 초관, 지구관, 기패관의 6품 승진과 초관들은 매번 하는 심사인 도목정사 때마다 추천하도록 하였다. 그리고 첨정과 판관, 주부의 자리를 추가로 만들어 군사들에게 인사에 대한 특혜를 주었다.

더불어 정조는 장용영 군병들의 잘못에 너그러웠다. 장용영 군병이 죄를 지었을 때 그 죄의 크고 작음과 범한 내용의 가볍고 무거움을 막론하고 천역賤役의 죄는 면하게 해주었다.

정조는 장용영이 오군영과 모든 면에서 위상이 다르다고 생각하였다. 따라서 그 대우 역시 달라야 한다고 인식하였다. 장용영에서는 상喪을 당한 군병들에게 100일 간의 휴가를 주고, 가난하여 장례를 치를 수 없는 자에게는 장례비를 급여에서 미리 제공하였다. 당시 장용영을 제외한 각 군영에서도 상을 당한 군병에게 휴가를 주고 미리 급여를 주는 제도가 있었다. 하지만 100일의 휴가를 주거나 돈을 미리 지불하면서 10분의 1의 이자를 받았다. 중앙오군영은 군병들의 어려움을 도와주는 것처럼 급여를 미리 지불해주었지만 실제로는 이자를 받아 가난한 군병들의 어려움을 해결해 주지 못하는 결과를 초래하였다. 하지만 장용영에서는 가난하여 상을 치르기 어려운 군병에게는 봉급을 미리 주는 일을 해당 장수들에게 알리고 군병들에게는 이자를 받지 않도록 하였다.

재정적인 지원은 장용영에 소속된 초관급 이상 장교가 아닌 군병 중에서 뇌자색과 순령수색, 취고수색, 대기수색, 당보수색, 아병색, 장막군색, 선기대색에 대한 지원과 보군의 각 초에 대한 지원이 있었다. 정조대 중앙오군영의 경우 군영의 기율이 무척이나 해이해져 수습할 수 없는 상태에 이르렀고 각 영에 속한 7색들의 부정과 횡령이 판을 치게 되었다. 정조는 장용영의 기율을 바로 잡기 위한 방편으로 군문의 중요한 존재인 7색들이 부정을 저지르지 않도록 하기 위해 각 군영에 300냥씩을 특별히 나누어 지급하고 이

고풍
古風

1787년 3월 장용영 별군^{別軍}이었던 오의상이 정조의 활쏘기 성적에 고풍을 받은 기록이다. 오의상(미상~1820)은 1794년(정조 18년) 전라도병마절도사를 거쳐 정조의 상례에 여사대장^{輿士大將}에 임명되었다. 1804년(순조 4년)에 평안도병마절도사, 1811년 12월 곡산 폭동사건이 발생하였을 때 부사로 임명되어 진압 임무를 맡았다. 1819년에는 삼도통제사를 제수받았고, 다음해 현직을 역임하는 중에 사망하였다.

를 기반으로 돈을 불려 조세를 대신 내도록 하였다. 이는 자신이 만든 군영에 부정부패가 없어야 백성들로부터 인정받을 수 있고, 자연스럽게 국왕 자신이 추진한 군정 부분에 대한 경장정책이 성공적으로 추진되고 있음을 보여줄 수 있기 때문이다.

이와 더불어 정조는 장용영의 가난한 병졸의 집이 무너지면 구호할 비용을 장용영 재정 담당 부서인 호방^{戶房}에서 마련하여 내어 주도록 지시하였다. 정조는 장용영의 장교와 군병 중에서 특히 가난한 이들에 대한 애정을 보여주었다. 그 한 예로 장용영의 깃발을 담당하는 하급 무사인 당보수^{塘報手} 임필원의 아버지가 효행과 충성심이 뛰어나 표창을 하기 위해 정려^{旌閭}하는 데 드는 비용을 특별히 하사하였다. 정조는 효열^{孝烈}의 등급을 나누고 포상,

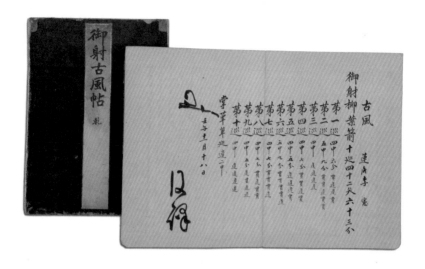

어사고풍첩
御射古風帖

1792년 10월 및 11월에 정조가 직접 활을 쏜 기록과 장용영 관원 이헌李憲에게 고풍古風을 내린 것을 적은 글씨첩이다.

권장할 때 임수만이라는 이름이 첫 머리에 올라 있는 것을 확인한 후 그가 장용영 당보수인 임필원의 부친이라는 것까지도 확인하였다. 하지만 임필원이 가난하여 임수만을 정려할 수 없음을 알고 쌀 2섬과 돈 10냥, 무명 3필을 장용영 창고에서 내어주고 휴가를 주도록 하였다.

이처럼 국왕이 군영의 일개 당보수에 대한 배려를 한다는 것은 극히 드문 일이다. 이는 친위군영인 장용영의 신설에 맞추어 국왕의 특별한 배려를 보임으로써 장교와 군병들의 자부심과 충성심을 높이고자 하는 의도였다.

장용영을 운영하기 위해서는 다양한 물품이 필요하였다. 하지만 장용영 내에 품목이 없는 경우 정조는 다른 부처에서 물품을 이관 받게 조치하는 특혜를 주었다. 수원에 주둔한 장용영의 주요 임무는 당연히 현륭원을 호위하고 관리하는 것이다. 현륭원을 관리하기 위해서는 반드시 물이 필요했고, 수차水車 15개가 필요하였다. 하지만 당시 수원의 장용영외영의 군사들은 수차를 만드는 데 필요한 넓은 판자를 가지고 있지 않았다. 그래서 이를 구하기 위해 국왕의 관이나 왕실 종친들이 죽었을 때 사용하는 관을 만드는 판자를 호조에서 구하여 수차를 제작하기도 하였다. 왕실에서 사용하는 최고급 관을 장용영 군사들이 농사를 짓기 위해 사용할 수차를 만드는 데 제공하였으니 참으로 대단한 특혜가 아닐 수 없다. 또한 장용영은 모자라는 종이를 매년 호조에서 300권씩 가져다 쓰기도 하였다.

정조는 자신의 즉위 20년이 되는 해인 1796년 새해, 창경궁 춘당대에 거둥하여 군사들에게 회식을 시켜주면서 각 처의 장령들과 새로 입대한 군병들을 참여하게 하였다. 그리고 춘당대에서 장용영의 대장 및 장관들은 정조의 왼편에 있게 하고 병조판서를 비롯한 금군별장 호위별장 등은 오른편에 있게 하였다. 이와 같은 대대적인 군사 시열試閱을 통해 절대왕권을 과시하고자 하는 의도가 있었던 것이다. 이러한 국왕 친위 사열에 참가하는 것은 무척이나 영광스러운 일이었기에 장용영 군병들은 궁궐 안 입직이 아니더라도 모두 참석하게 하여 자부심을 높여주었다.

조선시대 국왕은 공헌이 있는 군영의 장졸들에게 말馬을 하사하였다. 하지만 말의 공급이 많지 않았기 때문에 넉넉하게 하사해줄 품목이 아니었다. 하지만 정조는 장용영의 사기진작을 위해 때때로 장용영 도제조 이하에게 제주에서 기른 공마貢馬와 군마軍馬를 하사하였다. 제주에서 기른 말로 장용영 장졸에게 하사하기가 여의치 않게 되자 장용영의 암말을 살곶이 목장에 방목하여 태복시에서 길러 매년 세 마리의 암말이 한 마리의 새끼를 번식하게 하였다. 이처럼 제주에서 기른 말과 살곶이 목장에서 방목하여 사육한 말을 장용영내영과 화성부의 장용영외영 친군위에 나누어 주게끔 조처하였다.

장용영 군병들은 무과에 합격하는 것도 다른 군영의 군병보다 훨씬 유리했다. 정조는 장용영 군병들에게 자주 활쏘기를 연습시켰고, 이 중에서 성적이 우수한 자에게는 무과의 마지막 시험인 국왕 앞에서 면접시험을 보아 최종 합격할 수 있는 직부전시直赴殿試의 특전을 주었다. 더불어 정조는 현륭원에 행차한 이후 장용영 군병의 활쏘기 시험인 시사試射에서 과녁의 정중앙을 맞춘 군사 한 명은 무과의 2단계인 회시會試에 직접 올라갈 수 있게 하고 만약 원하지 않으면 무명 두 필을 주도록 하였다. 그리고 장용영에서 주관하는 교리에게는 각각 무명 한 필을 상으로 내려주고 이를 정식으로 삼게 하였다. 즉 장용영 군사들에게 여러 가지 무과시험에 다른 군영의 군사들보다 특별한 혜택을 주었다.

　특히 1795년 윤2월의 화성행차에서 정조는 화성에서 현륭원을 지키는 원군園軍과 친군위, 장용영내영의 보군 중에서 무적이거나 단식單式으로 군영에 입적되어 있는 군병들에게 무과 초시에 응시하게 하였다. 이에 더하여 일찍 들어온 장용영의 군병들에게 유엽전柳葉箭 작은 사대 활쏘기 1순(5발)을 시험하여 입격한 사람들은 다시 시험하여 작은 사대의 중앙이 아닌 끝 쪽에만 2발을 맞추어도 모두 무과 최종시험인 전시殿試에 직부하도록 하는 특혜를 주었다. 또한 파주 등 장용영에 소속된 향무사鄕武士의 시사방試謝放 등의 무과시험에서 장원을 한 자들에게는 직부하도록 하는 은전을 베풀기도 하였다.

　아울러 정조는 1798년 2월 화성행차를 마치고 창덕궁으로 돌아온 이후 2월 25일 창덕궁 춘당대에서 별시사別試射를 거행하였다. 이 별시사에서 정조는 현륭원에 거둥할 때 10년 동안 11차례 어가를 수행한 장용영 장교와 군병에 대하여 당일 별시사에서 입격하지 못한 자라도 장용영에서 무명 한 필을 내려주도록 하고, 회시에 직부한 자는 이틀 후 장용영 향군이 활을 쏠 때 별도로 유엽전 1순을 시취하여 두 발 이상 명중시키면 이들 군사들도 최종 시험인 전시에 직부하도록 시켰다. 이때 장용영 서리 백흥동 등 2인과 서원 송복담이 각각 무명 한 필을 받았고 고직 김억년을 비롯한 18명이 쌀 두 말을 받았다. 그리고 장용위 한량 조명헌과 장용영 소속의 향무사 정용성 등 16명이 전시殿試에 직부되었다.

정조는 장용영의 군병들이 무과에 합격하게 되면 그 초관을 특별 임명하는 혜택을 주었다. 한 예로 수원향군 1초의 군병 5명이 등과하자 좌사 우초의 초관인 조강趙岡을 비록 허직이긴 하지만 3품의 자리에 임명해 주었다. 이는 해당 초哨에 다섯 명이 등과되면 그 장수의 품계를 정삼품 통정대부 이상으로 올려주는 '가자'加資라는 병전兵典의 조항에 따른 것이었다.

이와 같은 특혜를 주는 것은 자신이 만든 군영 군사들이 자부심을 갖고, 당당하게 생활하며 부정부패가 없어야 백성들로부터 인정받게 되고 자연스럽게 국왕 자신이 추진한 군사제도의 개혁정책도 성공할 수 있기 때문이었다. 🏵️

6_
장용영의 훈련
─바람으로 머리 빗고,
빗물로 목욕하라!

○

바람으로 머리 빗고 빗물로 목욕하라!

정조는 『무예도보통지』 서문에 '즐풍목우'櫛風沐雨라고 쓰면서 장용영 군사들의 훈련을 강하게 시키라고 지시하였다. 들판에서 말을 타고 훈련하거나 뛰어 가다보면 자연스럽게 바람에 의해 머리가 빗겨지고, 비가 오는 와중에서 끊임없이 훈련하면 빗물로 목욕을 하게 되는 것이다. 이 두 문장만 보더라도 장용영 군사들이 얼마나 열심히 훈련을 했고 최정예 군대가 되었는지 알 수 있다.

정조는 장용영 창설 후에 장용영, 훈련도감, 금위영, 어영청 등 중앙 군영의 합동 군사훈련을 시행하면서 각 군영의 대장들에게 전혀 낯선 훈련 방법을 요구하였다. 그것은 자신의 직속 군사를 통솔하지 않고 다른 군영의 군사를 상대로 돌아가며 통솔하도록 한 것이다. 잘 훈련된 군사들이라 하더라도 처음에는 이러한 방식이 쉽게 적응하기 힘들 것이다. 하지만, 정조는 정책적으로 꾸준히 이를 밀고 나갔다. 일관된 방침을 가지고 거듭 반복하다

보니 군사들도 차츰 합동군사 훈련에 적응해 나갔다. 이러한 합동 훈련 방식은 군사 지휘체계의 일원화를 추구하였던 정조의 의도가 드러나는 부분이 아닐까 싶다.

정조는 1788년(정조 12년) 4월 4일 사도세자의 묘소인 영우원 제사인 작헌례를 한 뒤 장용영·훈련도감·어영청의 3군영이 합동으로 진법 훈련을 하여 곡진曲陣, 방진方陣 등 다양한 진법을 익히고, 일본군의 복식을 입히고 그들의 무기를 사용하게 하는 가짜 왜군인 '가왜군'假倭軍을 출동시켜 모의 전투를 치르게 하였다. 이러한 기록을 보면 정조가 장용영을 만든 이유 중 하나가 일본군의 재침입을 염려하여 이를 막기 위한 것일 수도 있다.

이처럼 정조는 선대 국왕의 묘소 참배 행차를 활용하여 합동 군사훈련을 하였다. 또한 이때는 각 군영의 대장들에게 평소에 자신이 지휘하지 않는 다른 군영에 소속된 군사를 지휘하도록 하였다. 예컨대 1797년 8월 4일에 벌어진 훈련을 봐도 그렇다. 이날도 장용영을 비롯하여 훈련도감·어영청·금위영·총융청의 중앙 군영이 참여하였다. 어영대장은 훈련도감군을, 훈련대장은 어영군을, 장용대장은 총융청 군사를 지휘하도록 하였다. 1798년 1월에도 이런 모습의 훈련이 있었다. 이를 통해 정조대의 진법 훈련의 양상을 어느 정도 추정할 수 있다. 진법을 익히는 규정과 시행했던 기록을 통해 진법에 대한 훈련의 수준을 가늠해 볼 수 있다.

진법을 익히게 하기 위한 제도인 「진법절목」陳法節目에 따르면, 진법은 매 계절 첫 달의 10일에 시행하도록 규정하고 있다. 만일 어떤 일과 겹치게 되면 20일 혹은 30일로 물려서라도 반드시 시행하도록 하였다. 만일 지방의 향군이 순서가 되어 한성부로 올라오면, 모든 훈련에 참여하고 배봉진과 노량진의 소년 병사들을 징발하여 훈련에 나아가도록 하였다.

진법을 익힐 때의 군복 색상에 대한 규정도 마련되어 있다. 군영의 최고

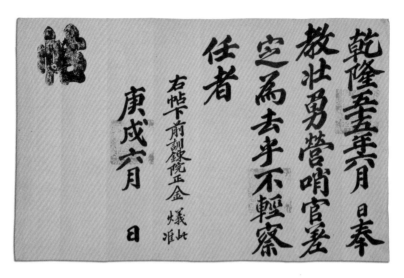

차첩
差帖

1790년 6월에 전 훈련원 정 김의손金義孫를 장용영 초관에 임명하면서 발급한 차첩이다. 차첩은 중앙에서 임시직을 임명하는 경우에, 지방에서는 속관屬官을 임명하는 경우에 주로 사용된다.

책임자인 제조와 보좌관인 종사관과 감관과 별부료는 융복戎服(군복의 일종)을 갖추어 입고, 대장 이하 장관과 장교에 이르러서는 군복을 갖추어 입었다. 통장統長과 장용위와 선기대는 봄과 겨울에는 갑옷과 투구를 착용하고, 여름과 가을에는 군복을 입도록 하였다.

당시 장용영 군사들이 익힌 진법은 앞에 나온 곡진과 방진 이외에도 기마병의의 학익진鶴翼陣과 봉둔진蜂屯陣, 보병의 오행진五行陣과 현무진玄武陣과 육화진六花陣을 익혔다. 훈련 중에 마보군이 서로 추격하는 것도 의식의 순서를 기록한 것에 따라 연습하였다. 군병들은 매월 세 차례 조련을 하였다. 각 군영의 훈련장에서 똑같은 규정에 따라 합련合鍊과 분련分鍊을 하였지만 장

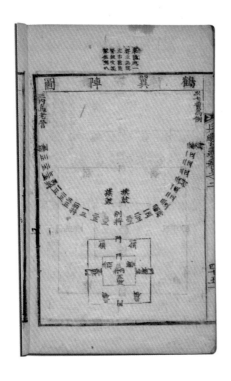

병학통 학익진도
兵學通 鶴翼陣圖

『병학통』의 학익진은 충무공 이순신의 활약으로 명성을 얻게 된 '학익진'鶴翼陣을 육전용으로 전환하여 공격용 진법으로 만들었다. 학익진은 『병학통』 중 마군의 진법으로 학이 날개를 펴듯이 도열한 후 좌군이 먼저 공격하고 우군, 중군의 순서로 돌진하게 만들었다.

용영에서 매월 10일마다 익히는 것은 보다 체계적이었다. 처음에는 기旗별로 돌아가고, 중간에는 초哨마다 돌아가며, 마지막에는 1사司 단위의 합동 훈련으로 시행하였다.

당시 장용영 기병들의 진법 훈련 수준은 조선 최고의 수준을 자랑할 정도로 정교하였던 것 같다. 절목에서 "기旗와 초哨의 소규모 단위로 익혔으나 정예하게 익혔기 때문에 다른 군영이 넓은 곳에서 합동 훈련을 많이 하지만 정교하지 못한 것에 견줄 바가 아니다"라는 자신감을 공공연히 드러내고 있다.

정조의 장용영 군사훈련은 진법 훈련과 기예 훈련으로 나뉘어 진행되었다. 『무예도보통지』와 짝을 이루는 『병학통』은 진법을 익히는 교범이다. 진법은 가장 적은 규모인 대隊 단위 이상의 부대가 전투하는 대형을 익히는 훈련이다. 충무공 이순신의 활약으로 명성을 얻게 된 '학익진'鶴翼陣을 비롯하여 원진圓陣, 곡진曲陣 같은 다양한 진법을 익혔다. 전투에서는 개인의 능력보다 전체의 능력이 더욱 중요시되었기 때문이다. 정조는 특히 바다에서 사용했던 이순신의 학익진을 육전에서 기마군사들이 하는 훈련으로 개편하였고, 이 훈련은 장용영의 기병들이 주로 훈련하였다.

장용영에 소속된 마군馬軍과 보군步軍이 반드시 익혀야 할 무예는 두 가지였는데, 이를 원기元技와 별기別技로 나누었다. 그래서 마군원기, 마군별기, 보군원기, 보군별기로 구분된다. 활과 조총을 다루는 사격술은 마보군의 원기이며, 『무예도보통지』의 무예인 24기는 마보군의 별기에 해당된다. 또한 마군별기는 마상재馬上才와 나머지 기예로 구분되었다. 마상재는 마상무예의 기초과목이자 필수과목으로 중시하였다.

장용영은 매월 한 차례 진법을 익히고, 3일마다 대隊 단위로 돌아가며 시사試射를 열어 활쏘기와 조총사격, 창검무예 시험을 보았다. 초관 이상의 장관將官들은 매달 세 차례 활쏘기를 익혔고, 장교인 지구관과 교련관은 매월 두 차례 『병학통』을 바탕으로 진법을 강론하였다. 이때는 조총과 활쏘기 같은 사격 훈련과 『무예도보통지』의 24기를 연마하였다.

정조는 장용영외영을 화성에 신설하고 자신의 강력한 왕권을 보여주기 위하여 1795년 윤2월의 화성행차 시 대규모의 군사훈련을 실시하였다. 모친의 회갑연 준비와 사도세자의 묘소인 현륭원 방문에 초점이 맞춰진 8일 간의 화성행차에서 오히려 장용영외영과 화성을 지키는 협수군의 군사훈련이 더 중심이 되었다. 정조가 이렇듯 화성행차 시에 실시하는 군사훈련을 중요하게 여겼던 것은 스스로 강력한 군사력을 지니고 있음을 보여줌과 동시에 화성방어체제를 시험할 수 있는 기회로 보았기 때문이다.

화성에서의 군사훈련 이전부터 정조는 수도권 일대의 선대왕의 능행시 규모의 차이는 있을지언정 항상 군사훈련을 실시하였다. 이는 수도권의 방위 상황을 점검하고 국왕을 수행하는 중앙군의 무예를 단련시키는 기회로 활용한 것이었다. 그래서 정조는 능행시 궁궐을 출발할 때부터 융복을 갖춰 입고 이동할 때는 말을 이용하였다. 따라서 백성들이 보는 국왕의 모습은 전장에서 군사를 지휘하는 모습이었다.

정조가 처음으로 대규모의 군사훈련을 실시한 때는 1779년(정조 3년) 8월 북벌을 주장했던 효종 사후 120년을 맞아 여주 영릉^{寧陵}을 방문했을 때였다. 정조는 영릉 방문을 마치고 여주행궁에 머물면서 청심루에서 신포^{信砲}의 성능을 시험한 다음 육상과 수상에서 군사훈련을 실시하였다. 그리고 각 군영 깃발인 영기^{營旗}를 점검한 이후 각 영문 대장에게 휘하의 군대를 인솔하여 언덕에서 진을 치게 하였다. 그런 다음 경기감사와 광주목사에게 수백 척의 선박을 정렬시키고 청심루에서 올린 봉화를 따라 일제히 북과 징을 치게 하여 신호를 주었다. 이때 관람한 백성들이 만 명이 넘을 정도였으니, 정조는 대규모 군사훈련을 통해 백성들에게 국왕의 지엄함을 보여주었던 것이다.

환궁하는 길에 정조는 병자호란의 치욕이 서린 남한산성을 방문하여 승군들의 훈련을 관람하고 지뢰의 일종인 매화포^{埋火砲}를 설치하는 등 대규모 군사훈련을 실시하였다. 남한산성의 군사훈련 역시 병자호란의 치욕을 극복하기 위한 훈련임과 동시에 즉위 초반 자신의 왕권이 확고함을 보여주고자 하는 정치적 시위였다. 정조는 남한산성의 군사훈련을 통해 과거 병자호란의 치욕을 극복하기 위해 강력한 군사력을 키워야 한다고 강조했다.

정조의 두 번째 대규모 군사훈련은 여주 행차 이후 2년만인 1781년(정조 5년) 사도세자의 묘소인 영우원을 방문하고 환궁하는 도중 서울 근교의

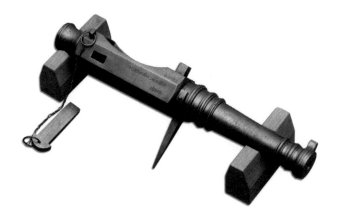

사아평沙阿坪에서 이루어졌다. 정조는 사아평에 이르러 병조판서 홍낙성에게 명하여 5반의 금군을 거느리고 먼저 사아평으로 나아가 진을 치게 하고, 훈련대장 구선복에게는 보군의 선두를 거느리고 길가에 주둔하게 하였다. 그리고 좌우별장은 마병을 거느리고 금군이 진을 친 서쪽에 진을 치게 하였다. 정조는 이때 지휘소인 막차에 올라 대신들을 불렀는데, 금위대장 이경무는 지휘소 아래에 주둔한 병마를 거느리고 지휘소의 동쪽에 진을 쳤고, 어영대장 이주국은 병마를 거느리고 지휘소의 서쪽에 진을 쳤으며, 중앙에는 병조판서 홍낙성이 금군을 거느리고 있고, 좌우별장 이명운과 신대겸은 마병을 거느리고 동남쪽의 모퉁이에 진을 쳤다.

서장대 성조도

西將臺城操圖

1795년 윤2월에 있었던 정조의 8일간 화성행차 중에서 가장 중요한 행사를 8폭의 그림으로 나누어 그린 것 중, 12일에 있었던 장용영 군사들의 훈련을 그린 그림이다. 정조가 친림한 서장대와 화성행궁을 강조한 나머지 다른 시설물들은 상세하지 않지만, 성벽 위에 장용영 군사들이 담당 구역별로 복색을 달리하고 횃불을 켠 채 훈련에 임하고 있다. 화성이 완공되기 전이어서 오늘날의 모습과 사뭇 다르다.

정조는 이와 같이 진을 형성하게 한 후 금군으로 하여금 학익진을 이루게 하고 마병으로 하여금 방진方陣을 이루게 하여 전투하는 진陣을 만든 다음, 두서너 번 충돌하게 하고 나서, 이어 징을 쳐서 울려 원래의 장소로 돌아가게 하여 군사훈련을 종료하였다.

정조는 1785년(정조 9년) 사아평에서 한 차례 더 군사훈련을 실시하였다. 정조는 강릉康陵과 태릉泰陵을 배알한 후 돌아오는 도중 사아평에서 갑작스런 군사훈련을 실시하겠다고 했다. 정조는 금위대장 서유대로 하여금 기병 50명을 거느리고 서쪽에서 진을 치게 하고, 금군별장 이득제에게 기병 50명을 거느리고 동쪽에 진을 치게 하였다. 즉 금위영 군사들과 금군으로 하여금 실전 훈련을 시키자는 의도였다.

이때 정조는 비밀리에 마병별장 조학신에게 명하여 휘하 기병 50명과 무예출신을 거느리고 기병을 만들어 양쪽 진영 사이를 치게 하였다. 또 국왕 가마의 호위를 맡은 가전별초駕前別招와 어가 후위를 맡는 가후별초駕後別招에게 명하여 그 동쪽으로 나가서 이를 에워싸게 하였다. 서로 추격하게 하여 말을 사로잡은 군사에게는 말을 주고, 사람과 말을 사로잡은 자에게도 똑같이 하였고, 깃발을 빼앗은 자에게는 면포를 주었다.

정조의 지시를 성공적으로 수행한 마병별장 조학신에게는 잘 훈련된 말을 상으로 주었다. 이어서 대취타를 연주하도록 명하여 군사들로 하여금 차지했던 지점으로 돌아오게 하였다. 정조는 가전별초와 가후별초, 무예출신, 별대마병別隊馬兵에게 명하여 원진圓陣을 치게 하고, 대기치大旗幟로써 4곳의 문을 만들게 한 다음 금위대장과 금군별장에게 명하여, 단신으로 말을 달려가서 말을 몰아 채찍과 몽둥이를 잡고 진의 가운데 들어가서 맞받아치고 서로 무기와 기계를 빼앗게 했다.

정조의 이와 같은 선대 국왕 묘소 참배 후 돌아오는 도중 실시되는 군사훈련은 대체적으로 즉흥적인 훈련이었다. 물론 정조는 행차에 앞서 군사훈련을 실시하겠다는 의중을 지니고 있었지만 이를 사전에 공표하지 않았다. 따라서 정조의 갑작스런 군사훈련 지시는 정조의 행차를 호위하는 중앙오군영의 군사들에게 긴장을 놓을 수 없게 했다.

하지만 군사훈련의 규모가 어가를 호위하는 2,000여 명의 인원만 가지고 하는 훈련이었기에 정조가 원하는 수도군 방어훈련으로는 적합하지 않았다. 특히 군사들의 세부적인 무예능력과 지휘관들의 통솔 능력을 한 차례의 군사훈련으로 확인하는 것은 어려운 일이었다. 따라서 정조는 대규모의 인원으로 사전에 계획된 훈련을 할 필요가 있었다. 그러한 군사훈련은 국왕 정조가 장용영을 중심으로 새로운 군사체제를 개편하고자 하는 계기가 되었다. 그래서 정조는 그로부터 10년 뒤인 화성행차에서 대규모 군사훈련을 실시한 것이다.

○

6부

화성에 장용영외영을
설치하라!

1_
장용영외영은
왜 만들었는가?

○

　정조는 한양에 장용영을 만든 다음 수원에 왜 또 장용영외영을 만들었을까? 한양에 만든 장용영은 중앙오군영의 군사와 재정을 빼서 만들었기 때문에 큰돈이 들어가지 않았지만 수원에 장용영외영을 만들기 위해서는 분명히 많은 재정이 필요했다. 그런데도 왜 굳이 수원에 또 다른 군대를 만들었을까? 그것은 정조의 개혁정책과 무슨 관계가 있을까? 그러나 분명히 말하자면 정조의 군사정책 개혁과 민생안정 개혁의 산실은 바로 수원, 더 정확히 말하자면 수원의 위상과 명칭이 바뀐 화성유수부에서였다. 정조의 고뇌와 결단이 화성유수부를 만들고 새로운 개혁의 군대를 만들었다.

　1793년(정조 17년) 1월 정조는 수원도호부를 화성유수부로 승격시키면서 화성유수부에 장용영외영壯勇營外營을 신설하였다. 화성유수부의 승격은 1년 뒤에 있을 화성 축조를 위한 사전 준비 작업이었다. 화성 축성은 왕권을 강화하여 민생안정을 추구하고자 하는 정조의 장기적인 정국운영을 위한 기반을 마련하는 일이었다. 이를 위해 정조는 화성유수부를 강력한 정치적 군사적 배후도시로 만들 필요가 있었고, 이를 위해 화성유수부 승격과 더불어 장용영외영을 신설한 것이다.

1789년(정조 13년) 현륭원 원침 이전으로 수원 신읍치를 건설한 후부터 화성 축성의 준비는 시작되었다. 현륭원 천봉 이듬해인 1790년(정조 14년) 6월에 부사직 강유가 수원 신읍치에 성곽을 축성하여야 한다고 상소하였다.

"수원은 곧 총융청의 바깥 군영으로서 국가의 중요한 진鎭이고 더구나 또 막중한 능침을 받드는 곳이니, 의당 특별한 조치가 있어야 할 것입니다. 이번에 새 읍을 옮겨 설치하였으나 성지城池의 방어설치가 없습니다. 신의 생각으로는 이번에 옮겨 설치한 것을 계기로 성지도 아울러 경영하는 것이 마땅하다고 봅니다. 옛사람의 말에 '금성탕지'金城湯池라고 한 것은 곧 참호를 설치한다는 말입니다. 그러나 우리나라는 산이 많고 들이 적기 때문에 어느 곳이나 산을 의시하여 쌓게 되어 참호를 설치할 수 없으니, 이는 옛 제도가 아닙니다. 새 읍은 이미 들 가운데 위치하고 있으므로 과연 성을 쌓고 참호를 설치한다면 실로 성을 설치하는 조건에 맞을 것입니다.

–『정조실록』 권30, 14년 6월 기미

강유는 수원 신읍치에 성을 쌓아 구읍치를 방어하던 독성산성과 서로 방어체제를 구축하면 어떠한 적이라도 감히 쳐들어 올 수 없을 것이라고 하였다. 그리고 이 지역에 군사들을 불러들여 집을 짓게 하고 복호復戶(조선시대 호戶에 부과한 요역을 국가에서 특별히 면제해주던 제도) 500결結(결전結錢의 준말) 내에서 그 절반을 군병에게 떼 주어 살아갈 길을 삼게 하며, 또 각 군문으로 하여금 새 읍 부근에 둔전을 설치하게 하여 군병들이 농사를 짓게 하고 군문에서 그 세를 징수하게 한다면 토지 없는 군사들이 반드시 앞을

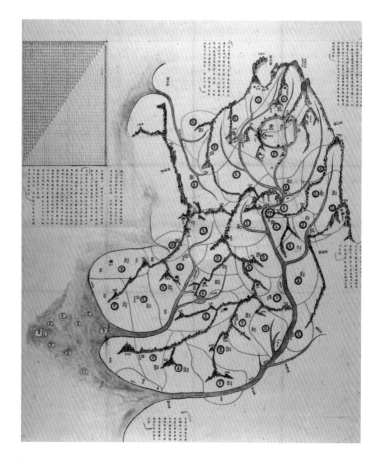

수원부지도
水原府地圖

1789년(정조 13년) 현륭원을 만들고 수원의 읍치를 옮긴 뒤 만든 화성까지 그려진 수
원 지도로, 당시 수원부의 관내를 잘 표현하고 있다. 현륭원과 건릉이 있는 지역에
는 옛 수원의 관방유적인 독성산성이 보이고, 화성의 서쪽에는 축만제, 북쪽에는 만
석거가 보인다. 정조는 화성을 축성하면서 수원도호부를 화성유수부로 승격시키고,
도성 남쪽의 방어를 담당하게 하였다. 아울러 친위부대인 장용영의 외영을 화성에
만들어 성을 수비하게 하였다. 문관인 화성유수가 장용외사를 겸임했기에 실질적으
로 장용외영을 관장했던 중군이 머물렀던 중영이 화성 내 매향교 옆에 보인다.

다투어 모집에 응할 것이라고 하였다.

강유의 수원 신읍치 축성론에 이어 1791년(정조 15년) 정월에는 부사직 신기경도 수원 신읍치에 축성을 해야 한다는 상소를 올렸다. 이와 같은 강유와 신기경의 상소는 수원 신읍치에 성곽을 축조하고 강력한 군병을 설치하여 현륭원과 수원을 보호하고자 하는 것이었고, 이는 다름 아닌 정조가 추구하는 바이기도 했다. 정조가 수원으로 사도세자의 원침을 천봉한 것은 이 지역을 친위지역화하고 본격적 개혁의 진원지로 삼고자 하는 정치적 목적에서 이루어진 것이다. 이러한 정치적 의도는 수원 읍치 이전과 상권부양책의 추진, 장용영외영 주둔, 화성 축성으로 구체화되어 갔다.

정조는 화성 축성에 대하여 "현륭원을 보호하고 행궁을 호위하기 위함"이라고 강조하였다. 이는 곧 국왕 자신을 변란으로부터 보호하겠다는 의미였다. 정조는 즉위 초부터 시해사건을 겪은 경험이 있기 때문에 자신이 추구하는 왕권강화 정책에 반대하는 세력들의 변란을 막고자 하였던 것이다. 이를 위해 사전에 수원신읍치를 육성하여 왕권을 강화하고 자신의 배후도시로 육성하려 했다. 이는 장기적으로는 부친인 사도세자를 추존하기 위한 포석이었다. 정조는 1804년 세자였던 순조에게 왕위를 물려주고 자왕子王이 조부인 사도세자를 국왕으로 추존케 하고 자신은 수원에서 상왕上王으로 국정을 경영하려는 계획을 세웠다. 결국 수원을 유수부留守府로 승격시키고 화성을 축성한 이유가 여기에 있는 것이다.

정조가 수원을 자신의 정국구상의 핵심거점으로 선택한 데는 두 가지점이 크게 작용하였다. 첫째, 수원이 삼남지방으로 내려가는 길목에 위치하여 군사상의 요지라는 점이다. 수원은 방비를 튼튼히 하고 요충지로서의 역할을 성공적으로 수행하게 된다면, 삼남의 튼튼한 배후지를 바탕으로 서울 이북의 가상의 적에 대해 장기적인 측면에서도 전쟁을 성공적으로 이끌 수 있는 지역이었다. 둘째, 수원이 교통상의 요지로, 타 지역에 비해 상업이 발달할 가능성이 매우 높았으므로 단순한 군사거점 이상의 역할을 기대할 수 있다는 점이다. 결국 충청, 전라, 경상도의 곡창과 군사를 보호하고, 군사적으로 주요한 거점이 되며, 장기적으로 거점의 안정화를 기여할 수 있는 지역으로는 수원이 가장 유리했다. 따라서 군사력의 중추를 수원에 집결시키고 왕의 거처라는 상징성을 강화하기 위해서 정조는 수원에 자신의 친위부대를 반드시 주둔시킬 필요가 있었다.

정조는 수원지역의 군사적 중요성을 인식하고 1789년 현륭원을 천봉한 직후 수원도호부를 방비하던 총융청 소속의 향군 5초를 장용영으로 이관하여 장용영 향군 5초를 설치하였다. 수원은 현륭원 천봉 이전부터 왜구를 방비하는 군사적으로 매우 중요한 지역이었기 때문에 일찍부터 총융청에서 독성산성을 중심으로 향군 5초를 설치하였던 것이다. 총융청은 1초당 125명이 정원이었으므로 정조는 장용영으로 이관한 향군을 각 초당 장용영 편제에 맞춰 2명씩 증원하여 1초당 127명 도합 635명으로 조직하였다. 그리고 이들은 정조의 현륭원 행차를 수가隨駕(거둥 때에 임금을 모시고 따라다니는 일)하고 현륭원과 수원도호부를 호위했다. 당시 수원도호부의 전직 부사였던 조심태는 수원도호부에 정조를 호위할 향군 5초를 설치하자고 건의했고, 이를 위한 군복과 무기를 확보하기 위해 "호조에서 평안도에 공문을 보내 그 지역의 비용 5,000냥과 균역청에서 사용할 곡식 1,000섬을 매년 장용영으로 보내달라"고 요청하였다. 평안도 감영의 돈을 요청한 것은 당시 평안도가 가장 많은 돈을 비축하고 있었기 때문이었다. 하지만 비변사는 평양에 있는 돈과 균역청의 돈보다는 비변사의 재정이 넉넉하니 비변사에서 환곡을 주기 위해 가지고 있는 쌀 1,000섬을 수원에 있는 장용영 향군 5초에 전해주는 것이 좋겠다고 정조에게 건의했고 정조는 이를 허락하였다.

拱嚴蔡相國濟恭伯規甫七十二歲真
聖上十五年辛亥 御真圖寫後承 命摸像 內以其餘今明年壬子粧
書者李命基

寵旣甫耆 會頒前籌 廟是君恩
父母文恩 聖主之恩 香山老恩
責備一身 前規歌後
何揚非恩 無計報恩
聯寫自勉之書

채제공 초상화 시복본
蔡濟恭 肖像畵 時服本

채제공(1720~1799)은 청남淸南 계열의 지도자로서 장헌(사도)세자의 신원伸寃과 정조의 탕평책을 추진한 핵심 인물이다. 목숨을 걸고 장헌세자를 보호한 일이 계기가 되어, 영조가 장헌세자의 죽음을 후회하여 기록한 「금등」金縢을 정조와 함께 보관할 유일한 신하로 선택할 만큼 영조와 정조 두 국왕의 깊은 신임을 받았다.

수원도호부를 책임지고 있던 조심태의 건의로 장용영 향군은 재정적으로 안정이 되어 정조가 추진하는 배후 친위도시가 필요로 하는 군사력의 기반을 형성하였다. 안정된 군사적 기반을 중심으로 정조는 장용영외영을 확대하여 수원지역의 향군을 왕권강화를 위한 확실한 군사적 기반으로 만들고자 하였다.

정조는 화성유수부에 장용영외영을 설치하면서 화성유수로 하여금 장용외사를 겸하도록 하는 조처를 단행하였다. 이는 조선 정치사에서 매우 파격적인 일로 지방의 일개 고을이 국왕의 친위도시로 거듭나는 일이기도 했다. 정조는 화성유수부를 신설하면서 수원지역이 자신을 비롯한 왕실의 고향과 같이 중요한 곳이며, 따라서 지위를 격상시켜야 하며 수원지역의 국방의 중요성을 강조하였다. 이와 같은 국방에 대한 강조는 다름 아닌 자신의 친위군영인 장용영외영을 설치하기 위한 사전 포석이었다.

"왕위에 오른 이후로 재용을 많이 저축하는 것을 가장 소중하게 여겨 왔다. 그런데 다행히 황천에 계신 조종祖宗의 말없는 도움을 입어서 용이 서리고 범이 웅크린 듯한 좋은 자리를 잡아 영원토록 천 억 만년 끝없을 큰 운세를 정하였으니, 이 땅의 소중함은 실로 주周나라의 풍豐이나 한漢나라의 패沛와 같이 융성할 것이다. 오직 이곳을 잘 수호할 방도를 더욱 애써 치밀하게 하여 체모가 존엄하고 제도가 엄숙하여지도록 하는 것이 바로 나 소자의 정리로나 예법으로나 당연히 해야 할 일이니, 비유하자면 마치 종묘의 예절을 두고 먼저 백관의 아름다움을 말하는 것과 같을 것이다. 그 소중함에 관계되는 것이 이와 같다. 이곳 수원부는 현륭원을 마련한 뒤로부터 군사기반이 더욱 중하여졌다. ㅡ중략ㅡ 남한산성은 단지 방위하는 성의 역할만이 있을 뿐인데도 대신이 사使가 되고 유수는 문반의 재상으로만 오로지 임명하면서도 방위의 일을 위해서는 무장武將이 남한산성에 임명되었다. 그런데 더구나 이곳 수원부의 소중함이겠는가."

-『정조실록』권37, 17년 1월 병오

정조는 이와 같이 수원도호부가 왕실을 위한 군사적 요충지로 소중한 지역임을 재삼 강조하고 수원 부사를 유수로 승격시키어 장용외사壯勇外使와 행궁정리사行宮整理使를 겸임하게 하였다. 화성유수는 대신이나 무장으로 국왕의 특지를 받아 임명하기로 하였으며, 정5품 판관이 보좌하게 하였다. 정조는 신설된 화성유수 및 장용외사의 지위를 강화하여 개성의 종2품 유수와 격이 다르게 정경正卿 2품 이상으로 하는 것을 정식으로 삼고 초대 화성유수만은 특별히 임명하였다.

정조는 초대 화성유수로 1790년부터 3년간 좌의정으로 독상獨相 체제를 유지한 채제공을 임명하였으니 화성유수부와 상용외영의 신설이 갖는 의미를 확인할 수 있다. 즉 국왕을 제외한 최고의 고위관료를 특지로 화성유수에 임명한 것은 앞서 말한 바와 같이 정조 자신의 왕권을 강화하여 새로운 경장정책을 추구하고자 하는 의도가 있었기 때문이다. 따라서 새로 신설되는 화성유수부의 수장을 조정 내에서 가장 비중 있는 인물로 임명해야만 그에 따른 다양한 정책 지원이 가능했다.

당시 장용영을 설치한 지는 여러 해가 되었으나 장용영 장수의 칭호를 결정하지 못하였다. 이는 다름 아닌 장용외영이 신설되어 장용외사가 나오지 않았기 때문이다. 실제 장용영 내영과 외영의 분리는 정조대 군제개편에 있어서 처음 나온 것이 아니다. 중앙오군영 중에서 총융청은 내외영제內外營制를 통해 조직을 정비하고 이를 통해 군영을 유지하였다. 총융청 역시 처음에는 총융사摠戎使 및 총융대장摠戎大將의 칭호를 사용하지 않고 총융청병방

전령
傳令

1793년 1월 수원부 유수로 재직중인 번암 채제공에게 장용외사壯勇外使를 겸하게 한 전령이다. 이 해에 장용영외영이 화성에 신설되어 장용영은 내영과 외영 체제를 갖추었다. 왼쪽 상단에 정조의 수결이 있다.

이라고 호칭하다가 외영의 설치 이후 비로소 명칭의 변경을 사용한 것으로 보인다.

정조는 장용외영을 신설하면서 장용영병방壯勇營兵房을 장용사壯勇使라 하고, 장용영의 문서들에는 대장이라고 공식적 호칭 사용을 정하였다. 아울러 내영과 외영의 군수물자와 군사들의 식량을 마련하고 조처하는 것에는 자신이 마련한 경비에서 해결할 것임을 밝혔다.

정조는 화성유수부 및 장용외영을 신설하는 주목적이 단순히 현륭원을 호위하는 읍치의 지위를 승격시키는 데 있지 않고 이를 통해 군제개혁을 더욱 강하게 밀고 나가겠다고 천명하였다.

"나는 자나깨나 한 마음이 선대를 사모하는 데에 있다. 백성을 보호하는 것도 비록 길은 다른 것 같으나 거기에 쓰는 마음은 마찬가지다. 이 백성은 곧 선왕의 백성이다. 그러니 지금 이 백성들을 감싸고 보호하려면 의당 먼저 폐단을 제거해야 하는데, 가장 큰 폐단은 군영軍營보다 많은 것이 없다. 그래서 내가 설날 조참 때에 네 가지 항목을 들어 하유하였는데, 네 가지 항목 중에서 군軍과 민民이 그 두 자리를 차지하였고, 그 말을 한 것은 앞으로 행하고자 함에서였다. 중앙과 지방으로 하여금 이 전교를 깊이 새겨 보고 은미한 뜻을 자세히 헤아려서, 내가 이 일을 경영하여 우리 후인들을 계도해서 우리 국운이 억만년토록 영원하기를 비는 본의를 알게 하라."

－『정조실록』 권37, 17년 1월 병오

이와 같은 정조의 하교는 1778년(정조 2년)에 선언한 '경장대고'에서 밝힌 4대 개혁과제의 하나인 군제개혁을 강력하게 추진하겠다는 의지의 표명이자 장용영을 내외영제로 신설하는 근거로 하겠다는 것이다. 즉 장용영을 제외한 도성방위체제인 중앙오군영을 축소시키고 장용영을 강화하겠다는 의지를 보인 것이다. 🌸

2_
장용영외영의
정비

O

정조의 장용영외영 신설에 따라 비변사는 화성유수부가 비록 지역의 크기나 인구가 적지 않은 도시이나 장용외영을 설치한 뒤로 위상이 달라졌기 때문에 근처 소읍을 합병하여 보태는 것을 건의하였다. 정조는 비변사의 건의를 받아들여 안성, 용인, 진위, 과천 등의 읍은 모두 직로에 있어 걸림돌이 많지만 안산은 작은 소읍이기 때문에 합병이 가능하니 안산을 수원으로 합병, 이속하게 하였다.

정조는 어영대장 조심태의 건의를 받아들여 장용영내영과 외영의 기호旗號를 구분하기로 하였다. 이는 장용내사와 장용외사의 비중과 업무가 다르기 때문에 국왕이 이들에게 구분하여 질문해야 하기 때문이었다. 그래서 장용내사의 기호를 '장용내군사명'壯勇內軍使命이라 칭하고, 장용외사의 기호는 '장용외군사명'壯勇外軍使命이라고 칭하도록 하였다.

장용영외영의 체제를 갖추면서 더불어 수원부 소관에 있던 독성산성의 책임자였던 중군中軍에 대한 지위와 '경기좌방어사'를 어느 곳에 설치할 것인

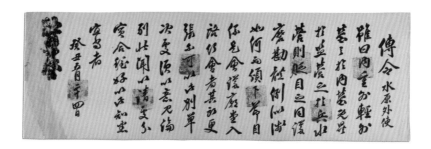

전령
傳令

1793년 5월 24일의 전령으로 동년 1월에 장용영에 내린 절목節目을 시행하라는 내용을 담고 있다.

가도 논의해야 했다. 이에 정조는 독성 중군의 이력은 마땅히 평안도에 있는 대흥산성의 예를 적용하고 화성유수 및 장용외사가 송도유수에 비해 1 등을 더하여 정2품 이상이 임명되기 때문에 독성 중군도 품계와 자급을 존중하여 변방에 있는 장수 이상을 임명하는 것을 정식으로 하되 토포사討捕 使의 임무는 맡지 않고 군정만 관할하게 하였다. 아울러 경기좌방어사는 죽 산竹山은 지세가 특이하고 장단은 파주로 이속된 지 오래되었고, 부평과 인천은 형세가 편리하기는 하나 인력이 소비되어 남양으로 하기로 결정하였다.

정조는 화성유수부에 장용영외영을 설치하기로 결정한 이후 신속하게 장용영 내영과 외영의 조직을 정비하여 1월 25일에 내영과 외영의 절목을 새로 정하였다.

장용영의 군제는 앞서 밝힌 바와 같고 도성을 방어하는 1사 5초와 더불어 어가가 지나가는 지방 고을에서나 섣달 공물 마련을 위해 사냥을 하는 곳에서는 향군 20초를 나누어 배치하여 4사를 만들어 5사의 제도로써 장용영외영을 꾸리도록 하였다.

장용영외영 절목의 주요 내용은 다음과 같다.

• 화성유수 겸 장용외사는 양도両都에 비겨 한 등급을 높여서 문신인 경우는 정2품 이상으로 한정하여 의정부가 추천하고, 대신과 무장의 경우는 특지에 의한다. 그리하여 수원부 유수로서 장용외사와 행궁정리사의 호칭을 겸한다.

• 외영의 군제를 금방 바로 잡은 바, 조련에 참가하는 군사는 별효사 2초, 마병 4초, 속오군 26초, 각종의 표하군 547명, 치중군 200명인데, 이것은 이미 훈련도감의 군제를 본뜬 것이니, 더 이상 가감할 필요가 없이 그대로 둔다. 비용의 쌀로 양인의 봉족이 낸 2,000석은 그대로 외영에 소속시켜 받아 유치한다.

• 본부에 성곽을 축성할 계획이니 물력을 구하기 위해 본부와 안산창고에 소재한 환곡과 군량 등 각종 곡물들을 모두 축성곡으로 명목을 지어서 매년 그 모조(이자)를 거두어 들여 차차로 경영해나갈 뒷받침으로 삼을 것이다.

• 본부에 아직은 성을 축조하지 못하나 앞으로 경영하는 것이 이미 순서가 정해진 일이고 보면 성정군을 불가불 마련해야 할 것이다. 전에 총융청의 소관으로 집에 머무는 군관 150인, 본부의 소관인 방어사영의 번을 면제받은 군관 290인, 토포사의 소속으로 번을 면제받은 군관 459인을 수첩군관守堞軍官으로 호칭을 바꾸고, 본부의 군수별무사軍需別武士 2,002명에서 마사馬士 204명을 감하고 유방군留防軍 702명을 성정군이라 명칭하여 성을 수비하는 제도를 이루도록 한다.

• 독성산성은 이미 요새로서 중요한 지역이자 또 군량을 쌓아둔 곳이니, 방어하는 도리를 소홀하게 할 수 없다. 전에 총융청의 소관이었던 장초 2초,

아병 1초, 둔장초 68명, 군수보 125명을, 본성의 소관 아래 모집해 들인 군관 30인, 수첩군관 130인, 아병 2초, 봉족군 400명, 별무사 1,523명과 합해서 성을 수비한다는 명목으로 본성에 전속시키고, 그중 장초 2초, 아병 1초, 둔장초 68명, 군수보 125명은 본래 쌀을 납부하는 군인들이었으니, 그 납부한 쌀은 외영에서 받아 유치한다.

-『정조실록』 권37, 17년 1월 기미

이처럼 절목을 통해 규모와 지위가 확정된 장용영외영에도 문제는 존재하였다. 다름 아닌 군수의 부족이었다. 형조판서 이경무는 장용영외영은 군사 숫자는 많지만 궁도^{弓刀}와 탄환이 적기 때문에 군병과 기계에 비례할 수 없으며, 만약 유사시에 변란이 생긴다면 문제가 발생할 수 있다고 지적하였다. 그래서 그는 중앙과 지방의 여유 있는 곳에서 적정 수량을 옮겨다 놓는 것이 합당할 것이라고 건의하였다.

이경무가 제기한 장용영외영의 군수 문제는 매우 시의적절한 것이었다. 정조는 대신들과 장신들에게 의견을 구하며 이를 공론화하였다. 아마도 공론화를 통해 더욱 적극적으로 화성에 주둔하기로 한 장용영외영을 육성시키고자 했다고 할 수 있다.

당시 화성유수부에서 보관하고 있는 화약은 3,000여 되^升에 불과하고 조총은 겨우 2,000개, 흑각^{黑角}, 교자죽^{交子竹}, 장궁^{長弓} 등 활과 화살 등 기물도 2,000개가 채 안 되는 실정이어서 환란이 일어나게 되면 대비할 수 있는 상황이 아니었다. 어영대장 조심태, 훈련대장 서유대, 총융사 이방일, 우의정 김이소는 모두 중앙과 지방의 영문은 물론이고 여유 있는 곳에서 군수품을 구하여 장용영외영의 본부로 이송하는 것이 타당하다고 하였다. 특히 우의정 김이소는 수원부가 지금 대영문^{大營門}이 되었음을 강조하면서 적정 수량

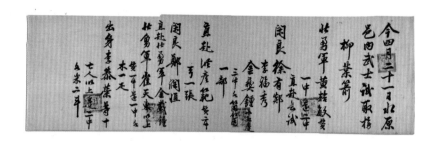

무사시취방
武士試取榜

1793년 4월 21일 수원부 읍내 무사들에게 활쏘기 시험을 시행하고 장용군 황철민黃喆敏, 한량 서유린徐有隣 등을 포상한 기록이다.

을 이송할 것을 건의하였다. 이에 정조는 대신과 장신들의 의견을 모은 뒤 비변사에서 모여 서로 의논한 뒤 수량을 우선 써서 들이고 이 일이 비록 장용외영의 일이지만 화성유수 채제공이 군제 변통에 관계된 일이기에 혼자 할 수 없으니 어영대장 조심태와 장용내사와 함께 처리하도록 하였다.

이 결과 경기 각 읍邑과 진鎭의 군수물자는 본래 넉넉하지 않아 수원부로 옮길 수 없었고, 군기시, 총융청, 수어청의 관할인 삼남, 양서의 조총, 탄환 중에서 그곳에서 사용할 삼 년치의 물품을 우선 수원으로 이송하도록 하였다. 이러한 조처는 자연스럽게 장용영외영의 군비를 강화함과 동시에 총융청과 수어청의 군사력을 약화시키는 결과를 초래하였다.

총융청의 관리에 있던 수원방어영이 장용영외영으로 승격된 후 남양에 방어영을 설치하자던 1월의 논의는 3월이 되어 대신과 장신들의 집중적 논의가 이루어졌다. 처음 남양에 방어영을 설치하자던 논의는 오히려 장용외영이 화성유수부에 설치되었기 때문에 필요하지 않다는 것으로 결론이 났다. 수어사 이문원, 장용대장 김지묵, 형조판서 이경무, 훈련대장 서유대, 어

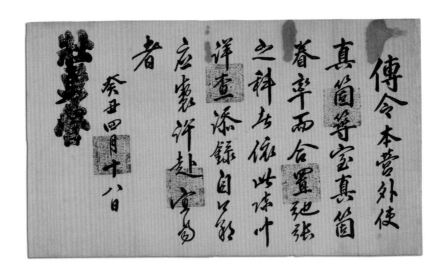

영대장 조심태 등 정조의 근신으로 평가받는 군영대장들의 논의 결과였다. 특히 이경무와 훈련대장 서유대는 오히려 남양에 방어영을 설치하는 것이 군제개혁에 모순되는 길이라는 인식을 지니고 있었다.

"지금 이 남양에 방어영을 옮기자는 논리는 바다를 방어하기에 지형적으로 편리하다는 계산뿐만 아니라, 수원이 유수로 승격한 뒤로 유수가 방어사의 직임을 겸임했으나 귀속할 곳이 없기 때문이었습니다. 그러나 지금은 수원유수가 장용외사를 겸임하고 있으니, 사체가 전에 비해 한층 더 중임인데, 곧이 억지로 이웃 읍에 방어영이라는 칭호를 보존할 필요가 없습니다. 그러나 적체된 무장들의 자리를 소통시켜서 방어영으로 진출할 길잡이로 삼을 계산이라면 더욱이 사람 때문에 관官을 설치하는 결과로써 부당합니다."
- 『비변사등록』 181책, 정조 17년 3월 22일

이 결과 정조는 남양에 총융청의 방어영을 설치하는 것을 보류하도록
하였다. 이는 정조의 쓸모없는 군병을 줄이자는 군제개혁의 일환임과 동시
에 장용영외영의 위상을 보여주는 것이라고 할 수 있다.

그럼에도 불구하고 장용영외영은 장용영내영에 비해 차별을 받고 있었
다. 초대 화성유수이자 장용외사를 맡아 기틀을 다진 채제공은 장용영외영
과 내영의 차별을 없애기 위해 적극적이었다. 장용영내영의 도제조 정민시
와 장용외사였던 채제공이 서로 똑같은 정승의 반열에 있었음에도 불구하
고 내영은 외영과 의논 없이 일을 추진할 수 있지만 외영은 내영과 반드시
의논을 하여야 하였다. 채제공은 이러한 내외영의 차이가 있는 것은 불합리
하다고 문제를 제기하였고, 정조는 장용내외영이 독자적인 지휘체계를 가지
도록 조처하였다. 장용영외영이 설치된 지 5개월 만에 장용영외영은 장용영
이라는 큰 군영에 속해있기는 하지만 실제로는 독자적인 지휘체계를 지니게
된 것이다.

이후 정조는 장용영의 수원유수부에 속해 있는 모든 문서들을 반드시
외사外使로 표시하라고 특별명령을 내렸다. 장용영이 내외영을 분리한 이후
장용영외영의 문서에는 수원유수라고만 표기되어 있고 장용외사壯勇外使로
표기되지 않았다. 정조는 이와 같은 문서 표기에 부정적이었다. 이는 자신
의 장기적 구도에서 만든 장용영외영이 스스로 군영을 낮추었다고 판단했
기 때문이다. 병조와 비변사의 문서에서도 '장용외사'로 표기하고 있었기 때
문에 정조는 외영의 문서에 반드시 외사라 표기하게 하고 이를 지키지 않을
시에는 중형으로 다스리겠다고 하였다.

정조는 현륭원을 호위하고 장차 자신이 왕위를 양위하고 상왕^{上王}으로 거처할 화성을 육성하고 호위하기 위해 장용영외영의 위상을 높이는 일을 추진하였다. 심지어 "장용영외영이 주^主이고 내영^{內營}이 그 뒤를 받쳐준다"라고 할 정도였다. 이러한 정조의 의도에 따라 장용영외영은 장용내영보다 각종 문서와 행사에 있어서 앞서게 하여 외영의 위상을 높여주었다.

"각항사목^{各項事目}을 장차 인쇄하도록 하며, 장용영의 설치는 전적으로 화성 행궁을 위한 것이니, 외영^{外營}이 주인이 되고 내영^{內營}은 그에 딸린 것이 된다. 책을 편집하는 예 또한 응당 이것에 따라 하라는 뜻으로 당상^{堂上}에게 전언하고, 이 밖에 거행문서 또한 모두 앞에는 외영의 것을 쓰고 그 다음에 내영의 것을 쓰라는 것으로 의정부 및 내·외영이 잘 알게 하고, 이 전교를 거듭하여 내·외영의 벽에 게시하라. 외영이 거의 100리 가까운 곳에 있음에 대저 명령을 내릴 일이 있으면, 국왕의 교서^{敎書}가 아닌 외에는 어떻게 알릴 것인가? 이후로 승정원과 비변사에서 서로 관여하는 도리를 외사^{外使}에서 참작하여 정식으로 삼아서 사목^{事目} 가운데 첨부하도록 하고, 발로^{發路}한 조목 또한 경연의 하교에 의거하여 일체 왕복하도록 하여, 경기도 관찰사가 좋은 점을 좇아 마련하게 하는 것으로 분부하라.

–『장용영고사』 권6, 병진 2월 7일

이처럼 정조는 장용내외영에 명하여 외영을 앞으로 하고 내영을 그 다음에 하는 것으로 영문의 벽에 게시하도록 하고, 승정원과 비변사에서 서로 관계되는 일은 외사에서 참작하여 정식으로 삼도록 하였다. 이처럼 화성유수부와 장용영외영은 정조에게 절대적으로 중요한 곳이었다. 🐢

3_
정조의 만석거 축조와
대유둔 조성

○

정조가 화성유수부에 장용영외영을 신설하자 이를 유지하기 위해 많은 장군과 군사, 그리고 재정이 필요했다. 그 재정을 마련하는 과정에서 백성들에게 피해를 주지 않고 오히려 도움이 되면서 군영 운영을 해나간다는 것이 정조의 목표였다. 이러한 생각은 정조의 4대 개혁과제를 추진하는 핵심이었다. 정조는 개혁을 함에 있어 군과 민의 연관성을 수시로 이야기했는데, 이는 군대를 개혁하는 것이 민생을 해결하는 것이라는 정조의 판단 때문이었다. 그것을 다시 정리하면 군영제도 개혁을 위한 재정 마련의 혁신적 터전이 곧 민생의 안정을 줄 수 있다는 것이다. 이를 해결하기 위해 만든 것이 바로 만석거萬石渠를 비롯한 화성유수부의 저수지 축조와 둔전인 대유둔大有屯 개발이었다.

수원의 대표적 저수지와 둔전인 만석거와 대유둔 건설 사업은 여러 가지 효과를 동시에 의도하면서 추진되었다. 1794년(정조 18년) 전국적 흉년을 맞아 화성 성역에 모여들어 품을 팔다가 오갈 곳 없는 백성들에게는 그들의 생활을 보장해주는 '구황지책'救荒之策인 동시에 장차 장용영 군인의 생활기반이기도 하였다.

소금기가 많아 척박하여 농사가 부적합했던 수원지역의 토지를 관리하려 농업생산을 늘리고 백성의 생활을 안정시키면서 수원의 재정도 안정적으로 확보하려는 이 시도는 전국적 농업 진흥의 출발점이기도 했다. 성곽 내의 도심을 통과하는 버드내柳川와 기타 팔달산에서 흘러나온 지천支川을 관리하는 조치를 취하여 용연과 남지, 북지, 동지 등 곳곳에 여러 연못을 만들되 식수와 조경 등도 함께 진행하여 유락의 명소로 아름답게 조성하였다. 또한 장마철이면 상습적으로 범람하던 광교산 '대천'大川(수원천)에 대한 대대적 준설과 제방 공사를 행하면서, 외곽에 버려진 넓은 땅을 관개하기 위해 수로渠를 파서 물을 끌어 대고, 제언堤堰과 둔전屯田을 만들었다.

당시 경기도 갑인년(1794년, 정조 18년)의 원총元摠에 기록된 토지는 4만 4,392결이었다. 그중 재해로 세금을 걷지 않은 토지는 1,200결이고, 실제 농사를 지어 생산을 하고 세금을 낸 토지는 4만 3,192결이었다. 조선시대 토지 1결을 대략 3,000평 정도로 보고 있으니 경기도에서 실제 농사를 지을 수 있는 토지는 대략 1억 3천만 평 정도에 불과했다. 당시 화성유수부는 갑인년 토지 장부에 있는 땅이 6,238결인데 재해를 입은 땅이 100결이고, 실제 농사짓는 토지가 6,138결이었으니 대략 1,900만 평 정도였다.

이처럼 경기지역 및 수원유수부의 토지가 다른 지역에 비해 부족하다고 판단한 정조는 둔전 개간을 추진하였다. 그러나 이보다 더 중요한 이유는 바로 화성을 기반으로 하는 정조의 개혁정치를 위한 것이었다. 그렇기 때문에 정조는 자신의 표현대로 화성 북쪽 지역의 둔전 개간은 반드시 하고 싶은 일이었다. 바로 자신이 생각하는 장용영외영의 운영과 화성유수부 전체의 자급자족을 실시할 수 있는 병농일치의 새로운 방법이 될 수 있다고 판단했

영화정도

영화정도
迎華亭圖

프랑스 파리국립도서관 소장 『정리의궤』 성역도의 영화정도이다. 영화정은 1795
년에 축조한 만석거의 정자로 신구新舊 화성유수가 거북이 모양의 인신印信을 교
환하는 곳이어서 교귀정交龜亭이라고도 한다. 저수지 위에 연꽃이 피어 있고 배 2
척이 한가롭게 떠 있는 것이 화성의 평온함을 보여준다.

만석거
萬石渠

수원 화성 북쪽에 있는 저수지로 1795년(정조 19년) 농업개혁을 위한 저수지로 축조하였다. 정조는 즉위 초부터 윤음을 반포하고 저수지에 수통水桶을 설치하고자 하였는데, 이를 발전시켜 저수지에 물을 가두었다 흘러내리게 하는 수갑水閘(수문)을 만석거에 최초로 설치하였다. 정조는 화성을 축성하면서 화성을 중심으로 여러 개의 호수를 파고 방죽을 축조하였는데, 북쪽에 판 것이 만석거이다. 서쪽에 축조한 것이 수원시 서둔동의 축만제祝萬堤(서호西湖)이고, 남쪽에 축조한 것이 사도세자 묘역인 화산花山 현륭원 앞의 만년제萬年堤이다. 이 저수지 앞에 영화정迎華亭이란 정자가 있어서 신구 화성유수의 인신印信을 교대하였다.

기 때문이다. 정조는 항상 농사를 지으면서 군병으로 생활하는 방안을 연구했다. 그러한 생각을 한 것은 바로 군영의 병농일치가 올바르게 시행되지 않아 중앙오군영의 폐단이 생기고, 그것이 자연스럽게 백성들의 삶에 피해를 주기 때문이었다.

정조는 화성유수부의 토지 확대를 위해 만석거와 대유둔의 건설을 추진하고자 하였지만 처음에는 어려움이 많았다. 당시에 이미 화성 성역의 비용이 당초의 예산을 초과하고 있었고, 조정의 대신들과 백성들의 여론도 만석거 건설을 반대했으므로 정조는 몹시 고심하였다. 그러나 정조는 어렵사리 결단을 내려서 1795년(정조 19년) 혜경궁 홍씨 회갑진찬연에 사용 후 남은 금액을 저수지 축조와 둔전 설치비용으로 사용하기로 하였다.

1795년 윤2월 23일 정조는 화성의 북쪽 성곽 밖에 둔전屯田 개간을 지시하였다. 개간할 비용은 축성 비용에서 사용하지 말고 우선 관동關東의 곡물이 많이 나는 지역에서 왕실에 바쳐야 할 내탕금을 강원감사가 장계로 청하여 둔전 개간 비용으로 사용케 하고, 이후 모자라는 부분은 국왕에게 청원하여 추진하라고 지시하였다. 그리고 이 둔전 개간 사업을 화성성역총리대신華城城役摠理大臣인 채제공으로 하여금 총괄 진행하게 하였다. 이는 만석거 축조와 둔전 개간 비용을 철저히 왕실 내탕금으로 하겠다는 의지였다.

당시 혜경궁 홍씨의 회갑연을 위한 화성 행차를 주관한 정리소整理所는 전체 행사비용은 10만 3,061냥으로 이 중에서 6만 3,061냥을 사용하고 4만 냥을 남겼다. 이 중 1만 냥은 제주도 구휼을 위한 재원으로 사용하고, 2만 냥은 강화·개성·화성 등 삼도三都와 팔도八道에 나누어 을묘정리곡乙卯整理穀으로 삼도록 하였다. 그리고 남은 1만 냥은 화성의 둔전 설치비용으로 사용하게 하였다.

그로 인하여 토지 매입과 임금 지급 등의 비용을 충당하기 위하여 별도의 예산을 마련하였고, 별하전別下錢 2만 냥을 내려 보내어 사업을 진행시켰다. 화성의 생산기반이자 유지비용을 마련하기 위한 토대로써 둘레 1,022보步 규모의 만석거는 1795년 5월 18일 완공되었고, 100여 석락石落(섬지기. 한 섬의 씨앗을 심을 만한 넓이라는 뜻으로, 2천 평 내지 3천 평 정도를 이른다) 규모의 둔전에서는 이 해부터 경작이 시작되었다.

만석거와 대유둔 건설 과정에는 당시 화성유수였던 조심태와 판관 홍원섭이 함께 주도적 역할을 하였으며, 특히 기본 구상이 나오기까지에는 홍원섭의 역할이 중요하였다.

화성유수부 판관 홍원섭의 부임이 결정되자 수원의 백성들은 큰 기대를 하였다. 정조가 홍원섭을 임명한 것은 홍원섭이 연암 박지원의 동년배로서 연암일파燕巖一派의 일원이기 때문으로 보인다. 즉 개혁을 적극적으로 추진할 인물로 본 것이다. 1795년 12월 만석거와 대유둔 설치에 대하여 화성유수의 이름으로 올라간 장계도 정조의 특명에 따라 실제로는 그가 지었던 것이다.

한편 대유둔에서는 『대유둔설치절목』大有屯設置節目에 나타난 대로 당시로는 가장 선진적이며 효율적인 운영방식이 채택되었다. 만석거와 대유둔의 전체적 관리와 경영은 고등동 둔사屯舍에 상주하는 양반 출신의 둔도감屯都監 1인과 장교 출신의 둔감관屯監官 1인 이하 모두 여덟 명의 인원이 담당하였다.

병농일치의 이상을 실현하려던 이곳 대유둔에서는 장용영외영의 장교, 서리와 군졸, 관예 등을 경작자로 우선 선발하고, 둔전의 3분의 1은 경작지가 없는 일반 수원부민에게도 분급하였다. 정말 놀라운 것은 이들의 선발과 급료 운영이었다. 정조는 둔도감은 화성 내에 거주하는 양반사대부 중 한 명을 선발하고, 둔감관은 장용영외영의 장교 중에서 1인을 선발하도록 하였다. 그런데 실제적인 일을 담당하는 마름은 화성유수부에서 일방적으로 선발하지 않고 대유둔에서 농사짓는 백성들이 자기들 중에서 가장 현명한 사람을 선발하여 그로 하여금 마름을 하게 하였다. 오늘날 민주주의 제도로 지역의 대표를 뽑는 것과 같은 것이다.

여기에 더해 급여 체제에서도 정조의 확고한 경제민주주의를 볼 수 있다. 정조는 양반인 둔도감과 장용영외영 장교인 둔감관은 급여로 한 달에 쌀 한 가마를 제공하고, 평민이지만 실제적인 일을 담당하는 마름에게는 한 달에 쌀 두 가마를 제공하게 하였다. 실제적으로 일을 더 많이 하는 사람에게 정당한 경제적 대가를 지불해야 한다는 것이었다. 오늘날 한국 사회에서도 볼 수 없는 일이 200년 전에 있었던 것이다.

화성유수부는 둔전의 농민들에게는 능력에 따라 분급지의 다과를 정하여 주되, 한 사람에게 주는 토지는 1석락을 상한으로 하여 한전限田의 이념을 관철시켰다. 여기서는 만석거의 수리 혜택을 받으며 둔소에서 종자를 공급받아 영농이 이루어졌다. 농부들은 제공된 농기구를 가지고 소 한 마리에 2인의 농부가 협업하는 방식으로, 당시로서는 매우 선진적인 협동농업을 하였다. 생산물은 당시 지주제의 병작반수幷作半收 관행에 따라 분배되어, 생산물의 반에 해당하는 둔곡이 수성고修城庫에 들어가 화성의 보수 관리 비용으로 충당되었으며, 나머지 결역結役은 전정소田政所에 귀속시키는 방식으로 농장이 경영되었다. 대유둔에서는 당시 수전의 확대 경향에 편승하여 대단위의 수전 경영으로 벼농사가 이루어졌다. 둔전에는 최신의 영농기구와 어느 곳보다 많은 축력이 이용되었다.

또한 물의 수위를 일정하게 유지시켜주는 수구水口와 관개용수의 양을 조절할 수 있는 수갑水閘을 설치하게 하였다. 이는 『제언절목』에서 수통을 설치하라는 하교가 있어 이를 더욱 발전시킨 것이다. 수갑의 설치로 물을 안정되게 저장하고 공급할 수 있어 만석거의 저수 방식이 성공했다고 할 수 있다. 이러한 수갑 설치는 1798년(정조 22년)에 축조된 현륭원 동구 만년제萬年堤에도 적용되고 1799년(정조 23년)에 축조된 축만제祝萬堤에도 적용되었다.

화성성역소華城城役所에서는 공사에 동원된 소의 분뇨를 거름으로 제공하기도 하였으며, 2인이 짝을 이룬 영농단위에서는 경험 많은 농부의 기술이 적극 활용되면서 그의 주도로 농업기술의 전수가 이루어지도록 하는 등 농업 실습교육의 효과를 거두면서 협동영농이 이루어졌다. 이 시기 조정에서는 수전의 확대에 부응하는 제언 확충정책을 밀고 가면서, 과학적 수리 기구를 도입하고 영농기술의 개발을 선도하였다. 측우기를 활용하고 수갑과 수차 등 선진 농업기구를 제작하고 시험하면서 과학적 영농을 도모하고, 이를 대유둔에 적용하여 효율적 경영을 뒷받침하였던 것이다.

이러한 노력은 원래 '황전폐답'荒田廢畓이었던 대유둔 지역을 옥토로 바꾸어 놓아 가뭄 피해에서 벗어나는 것은 물론 높은 농업생산성을 실현하였다. 대유둔이 설치된 그해 가을, 이곳에서는 1,500여 석의 소출이 나서, 둔전에서 거두어들인 수입은 766석으로, 당시로서는 최고 수준의 생산성을 달성할 수 있었다. 더구나 이듬해 전국적인 가뭄에도 수원의 둔전은 그 피해를 면할 수 있었다. 그래서 화성의 백성들은 저수지를 더 만들어 달라고 지속적인 요청을 하였다.

둔전에서 농사를 지은 백성들은 이곳에서 얻은 쌀 생산량의 40%를 화성유수부에 세금으로 냈다. 처음에는 병작반수에 따라 생산량의 50대50으로 하기로 했으나 정조는 백성들에게 유리하도록 60대40으로 재조정하였다. 이는 조선시대 역사상 최초의 일이다. 보통 농사 수확량의 세금을 50대50으로 하지만 백성들이 이런 저런 세금을 내다보면 30%만 가져갈 수 있었다. 그런데 정조는 파격적인 조처를 통해 백성들을 이롭게 하였다. 그렇다고 해서 적게 거둔 세금 때문에 화성유수부의 운영과 장용영외영의 재정이 어려운 것도 아니었다. 이 비용으로 장용영외영을 운영하다보니 화성유수부의 백성들에게 군포 납부의 세금을 부여하지 않는 제도를 마련하고자 하였다. 이는 정조가 처음 계획했던 것처럼 장용영을 만들어 군포 납부의 폐단을 만든 균역법을 없애고자 하는 뜻을 실천하는 것이었다. 그래서 정조는 화성유수부의 장용영외영의 경제적 기반인 만석거와 대유둔 건설을 통해 조선 사회를 변화시킬 새로운 개혁으로 천천히 나아가고 있었다. 🍵

4_
만년제·축만제 축조와
축만둔[서둔] 조성

O

정조는 만석거 축조과 대유둔 운영을 통해 저수 농법에 자신감을 얻었다. 즉 장용영외영의 재정을 확보하고 토지 없는 백성들의 민생을 위한 둔전 경영이 개혁추진에 큰 도움이 된다는 것을 확실하게 깨닫고 새로운 농업진흥책을 기획하였다. 정조는 수원에서의 농업진흥책을 전국으로 확대하여 조선 전체가 수원의 둔전 농법을 따르게 하고자 했다. 이러한 그의 의도는 1800년 6월 1일에 있었던 화성유수 서유린과의 대화에서 드러난다.

정조의 농업개혁 의지는 1798년(정조 22년) 4월 현륭원 동구의 만년제를 추가로 축조하면서 더욱 구체화되었다. 정조는 1778년(정조 22년) 2월 초 현륭원을 방문하는 일정에서 만년제 건설에 대한 논의를 하였다. 정조는 이 자리에서 만년제 축조는 하나는 현륭원을 위한 것이고, 다른 하나는 민전民田을 위해서라고 밝혔다. 그리고 곧이어 현륭원 동구에 만년제를 건설하라는 윤음을 내렸다. 현륭원 조성 당시 민가에서 소유한 땅을 현륭원 보호구역인 화소火巢로 편입시키면서 시중가보다 10배의 토지 보상을 하고, 이에 더하여 일대 백성들이 안정된 농사를 지을 수 있게 제언을 축조하고자 한 것이다. 만년제의 축조 비용은 왕실 내탕금으로 사용하기로 결정하였다.

만년제 축조 공사는 공사를 시작한 지 2달 만에 신속히 끝났다. 이에 대한 정조의 반응은 남달랐다.

"금번 만년제 공사는 한 사람의 백성도 동원하지 않고 이렇게 빨리 완성하니 정말 큰 행운이다. 원침 수구인 이 만년제에 물을 저장하니 매우 좋은 일이다. 현륭원 아래 백성의 논 또한 이익을 얻은 일이니 더더욱 좋은 일이다. 화성 장안문 바깥에 만석거를 개설하고 여의동을 축조하였으며, 대유둔을 설치한 것과 마찬가지의 뜻이다."

-『일성록』, 정조 22년 4월 19일

처음 만석거를 만들 때는 정조의 농업개혁 의도를 몰랐던 화성유부수 백성들이 원망을 했으나 만년제 공사와 성과에 대하여 백성들이 기뻐하자 정조 역시 기뻐하였다. 즉 정조는 백성들의 부역 노동 없는 저수지 축조와 이를 통한 저수 농법이 백성들에게 매우 유리한 것이고, 실제 백성들이 기뻐하는 것을 확인하였다.

이처럼 저수지 축조를 기반으로 하는 저수농법과 둔전 건설의 효용성을 정확히 인식한 정조는 같은 해 11월 30일 『권농정구농서윤음』勸農政求農書綸音을 전국에 내려서 새로운 농업 구상을 모아들여 혁신적 농업서적을 편찬하고자 하였다.

이는 다음해인 기미년, 즉 1799년이 선왕 영조가 동적전東籍田에 나아가 친경행사親耕行事를 한 지 60주년이 되는 해를 기념하기 위한 것이다. 그래서 당시까지 개발된 새로운 농법이나 농업정책을 시의에 맞도록 재정비하고자 했다. 이는 단순히 농업 진흥만이 아닌 영조를 계승하는 조선의 국왕인 자신의 모습을 보여주며 왕권을 강화하고자 한 것이다. 그 내용은 '농사의 요점은 수공을 일으키고^{興手功}, 적지에 농사를 지어야 하고^{相土宜}, 농기구의 이용^{利農器}으로 편리하게 농사를 짓도록 해야 한다'는 것이다. 이를 현실화 시킨 것이 바로 이듬해 건설된 축만제이다.

정조는 권농 윤음을 발표하기 이전부터 영조 친경 60주년을 기념하기 위한 고민을 했다. 만년제를 완공했을 때부터 축만제 공사는 기획되었을 것이다. 정조는 1798년 6월 3일 조심태에게 서둔^{西屯}의 건설을 위한 비용이 얼마나 들지 묻기도 했다. 당시 조심태는 만년제의 투입량을 환산하여 대략 5천 냥 정도의 비용이 소요될 것이라고 하였다.

이와 더불어 1798년 10월 화성의 장용영외영의 군영을 체계적으로 재정비하는 과정에서 축만제와 서둔 설치에 대하여 비변사가 제안을 하였다. 서쪽 지역에 둔전을 설치하여 장안문 북쪽에 설치된 만석거와 대유둔과 연계하여 수택^{水澤}, 즉 저수농법으로 농사를 지어 경제적으로 부유하게 하자는 것이었다. 이와 같은 비변사 건의가 축만제와 축만둔을 만드는 계기가 되었다.

이에 앞서 정조는 1798년 6월에 수리의 진흥을 위해 화성에 서둔을 설치하여야 한다고 지적하면서, 특히 재력을 미리 마련하는 방법으로 사창^{社倉}의 실시를 제안하기도 하였다. 이에 대하여 우의정 이병모는 사창을 실행하는 일은 결국 관리하는 사람을 제대로 확보하기 어렵기 때문에 곤란하다고 언급하였다. 이로 인하여 화성에 서둔을 설치하는 것이 잠시 유보되었지만 10월에 비변사의 서둔 설치 건의로 사업을 추진할 수 있었다.

이처럼 1778년 10월의 논의를 거쳐 이듬해 1799년 봄에는 화성부 서쪽 5리에 있는 여기산 아래에 당시로서는 최대 규모인 길이 1,246척, 너비 720

축만제
祝萬堤

2016년 유엔 국제관개배수위원회 세계유산으로 등재된 축만제는 1799년(정조 23년)으로 당시로서는 최대 규모로 조성된 관개 저수지이다. 만석거 축조 이후 농업개혁을 위하여 내탕금 3만 냥을 들여 축조하였다. 축만제는 천년만년 만석의 생산을 축원한다는 뜻을 가지고 있으며, 표석이 현재까지도 전해지고 있다.

척, 몽리답 232석락의 축만제(서호)와 축만제둔(서둔)을 건설하기에 이르렀다.

화성 성역의 일환으로 건설된 만석거와 대유둔에 관해서는 『화성성역의궤』에 자세한 자료가 남은 것과 달리, 축만제와 축만제둔의 경우에는 자료가 비교적 소략하다. 자료의 부족으로 축조 시기를 정확히 알 수는 없지만 여러 기록으로 볼 때 1799년 2월 20일 이전, 아마도 2월 초순경에 제언 축조공사를 시작하여 5월 9일 이전에 완료되었을 것으로 추정된다.

서둔 축조 당시 화성유수 서유린은 별단을 올려 서둔의 동역을 지금 한창 진행 중인데, 물력으로 화성유수부에서 내놓을 것이 없으니 먼저 균역청에서 빌려서 사용할 것을 청하였다. 정조는 균역청에서 이 사안을 검토하여 대책을 마련하도록 하였다. 그에 따라 2월 23일 균역 당상 정민시가 우선 균역청의 돈 1만 냥을 받아서 완성하게 해야 한다는 대안을 제시하여 받아들여졌다. 그렇듯 서둔에 축만제를 축조하는 공사는 균역청에서 빌린 1만 냥을 재원으로 완공되었다.

축만제가 완공되면서 자연스럽게 축만제둔, 즉 서둔도 설치되었다. 서둔전西屯田은 답 83석 15두 4승락의 면적에 도조賭租 556석 14두 4승이 설정되었다. 서둔전의 관리를 위하여 도감관都監官 1인, 감관監官 1인, 농감農監·동감垌監 각 2인, 색리 1인, 사령 2인, 권농 2인이 임명되었다. 그리고 이 축만제둔에서 나오는 수입금은 수성고에 이속되었고 장용영외영 운영과 화성의 보수비용으로 활용하기로 했다.

서둔을 설치하는데 들어간 노동력은 당연히 일꾼의 모집, 즉 모군募軍이라는 방식으로 마련되었다. 1798년 서둔의 착공준비를 논의하는 과정에서 제언을 쌓는데 백성을 부리는 것은 당연한 것으로 파악하고 있었다. 제언이 백성들에게 이득을 주는 것이기에 백성들을 부역하게 하는 것이 당연하다고 하였다. 하지만 실제로 백성들을 동원하는 것은 어려운 일이었기에 모군을 활용하지 않을 수 없었다. 서둔의 공사에 들어간 전체 비용은 공사에 동원된 기술자와 날품팔이 등의 인력 비용이 모두 포함된 금액이다.

서둔의 설치와 운영은 앞서의 설명과 같이 세밀한 기록이 남아 있지 않다. 다만 추정 가능한 것은 대유둔의 운영과 거의 같았을 것이라는 것이다. 대유둔 운영 규정인 『대유둔설치절목』의 내용처럼 서둔 역시 그렇게 되었을 것이다. 즉 서둔도 대유둔과 같이 화성유수부가 둔전의 소유권을 가지고 있는 지주地主, 즉 전주田主가 되고, 성내의 백성들이 농사를 짓는 작자作者가 되는 이른바 지주전호제地主田戶制로 이루어졌다.

이와 같은 서둔 운영 방식은 둔전의 토지를 백성들에게 나누어주고 경작하게 하여 그 수확의 절반을 수성고에서 가져가는 형태로 운영되는 것이다. 화성유수부가 전주로서 작인에게 전답을 분급하는 방식의 병작제를 운영할 수 있었던 것은 바로 토지가 관官이 소유한 토지이기 때문이다. 왕실에서 내린 조정의 비용으로 논을 매입하거나 비용을 들여 토지를 논으로 만드는 작업을 수행한 주체가 바로 관이었던 것이다. 당시 정조는 장용영의 둔전을 만들어 3분의 1만 세금으로 걷으려 하였다. 이는 당시로서는 너무나 파격적인 생각이었다. 하지만 이시원의 건의로 여러 현실적인 관계들을 고려하여 대유둔과 마찬가지로 60대40으로 나누는 새로운 토지 세금 제도를 운영하게 되었다. 이러한 제도는 처음 의도보다는 약화되었지만 실제 백성들이 받는 혜택은 그 어떤 토지보다도 높았다.

결국 만년제와 만년제 축조와 축만제 건설은 화성유수부의 서쪽 지역과 남쪽 지역의 농업을 안정시키면서 정조의 혁신적인 농업 기반을 성공적으로 조성하였다. 장용영외영의 군사적 안정도 이들 저수지와 둔전을 통해 이룰 수 있었다. 🐾

5_
장용영외영의
화성 방어와 어가 호위

〇

장용영의 역할 중 가장 중요한 것 중 하나는 바로 국왕 정조에 대한 호위였다. 당대 조선에서 최고의 무사들로 선발된 장용영 무사들은 정조를 호위할 때 상당한 자부심을 느꼈을 것이다. 정조는 진정한 자신의 친위군대인 장용영외영을 설치한 후 주요 임무로 화성의 방어와 자신의 화성행차에 대한 호위 그리고 이를 위한 훈련을 하도록 했다.

장용영외영의 보군步軍은 내영의 향군과 함께 입영하여 번갈아 근무를 서야 했다. 물론 처음 외영을 설치했을 때는 혼란스러운 것이 있었으나 점차 안정되어 해마다 동짓달부터 이듬해 정월까지는 우선 행궁 방어에 임하고 근무를 서지 않고 쉴 때는 날마다 무예를 연마해야 했다. 이때 장용영외영 보군의 입영하는 날은 동짓달 초1일로 하고, 좌열친군위左列親軍衛의 입영일은 정월 16일로 하였다.

외영이 보군 13초의 군사를 5번으로 나누어 편성하고, 근무를 서는 차례는 15일로 기한을 정하여 동짓달 16일부터 전사를 시작으로 첫 차례는 3

개 초^哨가 하고 둘째 차례는 2개 초가 번을 서며, 다른 사도 이런 식으로 교대하도록 하였다. 중사는 3개 초로 되어 있으므로 두 차례로 나눌 필요가 없고 사^司 전체가 군역을 서도록 하였다. 군역을 설 때는 해당 사의 파총과 각 초의 초관이 군사를 통솔하였는데, 파총은 평상시 장령이 입직하던 곳에서 근무를 서고 초관은 각각 자신의 군사들이 번을 든 곳에 배치되어 입직하면서 통솔하도록 하였다. 지구관 한 명과 기패관 2명은 반드시 사리에 밝은 사람에게 맡겨 함께 지휘 감독하게 하였다.

이렇게 외영의 보군이 화성에 서는 번을 정함과 더불어 화성행궁의 파수도 막중한 일이었으므로 더욱 치밀하게 호위하고자 하였다. 일단 화성행궁 후면에서 조망이 편리한 곳에 포사^{鋪舍}를 설치하여 매년 거둥할 때면 군병들로 하여금 교대로 파수하게 하였다. 정조의 거둥시 행궁 내 포사의 파수는 외영에서 전담하지 않고 내영과 외영에서 똑같이 거행하여 호위를 엄하게 하도록 하였다. 이는 외영 설치 초기에 외영의 보군이 아직 정예화되지 않았기 때문에 내린 조처였다. 그래서 파수함에 있어 장수로는 내영의 어가 호위와 외영의 보군 초관을 성초관으로 정하여 패장^{牌將}으로 삼고, 어가 호위 보군과 입방군을 군졸로 삼도록 하였다. 이들 행궁 파수군은 매 시간에 내과 외영의 패장 2명과 군졸 3명씩 3교대로 나누어 순라가 포사 내부를 교대로 파수하고, 화성행궁의 담장의 내부 외부를 관망 순찰하도록 하였다. 또 성곽 위에서 여러 파수와 서로 접선하되 시어소^{時御所}의 행궁 담장을 순찰하는 예대로 하고, 별도로 군사들로 정하여 윤번제로 검찰하게 하였다.

이와 같이 궁장 내부, 외부의 순라, 장졸은 거둥할 때 외영의 어가보군, 초관이 각 초 내에서 윤번제로 1기를 덜어내되, 가령 전, 좌, 중, 우, 후초로 하여금 각각 1경^更을 순행하여 해 뜰 시간이 되어 순라가 완전히 끝났는데 날이 밝지 않으면 친군위 좌장과 우장이 각각 친군위 다섯 명을 인솔하고

두 차례 나누어 순찰하다가 동이 틀 때 철수하도록 하였다.

이를 위해 외영의 장졸들은 자체 훈련은 날마다 실시하되 첫 날과 마지막 날은 훈련장에서 하는 규정과 똑같이 연습하고, 중간 날에는 18가지 지상 무예를 『무예도보통지』에 의거하여 가르치고 시험을 보았다. 번을 든 지 제11일이 되는 날에는 활쏘기와 화포 쏘기의 시험을 보고 약간의 시상을 실시하여 사기를 진작시켜 주었다. 자체 훈련할 때나 무예를 시험할 때 교사教士가 없을 수 없으므로 번을 드는 초는 각초마다 진법교사 한 명과 기예교사 한 명을 선정하여 체계적으로 가르치도록 했다. 번이 교체할 때마다 새로 근무를 서기 위해 들어오는 군사와 근무를 마치고 쉬러 가는 군사는 같은 사의 편제를 이뤄야 되므로 반드시 새 번과 묵은 번이 합동 훈련을 하여 사의 단위로 하는 훈련법을 알도록 하였다. 중사 3개 초는 단독으로 번을 서므로 근무를 마치고 돌아가기 하루 전 합동훈련 조례에 따라 전체적인 훈련을 실시하였다.

정조는 1789년 사도세자의 원침을 수원으로 천봉한 이후 해마다 현륭원에 거둥하는 것을 정식으로 삼았다. 이때 장용영 및 훈련도감 등 각 군영의 장졸들이 어가를 수행하여 수원 인근의 지지대 고개에 이르면 외영의 군병이 어가를 맞이하여 따르며, 읍과 현륭원의 역참에서 빙 둘러서서 호위하는 것을 기본으로 하였다.

이러한 정조의 화성행차를 수행하는 외영은 도성으로 올라가서 정조의 행차를 수행하였다. 외영을 설치한 지 1년 후인 1794년(정조 20년) 정월, 정조의 화성행차를 준비하는 과정에서 장용영외영은 도성으로 올라가 정조의 앞에서 어가를 호위하였다. 예전에는 화성행차를 통해 정조가 화성행궁에 이르면 행궁 전체의 호위를 할 때 행차 호위 앞쪽에 있는 선상先廂 군병이 앞쪽에서 배열하고 후상後廂 군병이 뒤쪽에 배열하는 것이 관례였다. 하지만 이때부터 장용영외영이 앞쪽에서 가마를 호위하기 때문에 정조가 행궁으로 들어오면 장용영내영 군병과 함께 장용영외영 군병이 행궁을 환위하였다. 이때 병조판서 서유방은 행궁에서 현륭원에 이르기까지 수가^{隨駕}(거둥 때에 임금을 모시고 따라다니는 일) 군병은 장용영외영에서 전담할 것을 건의하였다. 이 건의에 따라 정조는 장용영외영으로 하여금 자신을 호위하게 하였으며 향후 정식이 되었다.

두 번째로는 장용외사 이명식이 입방군^{入防軍} 3초와 별군관 50명 및 친군위 100명을 거느리고 진목정에서 훈련대장의 이끄는 난후마병과 금군 50명 및 선기대 2초를 이어받아 어가를 호위하고 행궁을 환위하는 임무를 수행했다. 즉 화성유수부 입구까지 훈련도감과 장용영내영의 군사들이 어가를 호위하고 나면 장용영외영의 군사들이 훈련도감과 교대하기 때문에 화성유수부에서 정조의 어가 호위는 전적으로 장용영의 내영과 외영이 책임을 지는 것이었다.

1795년 윤2월의 화성행차는 장용영외영의 군사들이 실질적으로 어가를 수행한 것이었다. 장용외사가 친군위 200명과 별군관 100명 그리고 장용영외영의 보군 5초(635명)를 거느리고 화성유수부 초입의 진목정으로부터 길게 이어지도록 하였다.

당시 정조의 화성행차를 수가한 현황을 살펴보면, 장용위의 군병 100명, 가전별초 50명, 가후금군 50명, 선기대 2초, 마병 2초, 친군위 200명, 별군관 100명, 장용영내외영의 보군 10초, 훈련도감의 보군 2초, 화성에서 군사훈련을 행할 때 여기에 참여할 장교와 졸병 등 3,700여 명, 각 군영의 표하각색군 1,000여 명 등 약 6,000여 명에 이르고 있다. 이중 훈련도감 보군 2초(250명)와 각색표하군 1,000여 명을 제외하고는 모두 장용영의 군사들이었다. 장용영 군사 중 친군위, 보군 10초의 절반 그리고 군사훈련에 참가할

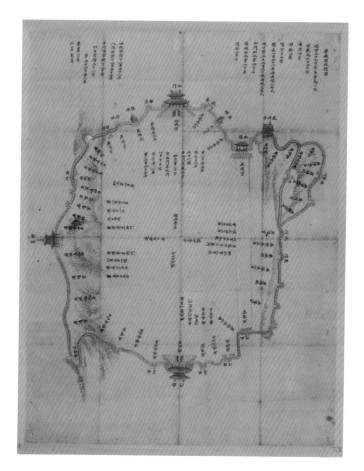

화성부성조도
華城府城操圖

화성의 축성과정과 군사적 면모를 살펴볼 수 있는 화성부 지도이다. 1792년 겨울 정약용은 정조에게 「성설城設」을 올리면서 성의 둘레는 3600보(약 4.2km)라 보고하였지만 이 지도에서는 성의 둘레가 3700보로 100보나 늘어나 있고, 이후 화성의 실제 둘레는 4600보(약 5.4km)로 늘어났다. 지도에서 검은 색으로 그려진 부분은 이미 쌓은 부분이고, 붉은 색으로 그려진 부분은 아직 쌓지 않은 부분舊已築紅畵未築이라고 쓰여 있다. 특히 장안문 옹성이 1795년 2월 27일 완공된 것과 팔달문 옹성은 1795년 4월 21일에 착공한 것을 고려하면 서울에서 오는 행차를 맞이하기 위해 정문인 장안문 옹성은 먼저 공사하고, 팔달문 옹성은 회갑연 뒤로 미뤄서 착공하였던 것으로 추정된다. 게다가 군사배치의 경우 1795년 윤2월 12일의 성조 및 야조를 위한 것으로 보인다.

장졸 3,700여 명이 장용영외영의 장졸들이었다. 이 현황을 보더라도 1795년 윤2월의 화성행차는 장용영외영에 의해 전적으로 이루어짐을 확인할 수 있다.

이에 정조는 자신이 양성한 장용영외영의 어가 호위에 대한 만족과 더불어 이들을 위로하였다.

> "장용외사가 관할하는 친군위 및 보군은 처음으로 국왕을 호위하는 임무를 맡았는데, 군사 이동과 호위의 절차를 연습하여 통달하고 익숙하게 하였으니, 공로가 가장 컸다. 하물며 이번의 행차는 일의 체모가 각별하였다. 장용영내영의 본부에 있는 향군과 더불어 모두 환궁한 후에 장용외사로 하여금 각각 유엽전과 조총 중에 한 가지 기예를 시험하여 그 입격한 수효를 기재하여, 3발을 맞춘 이상은 과거합격자 명단을 발표할 때를 기다려 상을 내려주도록 하라."
>
> ―『장용영고사』 권5, 을묘 윤2월 11일

이에 따라 총쏘기를 해서 2발 명중한 이들에게 각각 무명 1필을 내려주고, 활쏘기 1발 명중은 각각 대나무 화살 300개를 내려주며, 총 1발 명중은 각각 쌀 2말을 내려주는데, 외탕고에서 곧바로 꺼내어 상을 내려주기로 하였다.

1795년 윤2월의 을묘년 화성행차 이후 정조는 더욱 더 자신의 화성행차 호위에 대한 장용영외영의 비중을 높였다. 정조는 화성행차 시 훈련도감의 군병들도 함께 국왕인 자신을 호위하게 하였지만 실질적으로 어가를 수행한 것은 장용영외영이었다. 이때부터 정례된 정조의 화성행차의 호위는 화성 인근까지는 장용영내영이 주관하고 지지대고개를 넘어오면서부터는 장용영외영이 주관하는 형태로 바뀌었다.

1796년(정조 20년)의 화성행차에 있어서도 장용영외영을 기본으로 하고 순번에 의해 어영청의 군병이 참가하게 되었다. 정조의 화성행차는 단순히 사도세자를 참배하기 위함이 아닌 국왕의 정통성을 대내외에 알리고자 함이었다.

1796년 화성행차에서 정조는 1월 22일 동장대에서 군병들의 사열을 받았다. 화성행궁에서 동장대로 이동하는 동안 장용영 내영의 보군 5초가 좌열이 되고, 외영의 보군 5초가 우열이 되었다. 내영과 외영의 기마군이 횡렬하여 앞부분인 두국頭局에서 호위하게 하였다. 이로써 장용영 내·외영 군사들의 위용을 행차를 수행한 전 관료와 백성들에게 보여주었다. 이 행사가 끝난 이후 장용외사 조심태에게 내구마 1필, 장용내사 김지묵에게 호랑이 가죽 1령, 독성산성 책임자 김후에게 숙마 1필을 하사하였다. 아울러 사열할 때 내·외영에서 어가를 수행한 장사 및 성역을 감독한 장리와 공장 등에게 음식을 베풀어 군사를 위로하는 은전을 내려주었다.

1797년(정조 21년) 정월의 화성행차 역시 장용영 내·외영이 어가 호위를 맡았다. 어가를 호위할 마보군의 숫자 및 금군의 군병들은 정례대로 하여 인원을 충원하고, 정례에 의해 이번 행차의 번을 맡은 금위영이 어가를 호위하면서 장용영 향군 중 수원과 광주 각각 2초로 맡게 하였다. 더불어 장용내사가 장용위 선기대와 경보군을 영솔하고 장용외사가 친군위 입방보군 및 별군관을 영솔하고, 출궁 및 환궁 시에 선상先廂과 후상後廂 전체를 영솔하게 하였다. 더불어 한강을 건너면서 노량진 남쪽에 횃불이 아닌 연등煙燈으로 대신하는 것을 노량아병에게 시키지 않고 장용영 내·외영의 군병들로 하여금 주관하여 거행하게 하였다.

1798년(정조 22년)의 화성행차는 전년의 행차보다 규모를 늘렸기 때문에 장용영 경향보군 12초 선기대 2초는 장용대장이 모두 영솔하고, 장용외영의 화성유수부 지역에서는 좌우열 친군위별군관 80인, 보군 5초를 장용외사가 영솔하도록 하였다.

이를 통해 장용내사보다 장용외사가 정조의 화성행차 전체를 영솔하는 막중한 중임을 맡게 되었음을 알 수 있다. 이는 정조의 마지막 화성행차인 1800년 1월까지 지속적으로 체제를 유지하며 이어졌다. 🐉

6_
장용영외영
협수군 체제

○

정조는 화성 축조의 재원을 마련할 때에도 금위영과 어영청의 번상군을 10년에 한해서 매번마다 각 1초씩 감축하는 대신 포布를 부과하여 이를 화성축조의 비용으로 충당케 했다. 그런데, 이것으로 화성축조 자체만으로도 기존 군영들의 약화를 가져오게 한 요인으로 작용하였다. 뿐만 아니라 병력 2만 규모의 장용영외영을 화성에 주둔케 함으로써 기존의 경기지역의 방어를 담당하던 총융청과 수어청의 군사력을 견제하는 구실도 하였다. 이 두 군영은 그것이 설치, 운영되는 과정에서 특히 노론 세력과 깊은 연계를 맺고 있었다는 점에서 정조의 정치 운영과 친위 군사력 양성에 대한 그 의도가 어떠했는가를 짐작케 한다.

성조는 1793년 1월 장용영외영을 설치하면서 기존 수원에 주둔했던 총융청의 방어영 26초와 장용영 전사前司 5초를 장용영외영으로 편제시키고 지휘를 장용외사로 하여금 받게 하였다. 방어영의 보군 26초는 체계화된 군병이 아니었음에도 불구하고 정원을 채우기 위한 방편으로 장용영외영으로 흡수될 수밖에 없었다. 이때 전체적으로 확정된 외영의 병력은 수원도호부 때의 병력인 별효사 2초, 마병 4초, 속오군 26초, 각 읍 표하군 547명, 치중군 200명 등으로써 약 4,811명의 군병이 확보되었으나 이들에 대한 훈련강화의 조치만 내리는데 그쳤다.

한편으로 정조는 이듬해인 1794년부터 화성유수부에 성곽을 축성할 것을 준비하면서 성정군城丁軍을 마련하였다. 전에 총융청 소관으로 집에 머무르는 군관 150명, 화성유수부 방어사영의 번을 면제받은 군관 290명, 토포사 소속으로 번을 면제받은 군관 459명을 성곽을 지키는 수첩군관으로 호칭을 바꾸고, 화성유수부의 군수별무사 2,002명에서 마병 204명을 감한 1,798명 그리고 유방군 702명을 성정군이라 명칭을 붙이고 장차 성곽을 수비하는 제도를 만들도록 하였다.

하지만 장용영외영의 이러한 조처는 실제 장용영외영의 강화에 큰 도움을 주지 못하였다. 초기 총융청에서의 군액 이관과 화성유수부의 신설로 인한 혼란스러움 때문이었다. 이후 10여 개월 동안 군제를 새롭게 개편하기 위한 노력을 통해 1793년 10월에 1차 장용영외영의 군제를 확립하였다.

먼저 군량을 안정적으로 확보하고 군호軍戶와 군보軍保가 유기적으로 도와 병력이 강해지도록 하기 위해 방어영 소속의 26초 가운데 근본이 확실하고 건장한 남성의 성정군 13초를 편성하고, 나머지 13초는 보군으로 강등하여 쌀을 거두어 군사를 기르게 하고 정군正軍의 자리가 비게 되면 승급시켜 외영의 군병으로 채우도록 하였다.

그러나 당시 양정을 확보하기가 극히 어려워서 보군을 양정으로 채우면 7초에 지나지 않아 나머지 6초는 부득이 사천私賤으로 우선 숫자를 메우되, 이는 3년을 기한하여 양정으로 바꾸어서 13초의 수를 맞추게 하였다. 외영의 정군 13초는 3사司로 편제를 정하여 좌사, 중사, 우사로 명칭을 정하고,

좌사와 우사는 각각 5초를, 중사는 좌초·중초·우초의 3초로 구성되었으며, 각 초당 7필의 말이 지급되었다.

장용영외영은 군사들 복색도 훈련도감의 예를 모방하여 전건^{戰巾}과 홑동달이^{單挾袖}, 사방 색깔에 맞춘 더그레^{號衣}를 갖추어 간편하고 비용을 줄이는 방도로 하고, 서울 군영의 예에 따라 스스로 마련하게 했다. 군사무기인 조총, 환도, 화승^{火繩}, 화약, 탄환 등의 물품은 장용영외영 본부의 군기소에 있는 것을 나누어주며, 역시 내영의 단총수에 대한 규정에 따라 기대장과 사수^{射手}의 활과 화살도 본부에서 지급하였다. 장용영외영의 군사들이 특별한 능력을 갖추고 있기 때문에 훈련에 필요한 무기 전체를 장용영외영에서 모두 지급하게 한 것이다.

이후 화성 축조가 완공되는 전후의 시기에 외영제의 확립을 위한 몇 차례의 군제개편이 뒤따랐다. 1795년(정조 19년) 이후 화성의 장용영외영을 협수군체제^{協守軍體制}로 바꿔나가면서 그 군사 조달에 있어서 기존의 수원부에 소속되어 있는 경우를 제외하고는, 부족한 인원은 모두 인근 군현의 총융청과 수어청에 소속되어 있던 군인들을 이속시켜 근무하게 하였다. 이때까지도 화성성역총리대신 채제공의 지적처럼 화성유수부를 환위하는 장용영외영의 군제와 군수물자가 정비되지 않고 있었다.

그래서 외영을 강화하기 위하여 1795년 윤2월에 용인현, 진위현, 안산군을 화성에 이속시키고 3개월 후인 5월에 화성을 위한 협수군 체제를 구축하기로 하였다. 용인, 안산, 진위는 화성유수부와 매우 가까운 지역일 뿐만 아니라 관장과 군병 그리고 백성들이 서로 왕래가 잦은 곳이기 때문에 세 고을의 수령들을 협수장^{協守將}으로 정하여 화성을 지키게 하였다. 용인현령을 동성협수초관, 진위현령을 남성협수초관, 안산군수를 서성협수초관으로 정하여 용인의 수어청 속오군 5초, 진위의 수어청 속오군 3초, 안산의 총융청

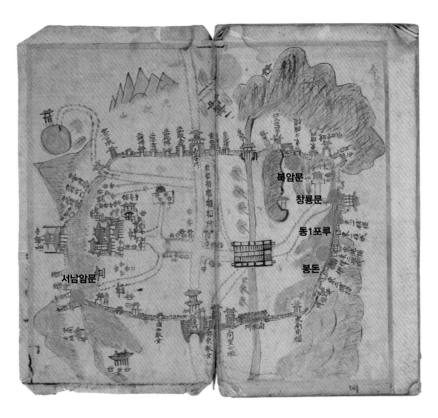

북암문

창룡문

동1포루

봉돈

서남암문

표석
標石

장용외영이 오위체제로 되면서 화성의 각 지역도 신풍위, 팔달위, 장안위, 창룡위, 화서위가 각각 나눠서 분담하였다. 각 부대별로 경계구역을 구분하기 위해 별도의 표석을 세웠다.

속오군 4초 등을 옮겨 화성의 타졸로 편성하였다

외영군제의 일대 변화는 화성 성역이 끝난 후인 정조 21년(1797년)의 일로써, 이 해 9월 총융청 남양방영南陽防營에 소속되어 있던 시흥현과 과천현을 수원부에 이속시키고, 12월의 입방군, 협수군 체제를 거쳐 이듬해인 1798년 10월 5위 체제로 일대 개혁한 끝에 그 제도의 완비를 보았다. 그리하여 화성은 앞서 이속된 용인, 진위, 안산 3읍의 협수군 12초, 새로 이속된 시흥과 과천의 속오군 5초, 안산과 시흥의 장초군 2초, 용인, 진위, 안산의 수어아병 8초 등 도합 27초의 병력을 확보해 1영 5사의 군제를 갖추게 되었다. 이 계획은 정조 21년 12월『화성진군제협수추절목급수성절목』華城進軍制協守迫節目及守城節目으로 구체화되었으며, 그 내용은 42초의 병력을 입방군 20초, 협수군 22초로 편성 확대한 것이다.

협수군은 수원부를 둘러싸고 있는 각 읍의 군사로서, 이들은 유사시 화성의 방어를 돕는 것이 임무였다. 각 읍별 초수는 용인 3초, 진위 2초, 시흥 2초, 안산 3초, 과천 2초遊兵 등이었다. 4대문을 중심으로 한 각 문의 협수장으로는 동성東城은 용인현령, 남성南城은 진위현령, 서성西城은 안산군수, 북성北城은 시흥현령이었다. 그리고 유격장遊擊將은 과천현감으로 편성하였다.

정조는 그해 10월 19일 장용외사 서유린에게 내린 전령에서 정조는 5위법 개혁의 기본취지가 화성과 인근 속읍의 민정民情을 참작하고 군정 확보의 효율을 위해 내린 조치임을 밝히고 있다. 이러한 군제가 재편성하게 된 배경은 당시 민폐의 표적이 되고 있던 군역의 모순, 곧 군정의 문란에 대응하여 군정軍丁이 부담해야 힐 군액을 줄이고, 병농일치를 특징으로 하는 5위법의 실현을 통해 현실적으로 보다 많은 군사를 확보하려는 의도에서 발상된 것이었다.

정조는 이날의 논의와 하교를『장용외영5읍군병절목』으로 구체화하고,

이를 화성에서 시행케 하였다. 군제개편에 따라 이제 화성의 5위는 전·좌·중·우·후위로 나누었고, 각 위는 그들이 방수하는 성문의 이름을 따서 창룡위蒼龍衛, 팔달위八達衛, 화서위華西衛, 장안위長安衛, 신풍위新豊衛 등의 별칭을 붙였다.

또 이 5위 전체의 명칭을 '장락위'長樂衛라 하고, 진위현령이 전위[팔달위], 용인현령이 좌위[창용위], 본부 당상관인 유병장이 중위[신풍위], 안산군수가 우위[화서위], 과천군수가 후위[장안위]의 장을 맡았다. 그리고 시흥현령은 협수위장에 보임하여 편제하였다.

화성의 장락 5위에는 각 위마다 위장 한 명, 부장 5명, 통장 3명, 대정 9명의 지휘관을 배치하였다. 또 이와는 달리 '속5위'라 불리는 수성군 편제를 마련해 매 위마다 위장 한 명, 부장 5명, 통장 20명, 타장垛將 45명씩을 두어, 유사시에 성정군을 통솔하여 수성을 주 임무로 한 지휘체세를 갖추었다. 위장과 부장을 차출할 때에는 외영에서 추천한 다음 병조에 이첩해서 개정開政시에 차출케 했으며, 위장의 임기는 15개월, 참상과 참하의 부장들은 그 임기를 정하지 않았다.

화성 속읍의 수령은 평상시에는 장락5위의 위장으로서, 국왕의 현륭원 행차 때에는 어가 호위 또는 화성행궁을 지키는 업무를 맡았다. 또 유사시에는 속5위의 위장으로서 각기 행정구역의 주민과 거의 일치하는 소속 화성의 수비 군사를 동원하는 수성체제를 갖추었으며, 각 위는 화성의 4대문을 기준으로 나눈 수성 구역을 배정받았다. 국왕의 행차 시 척후나 복병은 속읍에 소재하고 있는 신풍대에서 차출케 했는데, 장락대는 본부나 속읍, 신·구군을 막론하고 유사시 군정이 집결해야 할 장소를 기점으로 하여 인근 지역으로부터 충당하여 점차 먼 곳으로 확산해 나가면서, 한 지역의 군정을 모두 동일한 부대에 편성시키는 그물을 쳐서 물고기를 잡는 형상인

'어린작대'魚鱗作隊를 규례로 삼았다.

　이와 같이 장용영외영은 협수군 체제를 확립함으로써 직접적으로는 화성성곽, 화성행궁, 현륭원을 수행하고 거의 6,000여 명이 동원되는 원행을 호위하는 임무를 맡았다. 또한 간접적으로는 화성 축조를 계기로 정조의 친위군영으로서 기존의 중앙 군영을 훨씬 능가하는 정예의 군사력을 확보해 정조의 왕권강화정책과 부국강병의 의지를 실질적으로 뒷받침하는 데 크게 기여하였다. 🌀

7_
1795년 윤2월 화성행차와
백성들과 함께한 군사훈련

O

정조가 말한 천년 만의 경사는 바로 1795년 윤2월에 화성행궁에서 개최된 혜경궁 회갑진찬연이었다. 정조는 이 행차를 위해 6,000여 명에 이르는 대규모 군사를 거느리고 화성에 거둥했다. 그리고 이 행차는 어머님만을 위한 행차이자 잔치가 아니라 20여 년간 국왕의 지위에 있었던 자신의 왕권에 대한 과시와 더불어 자신이 만든 장용영 군사들의 위용을 보여주고자 한 것이다. 실제 정조의 8일간의 화성행차는 어머님을 위한 것보다 사도세자로부터 시작하여 정조가 준비해온 군사적 능력을 마음껏 실험하는 군사훈련과 화약 신무기 실험이 숨겨진 주목적이었다.

정조는 화성행차 시에 군사훈련을 먼저 실시하지 않고 지역의 무사를 선발하기 위한 무과를 시행하여 군사훈련에 대한 백성들의 관심과 지지를 구축하였다. 정조는 1795년 윤2월 화성으로 행행한 후 첫날 수원향교의 대성전을 참배하였다. 이는 조선의 국왕이 공자를 참배함으로써 유교를 숭상한다는 것을 몸으로 보여주기 위함이었다. 이 행차를 마치고 화성행궁으로 돌아와서는 문·무과 과거시험을 개최하였다. 당시 문과는 최지성을 포함하여 5명을 선발하였고, 무과는 김관 등 56명을 선발하였다. 정조의 화성행궁에서 개최한 문·무과는 지역민들의 사기양양과 동시에 지역의 인재를 선발하기 위함이었다. 이와 같은 인재 선발은 화성 일대를 지키기 위한 새로운 개념의 도입이었다. 즉 정조는 화성을 지키기 위하여 장용영외영 군사들 외에 지역의 백성들이 참여해야 한다는 생각을 가지고 있었다.

이것은 지금의 민방위와 같은 개념으로 정조의 민관군 합동 군사훈련의 의지를 정약용은 『민보의』民堡議를 통해 정리하였다. 정조는 행차 한 달 전에 화성의 해안가 일대에서 서해안의 교통로 역할을 담당하던 지역인 남양과 구포의 백성들 중에 무예가 뛰어난 사람들을 초시를 보게 한 후 별도의 명단을 작성했다. 그중 유엽전 1순에 2발 이상 명중시킨 사람은 다가올 정조의 화성행차 시에 무과에 응시하도록 하였다. 이는 자연스럽게 화성 축성에 참여한 지역 백성들을 위무함과 동시에 서해안을 통해 접근할 수 있는 왜구 및 청의 세력을 막아내겠다는 의도이기도 했다.

정조는 이러한 의지로 무과 대상자를 선발하여 2월 10일 화성부에서 초시에 응시한 사람은 화성유수부 2,795명, 광주부 1,502명, 과천현 281명, 시흥현 276명이었다. 화성의 특별무과에 응시한 이와 같은 숫자는 이례적으로 많은 숫자였다. 특히 화성유수부 남자들의 상당수가 무과에 응시한 것으로 볼 수 있는데, 이는 정조가 추구하는 화성방어체제 구축에 상당한 기능을 할 수 있었다. 화성유수부의 무과 초시 응시자 중 시사에서 2중中 이상으로 합격한 사람은 65명이었다. 이날 화성유수부를 포함하여 초시를 치러 합격한 이는 광주, 과천, 시흥에서 선발된 116명을 비롯하여 남양과 구포에서 신발된 백성 5명, 그리고 국왕의 특지로 허락된 화성유수부 교졸 16명 등이었다.

홍낙성
洪樂性

홍낙성(1718~1798)에 대한 평가는 다음과 같다. "세파를 두루 겪었으나 끝까지 명예를 지켰다." 성품이 온화하여 남을 해치지 않았으며, 부유한 명문 대가에서 성장하였으나 포의의 선비와 같이 검소하게 지냈다. 지위가 육경에 이르렀고 이조와 병조 판서를 모두 역임하였으나 비방이나 모함에 빠진 적이 없었다. 정조는 이러한 모습을 높이 사 그를 정승으로 임명하고 산전수전을 겪은 그의 노련한 식견과 경험을 끌어다 '의리'에 바탕을 둔 탕평 정치를 구현하고자 하였다.

무과를 실시하여 장용영외영의 사기를 진작시킨 정조는 윤2월 12일 신시申時(오후 5시)에 화성장대에 친림하여 성의 방어 훈련城操과 야간 군사훈련夜操 관계자들을 불러 군사훈련을 지시하였다. 그리고 정조는 황금갑옷과 투구를 갖추고 낙남헌에서 화성장대로 올라 직접 지휘할 준비를 하였다. 정조의 화성장대 행차에 병조판서 심환지, 장용외사 조심태 등이 차례로 수행하였다. 이때 영의정 홍낙성은 "신이 이 지방을 지나다닌 것이 매우 여러 번인데 이와 같은 보장지지保障之地가 되는 줄 아직 몰랐다가 지금 형편이 주조하고, 규모가 굉원함을 보니 비로소 하늘이 만든 팔달산이 오늘을 기다리고 있었음을 알겠나이다. 높지도 않고 낮지도 않아 공수攻守 모두에 편하여 바로 삼남三南의 요충에 해당하며 근엄함이 한양도성을 제압할 수 있으니, 참으로 이른바 '만세토록 영원히 힘입을 터'萬世永賴之基라 하겠습니다" 하였다.

이처럼 영의정 홍낙성 역시 화성유수부와 화성이 축성되는 지역이 군사적 요충지로서 적합한 지역임을 확인하였다. 정조는 장기적으로 보아 화성유수부를 조선의 군사적 중심지로 삼고자 했기 때문에 성곽을 지키는 훈련과 백성들과 함께하는 훈련을 추진한 것이었다.

정조는 화성에서의 '성조'와 '야조'를 통해 장용영외영의 군사력을 대소신료들에게 보여주기 위하여 군령을 강화하였다. 일반적으로 군령을 임금에게 결재 받는 방법은 무릇 임금의 행차를 준비하라는 명이 있으면 병조판서가 승정원에 나아가서 군령을 마련했음을 임금에게 아뢰고, 입시入侍하라는 명이 내려지기를 기다렸다가 국왕의 명을 받아 군령을 병방승지에게 전하는 것이 내체적인 관례였다.

하지만 이번 현륭원 행차는 정조의 의중이 담긴 특별한 행차이고 자신의 군사력을 보여주는 것이기에 군령을 특교特敎로 하여 정리소에서 글을 올리며, 궁궐을 출발한 후에는 각 참의 군령은 병조에서 예에 따라 거행하도록 하되 병조판서가 관여하지 못하게 하였다. 만약 장용영의 외영과 내영이 함께 열무閱武하면 병조에서 주관하여 거행하는데, 이번은 외영만 군사훈련을 하기 때문에 장용외사가 주관하여 거행하도록 하였다. 즉 일반적인 군사훈련은 병조에 의해 주관되어야 함에도 불구하고 정조는 장용영외영을 중심으로 군사훈련을 실시하고자 하였기 때문에 병조판서를 제외시키고 장용외사로 하여금 행사를 주관하게 한 것이다.

화성의 군사훈련은 기존의 훈련과 달리 사전에 예고와 준비를 통해 장용외영이 주관하여 실시하는 것이기에 장용영외영의 군사력을 보여줄 수 있었다. 하지만 너무 오랫동안 훈련을 위한 사전 준비와 대기를 하는 것은 오히려 군사들에게 해가 될 수 있다는 화성유수 조심태의 건의에 따라 훈련 일정을 조절하였다. 조심태는 화성의 성조와 야조가 정조가 화성에 도착한 후 4일째 되는 마지막 날 실시하고자 하는 계획으로는 군사들이 지칠 것을 염려하여 정조의 입성入城 시에는 약간의 군병이 영접을 하여 실제 일정을 앞당기고 훈련 하루 전날 전체 군인이 모이도록 하자고 건의하였다. 이와 같은 조심태의 건의에 정조는 동의하였고 보다 원활한 훈련을 진행할 수 있었다. 이에 따라 8일 간의 행차 중 5일째 하기로 했던 문무과 시험 일정 역시 3일째로 조정하게 되었다. 결국 화성에서의 성조와 야조는 기존에 정조의 능행시 실시했던 군사훈련과는 확실히 다르다는 것을 확인할 수 있다.

화성에서 군사훈련을 실시할 장교와 군졸들은 정조를 호위하는 군사들과 처음부터 차별화시켰다. 물론 이들 군사들 역시 정조의 현륭원 행차에 참여하고는 있으나 이들은 처음부터 화성에서의 군사훈련을 목적으로 참여한 장용영내외영의 군사들이었다. 정리소에서 군사훈련에 참여할 인원을 3,700여 명으로 건의하였는데, 정조는 이를 수용하였다. 3,700이라는 숫

동장대시열도
東將臺試閱圖

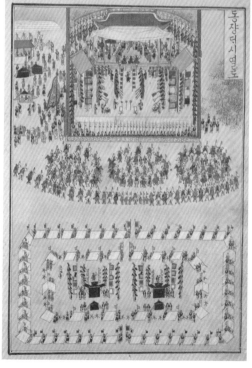

화성 동쪽에 있는 장대인 동장대의 편
액 이름은 연무대鍊武臺이다. 연무대는
화성의 동문인 창룡문과 북쪽 수문인
화홍문 사이의 높은 언덕에 위치하고
있으며, 사방이 트여 있어 화성의 동쪽
에서 성 안을 살펴보기에 좋은 군사요
충지이다. 1796년에 수원화성이 완공
된 뒤, 연무대는 병사들의 훈련장이었
다. 그림은 프랑스 파리국립도서관 소
장 『정리의궤』 성역도의 동장대시열도
東將臺試閱圖이다. 시열이란 국왕이 군대
를 사열하는 것을 말한다. 이 그림은 조
선시대 어느 문헌에도 없는 유일한 그
림이다. 1796년(정조 20년) 1월 22일 거
행된 동장대 시열 행사는 조선시대 군
사훈련의 전범을 보여주는 것으로, 동
장대 밖의 군사들이 학익진을 취하고
있는 것이 매우 특이하다.

자는 정조대 군사훈련 중에서 가장 많은 인원으로 전체 화성행차 인원인 5,700명 중에서 절반이 넘었다. 윤2월 12일의 화성 성조에서는 3,700여 명의 장졸 외에 상황에 대응하기 위한 예비군격인 참진군參陣軍 2초를 차출하여 전초관 최명건과 좌초관 이원형이 해당 초군을 각각 115명씩 거느리고 화성장대를 호위하도록 하였다.

새벽부터 준비하여 일찍 군사훈련을 실시한 정조는 특별히 야간 군사훈련도 기대했다. 그것은 이전까지 실시하지 않았던 장용영 군사들과 백성 그리고 화성의 관리들이 함께 군사훈련을 준비했기 때문이다. 요즘으로 치면 민방위 훈련의 효시쯤으로 보면 될 것이다.

밤이 되어 군사훈련을 지휘하기 위해 서장대에 오르는 정조를 병조판서 심환지가 무릎을 꿇고 맞이하였다. 정조의 명에 따라 나팔수는 나팔을 불고 각 병사들은 모두 성에 오르고 대포를 쏘자 성문을 닫고 성을 방어할 준비를 하였다.

야간 군사훈련에서 가장 중요한 것은 바로 '연거'演炬, 즉 횃불을 올리는 훈련이었다. 정조는 서장대에서 침중하면서도 단호한 목소리로 불을 피워 올리라는 '점거'點炬를 지시하였다. 그 순간 횃불 4자루가 점화되고 신호를 알려주는 대포가 3발 발사되었다. 신호를 받은 화성의 4대문에서 신호를 알리는 악기를 부는 천아성과 대포소리가 울려 퍼지고 성곽에 오른 모든 군사들이 횃불에 불을 밝혀 세상이 환한 낮처럼 되었다. 이 소리에 맞추어 선전관이 성곽 내에 있는 모든 백성들의 집집마다 등에 불을 켜는 "현등!"懸燈을 외치자 성곽 내에 있는 1,000여 가구의 모든 집들이 불을 밝혔다.

성곽과 집집마다 밝혀진 불로 인해 화성의 모든 곳은 낮처럼 환해졌고 서장대에 올라 군복을 지휘하는 정조의 모습은 엄청난 위엄을 보였다. 성곽 위에 올라간 군사들은 사방으로 대포를 쏘고 '발방'發放을 하였다. 발방이라

함은 군대의 사기를 위해 구호를 외치는 일로, 요즘의 함성을 이르는 말이다. 성곽 안은 온갖 함성으로 가득한 사기가 넘쳐났다. 더불어 대포에서 나오는 불꽃이 천지를 가득 메워 이제 화성은 그 어느 누구도 넘볼 수 없는 철옹성이 되었다.

일사불란한 모습을 확인한 정조는 군사들의 횃불과 백성들 집안의 등을 모두 꺼서 다시 어둠의 침묵으로 들어가라고 명하였다. 이래야만 화성에 쳐들어 올 외적들이 두려움에 떨 수 있기 때문이다. 호령 하나로 온 성곽이 한순간 낮이 되고 또 호령 하나로 밤이 되는 시스템을 갖춘 성곽에 어찌 감히 쳐들어 갈 수 있단 말인가!

정조의 명에 선전관은 '부거'^{仆炬}를 호령하여 성곽의 군사들은 횃불을 끄고, 동시에 이루어진 선전관의 '낙등!'^{落燈} 명령에 백성들의 집에 있는 횃불도 함께 꺼졌다. 이로써 야간 군사훈련은 모두 끝이 났다.

정조대 야간 군사훈련은 이전에는 한 번도 실시한 적이 없는 초유의 일로서 정조는 장용영외영의 군사들과 백성들의 합동훈련을 통해 화성을 실질적으로 방어하게 하였다. 이와 같은 훈련은 장기적으로 정조의 화성 거주를 위한 훈련이었다.

정조는 화성장대에서의 군사훈련이 성공적으로 끝난 것을 기념하여 친히 시를 지어 장대 위에 붙여 놓도록 할 정도였다. 그리고 행사를 마치고 이틀 뒤 화성을 순례하는 과정에서 화성 축성과 장용영외영의 훈련에 대한 만족감을 표시하였다.

"화성을 경영한 위치가 조리^{條理}가 있으니 장용외사가 성심껏 일하지 않았나면 어떻게 가능하였겠는가? 또 어제의 성조^{城操}로 말하더라도 본부의 군대가 평소 조직적으로 훈련한 것이 아니었는데도 성정군의 거화^{擧火}와 응포^{應砲}

와 친군위의 좌작坐作과 진퇴進退가 모두 능히 모양을 이루었다. 이는 앞으로 쓸 인재를 얻은 것이라 볼 수 있으니 내가 매우 가상히 여긴다."

-『원행을묘정리의궤』권1, 연설, 을묘 윤2월 14일

이로 미루어 볼 때 정조는 성공적인 화성의 군사훈련으로 인해 단기적으로는 자신이 원하는 화성의 방어체계를 확고히 하고 장기적으로는 국방개혁의 중심지로서의 역할을 할 수 있겠다는 확신을 한 것 같다. 이와 더불어 정조는 훈련에 참가한 이들의 노고를 치하하기 위해 시상을 베풀었다.

정조는 화성장대에서 군사훈련을 마친 이틀 후이자 화성행차 마지막 날인 윤2월 14일, 화성행궁 득중정에서 신료들을 거느리고 활쏘기를 빙자하여 신무기 실험을 위한 군사훈련을 하였다. 정조는 사도세자가 비밀리에 화약을 이용한 신무기를 개발한 것을 계승하여 즉위 초부터 화약무기 개발을 추진했다. 그 결정판을 어머니 회갑연 마지막 날 거행한 것이다. 특히 정조는 평상시 활쏘기를 시간을 정해 놓고 연습할 정도로 중요하게 여겼다.

"나는 활쏘기에 숙업宿業이 있어 맞힐 때마다 좌우의 신하들에게 상을 내리곤 했는데, 이것이 세속에서 말하는 '고풍古風의 고사'라는 것이다. 일찍이 가까운 신하들과 짝이 되어 활을 쏜 후 규장각의 고풍첩古風帖에 '왕이 마음이 편안하니, 이때에는 다툼도 없도다'王心載寧 時魔有爭라고 썼다."

-『홍재전서』권122, 노론하전 1, 팔일편

정조는 이처럼 활쏘기에 매진했고, 이는 자연스럽게 정조의 무신적 기질을 보여주는 것이다. 이날 득중정에서 정조와 함께 활쏘기를 한 신하는 영의정 홍낙성, 수어사 심이지, 경기감사 서유방, 호조판서 이시수, 장용외사 조심태, 훈련대장 이경무, 장용내사 서유대, 총융사 서용보, 정리사 윤행임 등 당파를 가리지 않고 조정의 중요 관료들이 모두 참여하였다.

정조는 이 자리에서 유엽전 30발을 쏘았다. 이때 24발을 맞춰 28점을 얻었다. 함께 시사에 참여한 신하들은 영의정 홍낙성 3점, 수어사 심이지 3점, 경기감사 서유방 7점, 호조판서 이시수 3점, 장용외사 조심태 14점, 훈련대장 이경무 10점, 장용내사 서유대 15점, 총융사 서용보 5점, 정리사 윤행임 14점 등을 얻어 전반적으로 정조의 성적과는 차이가 많았다. 특히 정조는 유엽전만을 쏜 것이 아니라 장혁掌革을 1순 쏘고 유엽전을 작은 과녁에다 25발을 쏘아 24발을 명중시켰다. 한편 야간에 유엽전을 2순 쏘아 6점을 얻었다. 물론 함께 시사에 참여한 신료들의 점수는 정조의 반에도 미치지 못하였다.

예로부터 활쏘기란 단순히 건강과 무예를 단련하기 위한 것이 아니었다. 활쏘기는 바로 군왕과 신하들이 자연스럽게 몸을 통하여 단결하게 만드는 특별한 회합이었다. 특히 조선 역사상 최고의 신궁神弓으로 평가받는 정조는 자신의 활솜씨를 한껏 보여주었다. 정조의 활시위를 떠난 화살은 모두 과녁의 정중앙에 꽂혔다. 고위 신하들과 무관들에 비해 3배 이상의 적중률을 보여주면서 '무인군주'의 인식을 더욱 강하게 심어 주었다. 군복을 입은 늠름한 정조의 모습은 신하들에게 조선을 지킬 군주라는 믿음을 주었을 것이다. 또한 정조는 국왕 스스로 활쏘기의 모범을 보임으로써 무武를 증진시키고 자연스럽게 화성을 중심으로 하는 새로운 방어체제를 보여주고자 했다.

정조는 득중정에서 활쏘기로 군주와 신하 간의 화합을 유도한 직후 매화埋火를 터뜨리게 하였다. 이는 화약을 이용한 신무기를 개발하여 화성에서 새롭게 성능을 시험한 것이다. 정조는 이미 1779년(정조 3년)에 남한산성에 거둥하여 중앙오군영의 군사들을 이용한 군사훈련을 실시할 때 화약을 땅

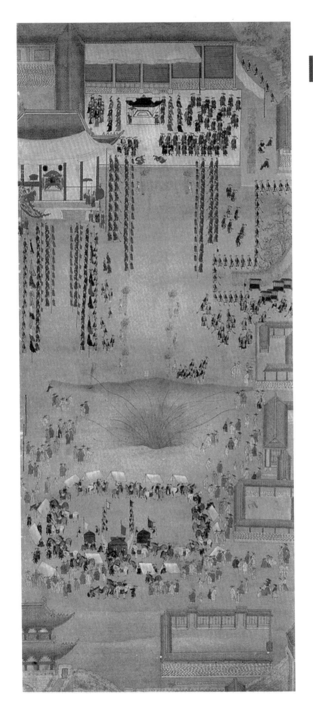

득중정어사도는 수원능행도인 8폭 병풍의 하나로, 1795년(정조 19년) 윤2월 14일 오후 정조가 화성행궁 안의 득중정得中亭에서 신하들과 함께 활쏘기를 한 다음 저녁에 혜경궁 홍씨를 모시고 매화시방埋火試放(불꽃놀이)을 구경하는 장면이다.

에 묻어 터뜨리는 매화시방埋火試放을 실시하였다. 정조는 화약을 이용한 무기 개발의 중요성을 인식하고 있었고, 이를 지속적으로 발전시키고자 하였다. 남한산성에서 매화 훈련을 실시한 정조는 아래와 같이 강조하였다.

> "이것은 원숭환이 영원에서 시험한 홍이포의 유제遺制이다. 병자년(1636년)에
> 이 방법을 배우지 않아서 쓰지 못하였으니, 참으로 한탄스럽다."
> -『정조실록』권8, 3년 3월 기미

청나라 건국자 누르하치는 100전 100승의 전설적인 지휘관이었다. 그런 그가 명나라 장수 원숭환이 만든 홍이포에 맞아 죽었다. 이후 청나라 군대는 홍이포를 두려워하였고, 정조는 이 사실을 정확히 분석하여 청나라 군대에 맞서는 방법 중 최선의 방어법과 공격법으로 홍이포 등과 같은 화약 무기 사용을 하고자 한 것이다. 그러면서 정조는 병자호란 당시 성곽 밖에 화약을 매설하여 청나라 공격에 방어하지 못한 것을 매우 안타깝게 생각하였다. 그래서 자신은 국방력 강화를 위하여 새로운 화포기술을 창안하고자 노력하였다. 그 결과 새로운 화포기술을 개발하였으며, 그 첫 번째 시험을 화성에서 실시한 것이다.

정조 등극 초반 북벌론을 주장했던 송규빈은 북벌을 위해서는 반드시 신기한 화기火器를 가지고 적을 향해 먼 거리에서 발사한다면 이것을 맞은 적들은 모두 가루가 되어 재를 이루고 말 것이니 승산이 있다고 하였다.

송규빈의 국방정책 개혁론을 받아들여 친위군영인 장용영 창설과 수어청 혁파를 추진했던 정조가 화약무기 개발에 대한 송규빈의 의견을 받아들였음은 당연하다. 송규빈이 아니라 하더라도 정조의 입장에서는 강력한 군영을 만들기 위해서는 반드시 화약을 이용한 새로운 화포의 개발이 절실히

필요했다.

하지만 득중정에서 화약을 땅에 묻고 성능을 시험하고자 할 때 날씨가 좋지 않았다. 이에 정조는 "지금 비가 오려고 날씨가 잔뜩 찌푸려 있으니 이와 같은데도 할 수 있겠는가?" 하고 조심스럽게 장용외사 조심태에게 가능성을 타진했다. 이에 조심태는 매화시방에 대한 강한 자신감을 보여주었다. 첫 번째로 화약의 성능이 강하다는 것을 강조하였고, 두 번째로 비가 오더라도 땅 속까지 스며들지는 않을 것이라고 하였다. 즉 조심태는 장용영외영에서 개발한 새로운 화약무기가 어지간한 비에도 견디어 폭발이 가능할 것이라는 확신을 가지고 있었던 것이다. 조심태의 자신감에 정조는 성능 시험에 대한 지시를 하였고 마침내 매화시방은 날씨가 안 좋은 상태에서도 성공을 거두었다.

이로써 화성에서의 장용영 군사훈련은 마감된다. 화성행차 시의 전체적인 군사훈련은 장용영외영의 3,800여 군사늘의 일사불란함을 보여줌과 동시에 장용외영이 가지고 있는 화약신무기를 선보임으로써 화성유수부가 강력한 군사도시임을 보여주었다. 또한 화성 내에 거주하는 백성들과 함께 횃불과 등불을 올리고 내리는 훈련을 함으로써 민보民堡에 대한 새로운 개념을 보여주었다.

결국 정조가 화성행차에서 보여준 일련의 군사훈련은 자연스럽게 다른 군영으로 하여금 장용영외영을 두렵게 만들었다. 더불어 이는 자연스럽게 장차 자신이 왕위를 물려주고 거처할 화성유수부를 통해 친위군사력의 위세를 보여주어 자신이 추구하는 국방개혁에 대한 반대를 일소하고 향후 외세에 대한 군사적 방어 및 공격의 중심지로서의 역할을 천명한 것이라고 할수 있다.

백성이 없는 군대는 의미가 없고, 군대가 없는 백성은 위태롭다. 그래서 백성과 군인은 하나가 되어야 하고, 나라를 외적으로부터 지키기 위해 함께 훈련을 해야 한다. 그러므로 백성과 군인, 그리고 관료들이 합동으로 하는 군사훈련은 가장 이상적이다. 이것이 정조가 화성에서 백성들과 함께 군사 훈련을 한 진짜 이유다. 이렇듯 장용영의 군사훈련의 특징은 바로 백성과 함께하는 것이었다. 이는 장용영이 조선 최강의 군대로 평가받는 가장 중요한 이유이기도 하다. 🐾

에
필
로
그

O

정조가 쓰러졌다. 정조가 쓰러지니 조선은 흔들렸다. 백성이 주인되는 나라를 만들기 위해 혼신의 노력을 나했던 정조는 결국 꿈을 이루지 못하고 세상을 뜨고 말았다. 그의 죽음의 원인에 대해서는 200여 년이 지난 오늘날까지도 논란이 이어지고 있다. 하지만 확실한 것은 그가 죽기 전까지 엄청나게 많은 일을 했다는 것이다.

만약 정조가 그렇게 빨리 죽지 않았다면 조선은 어떻게 되었을까? 그가 일관되게 추진하던 노비제도는 혁파되었을까? 1786년 박제가가 올린 상소 내용대로 서양 선교사들을 받아들여 적극적으로 서양과 외교관계를 수립했을까? 혹은 그가 만든 장용영으로 국방을 강화시키고 서양의 과학기술을 받아들여 한말에 이르러 일제에 나라를 빼앗기는 비극을 피할 수 있었을까?

아마 정조가 좀 더 오래 조선의 국왕으로 있었다면, 그래서 그의 개혁을 완성하였더라면 이후에 누가 왕이 되었더라도 안전하게 국정을 운영할 수 있는 시스템을 구축했을 것이다.

정조에 대해 현재 거론되는 비판 중 하나는 본인 재위 당시에는 개혁을 추진했지만 그것이 국왕 주도의 개혁일 뿐이었다는 점이다. 그 때문에 시스템 구축이 안 되어 이후로 60여 년간의 세도정치 기반을 만들어냄으로써 역으로 백성들을 힘들게 한 것이 아니냐는 것이다. 이 말은 틀렸다고 할 수는 없지만 그렇다고 옳다고 할 수도 없다. 무엇보다 안동 김씨의 세도정치를 정조 탓으로 돌리는 것에는 결코 동의할 수 없다.

실제 정조는 자신의 개혁정치를 안정된 시스템으로 발전시키고자 하였고, 그것이 바로 1800년(정조 24년) 5월 30일 경연에서의 천명이었다. 정조는 5월 그믐날의 경연에서 자신을 공격하는 노론 벽파의 문제점을 거론하고 자신을 따라 개혁을 추진하자고 선언하였다. 자신의 즉위 이후 추진했던 습속習俗을 바로잡는 일을 지속하고, 백성을 위한 개혁보다 더 강력한 개혁을 하겠다는 것이다. 당시의 잘못된 폐단을 바로 잡는 것이 가장 중요한 일이고, 그것이 바로 개혁이라고 생각한 것이다. 그래서 자신과 함께 백성에게 해가 되는 온갖 폐단을 없애는 적극적인 개혁을 추진하자고 하였다. 그러나 사자후처럼 천명을 터뜨리고 한 달도 되지 않아 세상을 떠나고 말았다. 참으로 허망하고 안타까운 일이다.

정조는 군신공치君臣共治를 실천하면서도 강력한 카리스마로 왕권을 강화하여 자신의 의도대로 국정을 운영하였다. 그런 과정에서 신하들의 반발도 있었지만 이는 군주로서 당연히 해야 할 일이라고 생각한다. 군주는 자신만이 아닌 백성들을 위해 때로는 강한 모습을 보여주고, 그리고는 비밀리에 편지를 보내 상대방을 다독거리기도 하고, 때로는 정국을 통합시키기 위해 신하들과 어우러져 술을 마시고 시를 짓는다. 이것이 바로 나라를 위해 군주가 해야 할 일이다.

전령
傳令

1804년 10월 10일 전 경력 김종철金宗喆을 총리영總理營 전사파총前司把摠으로 임명하는 전령이다. 총리영은 1802년 장용영이 해체되면서, 수원에 설치되었던 장용외영이 축소 개편된 군영이다. 총리영의 관원으로는 사使, 수원유수 겸임 1인, 중군中軍 1인, 별효장別驍將 2인, 파총把摠 12인, 척후장斥候將, 영화도찰방 겸임 1인, 초관哨官 25인, 교련관敎鍊官 8인, 지구관知殼官 10인, 별군관別軍官 100인, 수첩군관守堞軍官 12인, 별효사別驍士 200인으로 편제되었다.

그래서 정조는 당파로 갈라져 싸우지 않고 신분으로 인하여 차별받지 않는 세상, 힘이 없어 외세에 침략당해 고통 받지 않는 세상을 만들기 위해 재위 24년 내내 고군분투했던 것이다. 그는 조선의 국왕으로 단 하루도 편한 날 없이 매일 매일을 치열하게 살았다. 그런 그가 갑자기 죽었다. 세상의 권력은 바뀌고 바뀐 권력의 주체들은 그의 개혁을 지우기 시작했다.

1800년 6월 28일 갑작스런 정조의 죽음으로 인해 11세의 순조를 대신해서 정순왕후였던 김씨의 수렴청정이 시작되었다. 정순대비는 사도세자의

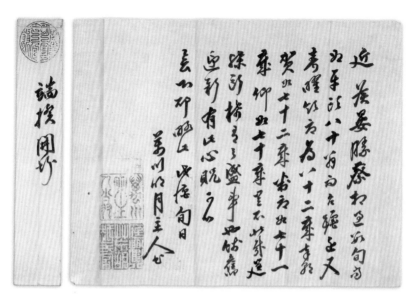

정조가 심환지에게 보낸 편지
正祖御札

정조가 심환지에게 연말을 맞아 안부를 묻는 편지이다. 비록 선물은 보내지 못하지만 마음만은 알 아달라는 조금은 애교 섞인 내용이다. 또한 당시 원로 대신들 중 70세 이상인 사람이 많은 것에 대해 정조는 드물게 있는 성대한 일이라고 하였는데, 이는 『인서록』人瑞錄에서 장수하는 사람이 많으면 태평성대라고 한 것과 통하는 내용이다.

죽음에 밀접한 관련이 있는 벽파의 중심인물인 김귀주와 친남매 간으로, 정조의 치세 전반기에 대립적 관계를 유지했다. 특히 정순대비는 정조의 죽음을 유일하게 지켜본 인물로 정조 독살설의 주체이자 중심으로 지목받던 인물이었다. 당연히 정순대비는 정조의 주요 개혁정책을 말살해버리려고 하였다. 이는 곧 정조가 재위할 당시 정치적으로 억눌려 있던 벽파 정권의 시파에 대한 응징이기도 하였다.

정순대비가 수렴청정을 시작하면서 가장 강력하게 밀어붙인 것은 장용

영의 혁파였다. 표면적인 이유는 장용영에 있는 엄청난 재원 때문이었다. 장
용영은 여러 군영 중에서 군사적으로나 재정적으로 가장 내실 있는 군영이
었다. 뿐만 아니라 금군을 제쳐놓고 국왕친위의 역할까지 맡고 있었다. 정순
대비를 비롯한 벽파에서는 정조와 연관된 정치세력을 제거하기 위해 반드시
정조의 친위군영인 장용영을 없애야 했을 것이다.

　정순대비의 수렴청정이 시작되었을 때 장용영의 군사지휘권은 순조의 장
인으로 내정된 김조순에게 주어졌고, 그의 뒤를 이어서 같은 파의 박준원이
맡았다. 박준원은 순조를 낳은 생모 수빈 박씨의 오라버니로 정조의 신뢰를
받던 인물이었다. 이는 장용영이 정조와 정조를 지지하는 시파의 군영으로
서 벽파가 쉽게 침투할 수 없었음을 뜻하는 것이었다.

　수렴청정에 나선 정순대비는 선왕 정조의 유지遺旨 때문에 정적관계인 김
조순을 외면할 수 없었다. 이에 순조 즉위 다음날 좌부승지 김조순을 총융
사로 임명하고 며칠 지나지 않아 장용영대장에 임명하였다. 따라서 처음에
벽파는 장용영의 혁파보다는 장용영의 체제를 무력화시키는 정책을 추진하
였다. 정조의 국장을 위해 설치한 국장도감과 산릉도감 그리고 빈전도감의
경비와 호조 재정의 부족분을 장용영에 떠넘긴 데 이어 1801년 시노비寺奴
婢를 혁파하고 그에 따른 막대한 재정 감축을 다시 장용영에서 부담토록 한
것이다. 곧 장용영의 국방개혁을 위해 비축된 재정을 선대왕인 정조를 위한
다는 명분을 내세워 사용하게 함으로써 장용영의 무력화를 추진한 것이다.
참으로 교묘한 고도의 정치술이었다.

　벽파와 정순대비는 대비의 친동생인 김관주를 급히 병조판서에 임명하
여 군사지휘권에 관여할 수 있도록 조치를 취했지만 그렇게 쉽게 뜻을 이
룰 수는 없었다. 이에 정순대비는 장용영을 혁파하고 시파를 견제하기 위한
조처로써 벽파의 거두인 심환지로 하여금 직접 장용영 혁파를 거론하게 하

였다. 정조는 심환지가 비록 벽파이기는 하나 매우 청렴한 인물이어서 그의 인품을 믿고 집권 후반기 탕평정국의 주요 인물로 함께 정치를 했었다.

1802년 1월 영의정 심환지는 "선대왕도 장용영은 어디까지나 일시에 만든 것이요, 영원한 법으로 만들지 않았다"고 강조하였다. 심환지의 이와 같은 장용영 혁파의 속내는 화성을 중심으로 하는 장용영외영의 반란을 염두에 둔 것이었다. 심환지는 상소문에서 화성행궁의 미로한정未老閑亭에 담겨 있는 의미와 장용영내외영이라 하지 않고 장용영외내영이라 칭하며 화성에 군사력을 집중한 것은 정조의 의도가 있는 것이라고 비판하기도 하였다. 결국 이와 같은 전반적인 상황으로 인해 장용영을 혁파해야 한다고 주장했다.

이와 같은 심환지의 장용영 혁파안은 벽파의 입장에서 중앙군영의 군사력이 장용대장을 통해 권력집단에 연결되어 장용영을 장악하고 있는 시파를 견제하기 위한 현실적 조치였다. 그런데 이상하게도 당시 심환지의 장용영 혁파 주장에 대한 시파의 반발을 거의 찾아볼 수 없다. 그 이유에 대해서는 단언할 수 없지만 벽파의 세력이 크게 떨쳐 일어나 시파의 영수였던 3년 전 죽은 채제공의 관직까지 추탈한 직후였던 만큼 시파가 정치적으로 크게 몰리고 있었기 때문인 듯하다.

한편 정조가 믿었던 김조순의 경우에는 자신의 딸이 왕비로 책봉될 것을 염두에 두고 왕비책봉권을 가지고 있는 정순대비를 자극하지 않으려 했을 것이다. 만일 장용영 혁파안에 대하여 정순대비와 적대관계를 형성한다면 자신의 딸이 왕비 간택에서 배제될 수도 있기 때문이었다.

심환지가 상소를 올리고 이틀 뒤인 1월 22일 정순대비는 장용영 혁파를 허락하고 장용영의 군교나 서리들의 세금을 탕감해주고 위로의 차원에서 떡과 고기로 회식하라고 지시하였다. 술과 고기로 회식시켜 장용영 군사들의

金祖淳先生像

英祖時人字士源号楓皐安東人
永安府院君謚忠文奮竹畫
利川玄巖院配享謚忠文

김조순

金祖淳

김조순(1765~1832)은 정조대에 과거에 급제하고 초계문신에 발탁되면서 정조의 촉망 속에 성장하였다. 1802년(순조 2년) 딸이 순조의 비로 책봉되자 30년간 국구國舅로 보필하면서 이후 전개되는 안동 김씨 세도정치의 기틀을 마련하였다. 사후 정조의 묘정廟庭에 배향配享되었고 시호는 충문忠文이다.

분노를 무마시키려 했던 것이다.

정순대비는 장용영 혁파 지시에 이어 장용영내영의 별고別庫와 외영의 각 창고를 모두 내수사에 환속시킬 것을 명하였다. 그 많은 장용영 재산을 공적인 비용으로 사용하지 않고 모조리 왕실 재산으로 사용하겠다는 것이다.

이는 정조의 뜻과 근본적으로 배치되는 것이었다. 정조는 왕실 재산도 국가 재산이기 때문에 반드시 공적으로 사용해야 한다고 했고, 실제 재위 기간 내내 그렇게 하였다. 바로 정조가 강조했던 궁부일체론宮府一體論이다. 왕실인 '궁'과 조정의 각 부서인 '부'가 하나가 되어야 한다는 것이다. 왕실 재산은 국왕이 마음대로 사용할 재산이 아니기에 그 재산으로 가난한 사람들을 구제하고, 백성들을 위해 저수지를 만들고, 또 화성 축성에도 사용하였다. 그런데 정순대비가 오히려 꾸준히 축적된 장용영의 재산을 자신을 위해 사용하겠다고 하니 당시 관리들이 얼마나 기가 막혔겠는가?

이 지시에 대하여 대사간 홍희운과 정언 홍석주가 모두 상소하여 그 불가함을 말하였다. 더불어 대신들도 강력하게 주장하여 각 사의 재정에 보충토록 결정을 보았다. 그리하여 장용영의 재정은 모두 선혜청, 호조, 훈련도감, 어영청, 금위영, 군기시, 병조, 경기 및 각 도에 나누어졌다. 그나마 다행이었다.

장용영의 혁파 조치로 처음 장용영을 만들 때 신설되었던 부분은 폐지되고 다른 군영에서 옮겨져 장용영으로 온 부분은 되돌려 보냈다. 장용영외영인 화성에서는 그 관리를 위해 규모를 줄인 총리영摠理營을 두어 화성유수가 총리사摠理使를 겸직하여 관할하도록 하였다. 또한 장용영이 맡았던 궁궐 수비의 임무도 본래대로 금군의 무예별감으로 넘어갔다.

그렇게 장용영은 혁파되는 운명을 피할 수 없었다. 안타깝게도 순조가 선왕인 정조의 왕권강화정책을 계승하지 못했기 때문이었다. 또 그것은 정조의 반대세력이었던 벽파에 의해 한순간에 이루어진 충격적인 일이었다. 장용영 혁파는 철저한 정치적 논리에 의해 강제되었고, 장용영 창설을 통해 조선후기 군제개혁과 민생안정을 추구하고자 했던 정조의 개혁정책은 좌절되었다.

그러나 정조의 개혁이 순조 연간 반대 세력에 의해 혁파되었다 하더라도 그의 개혁 정신은 사라지지 않았다. 정조의 분신과도 같은 다산 정약용이 그 모진 시련 속에서도 '1표 2서'의 저술을 남겼고, 그 사상은 1894년 동학농민전쟁의 기반이 되었다. 그리고 일제강점기 항일독립운동의 사상이 되었다. 그러니 정조의 개혁사상이 완전히 사라진 것은 아니다.

21세기 한국 사회에서 정조의 개혁과 소통 사상이 주목을 받고 있다. 비록 민주주의 시대가 아닌 왕조사회였지만 정조의 개혁사상은 시대를 초월하여 계승해야 할 사상이고, 그의 인간존중과 소통의 정신은 오늘날 우리가 반드시 실천해야 할 것이기도 하다. 또한 정조가 추진했던 지역, 신분, 경제력으로 인한 차별 없이 기회가 균등하게 주어지는 사회 만들기는 우리가 반드시 계승하고 실현해야 한다. 오늘날 한국 사회에서 잘못된 반민주주의를 없애고 새로운 민주사회를 만드는 데 반드시 기억해야 할 사상이다. 그래야만 우리는 분단국가에서 하나된 통일국가로 나갈 수 있을 것이다. 그렇게 될 때 사도세자와 정조가 꿈꾸었던 자주국가 건설이 실현될 것이다. 🍃

참고문헌

사료 史料

『宣祖實錄』

『仁祖實錄』

『肅宗實錄』

『英祖實錄』

『正祖實錄』

『弘齋全書』

『純祖實錄』

『日省錄』

『備邊司謄錄』

『承政院日記』

『壯勇營故事』

『壯勇營大節目』

『萬機要覽』

『國朝寶鑑』

『燕巖集』

『北學議』

『湛軒書』

『風泉遺響』

『園幸乙卯整理儀軌』

『大典會通』

『練藜室記述』

『孝宗實錄』

『武藝圖譜通志』

『閑中錄』

『凌虛關漫稿』

『茶山詩文集』

『青莊館全書』

『過庭錄』

『磻溪隧錄』

『農圃問答』

『迂書』

『風泉遺響』

『展園遺稿』

『青城雜記』

『林下筆記』

『備邊司謄錄』

『華城城役儀軌』

『華城志』

『定辨錄』

『玄皐記』

『개벽』

저서著書

金成潤, 1997,『朝鮮後期 蕩平政治 研究』, 지식산업사

金弘, 1997,『韓國軍事制度史』, 명성출판사

김문식, 2007,『정조의 제왕학』, 태학사

김영호, 2003,『조선의 협객 백동수』, 푸른역사

김용흠, 2006,『조선후기 정치사연구1』, 혜안

김우철, 2000,『朝鮮後期 地方軍制史』, 경인문화사

김종수, 2003,『조선후기 중앙군제 연구 – 훈련도감의 설립과 사회변동』, 혜안

김준혁, 2008,『이산 정조, 꿈의 도시 화성을 세우다』, 여유당출판사

김준혁, 2017,『정조와 다산의 꿈이 어우러진 대동의 도시, 화성』, 더봄출판

나영일, 2003,『정조시대의 무예』, 서울대학교 출판부

박광용, 1998,『영조와 정조의 나라』, 푸른역사

박현모, 2001,『정치가 정조』, 푸른역사

백기인, 2004,『조선후기 국방론 연구』, 혜안

백승종, 2006,『정감록 역모사건의 진실게임』, 푸른역사

송양섭, 2006,『조선후기 둔전연구』, 경인문화사

유봉학, 1996,『꿈의 문화유산 화성』, 신구문화사

유봉학, 1995,『燕岩一派 北學思想 研究』, 일지사

유봉학, 2001,『정조대왕의 꿈』, 신구문화사

장필기, 2004,『조선후기 무반벌족가문 연구』, 집문당

정옥자, 1991,『조선후기 지성사』, 일지사

정해은, 2004,『한국전통병서의 이해』, 국방부 군사편찬연구소

정해은, 2002,『조선후기 국토방위전략』, 국방부 군사편찬연구소

趙珖, 1985,「朝鮮後期 歷史認識」, 韓國史研究會 編『韓國史學史의 研究』, 을유문화사

차문섭, 1973,『朝鮮時代 軍制研究』, 檀大出版部

최완수 외, 1998,『우리 문화의 황금기 진경시대』1·2, 돌베개

崔洪奎, 1995,『禹夏永의 實學思想硏究』, 一志社

최홍규, 2005,『정조의 화성경영 연구』, 일지사

한국역사연구회 17세기 정치사연구반, 2003,『조선중기 정치와 정책』인조~현종 시기

한영우, 1998,『정조의 화성행차 그 8일』, 효형출판

한영우, 2001,『정조의 문예사상과 규장각』, 효형출판

홍대용 저, 소재영 외 주해, 1997,『주해 을병연행록』, 태학사

논문^{論文}

강문식, 1996,「正祖代 華城의 防禦體制」,『韓國學報』82

고성훈, 1992,「正祖朝 鄭鑑錄 관련 逆謀事件에 대하여-李京來·文仁邦 사건을 중심으로」,
『동국사학』26

高成勳, 1992,「正祖朝 洪福榮 獄死와 山人勢力」,『東國史學』26

권오영, 2004,「남한산성과 조선후기 대명의리론」,『한국실학연구』8, 한국실학학회

金文植, 1997,「18세기 후반 정조 능행의 의의」,『한국학보』88

김백철, 2011,「英祖의 綸音과 王政傳統 만들기」,『장서각』26, 한국학중앙연구원

김성윤, 1996,『朝鮮後期 正祖의 蕩平政治 硏究』, 釜山大學校 大學院 史學科 博士學位論文

김성윤, 2002,「英祖代 中半의 政局과 壬午禍變」,『역사와 경계』43

김세영, 2012,「사도세자 廟宇 건립과 '景慕宮舊廟圖' 연구」,『장서각』28, 한국학중앙연구원

김영민, 2004,『壬午禍變의 발생과 正祖代의 思悼世子 재평가』, 한신대학교 국사학과 석사학
위논문

김영민, 2007,「정조대 '임오의리' 논의의 전개와 사회적 반향」,『조선시대사학보』40, 조선시
대사학회

김용흠, 2006,「인조대 원종 추숭 논쟁과 왕권론」,『學林』27

김용흠, 2006,「19세기 전반 勢道政治의 형성과 政治運營」,『한국사연구』132

김용흠, 2012,「총론 : 조선후기 당론서의 객관적 연구는 가능한가?」,『역사와 현실』85

김용흠, 2014, 「17세기 공론과 당쟁, 그리고 탕평론」, 『조선시대사학보』 71

김용흠, 2016, 「조선의 정치에서 무엇을 볼 것인가 : 탕평론·탕평책·탕평정치를 중심으로」, 『한국민족문화』 58

김정자, 2008, 「영조말(英祖末)~정조(正祖) 초(初)의 정국(政局)과 정치세력(政治勢力)의 동향 (動向) : 영조(英祖) 46년(1770)경~정조(正祖) 원년(元年)(1777)을 중심으로」, 『조선시대사학보』 44, 조선시대사학회

김종수, 2003, 『朝鮮後期 中央軍制研究 -訓鍊都監의 設立과 社會變動』, 혜안

김준석, 2003, 「柳馨遠의 政治·國防體制 改革論」 『연세실학강좌』 3, 『혜안』

김준혁, 2006, 「正祖代 軍制改革論과 守摠兩營 革罷」 『中央史論』 23

김준혁, 2005, 「정조대 장용위 설치의 정치적 추이」, 『사학연구』 78

김준혁, 2005, 「정조의 무예도보통지 편찬 의도와 장용영 강화」, 『중앙사론』 21

김준혁, 2007, 『조선 정조대 장용영 연구』, 중앙대학교 박사학위논문

김준혁, 2013, 「사도세자의 무예인식과 정책」, 『중앙사론』 37, 한국중앙사학회

노영구, 2000, 「병서」, 『정조시대 예술과 과학』, 문헌과해석사

노영구, 2000, 「正祖代 兵書 刊行의 背景과 推移」, 『藏書閣』 3

노영구, 1999, 「朝鮮後期 城制 변화와 華城의 城郭史的 의미」, 『震檀學報』 88

박광용, 1990, 「정조년간 時僻 당쟁론에 대한 재검토」, 『韓國文化』 11

박광용, 1994, 『朝鮮後期 蕩平研究』, 서울대학교 대학원 국사학과 박사학위논문

朴性淳, 1998, 「朝鮮後期 對淸認識과 北學論의 意味」, 『史學志』 31, 檀國史學會

박정규, 1993, 「조선시대 敎書 綸音에 관한 연구」, 『한국언론학회 연구보고서 및 기타 간행물』, 한국언론학회

박현모, 1999, 『正祖의 聖王論과 更張政策에 관한 研究』, 서울대학교 정치학과 박사학위논문

박현모, 2012, 「사중지공(私中之公)으로 본 정조의 국가경영」, 『한국과 일본의 공공의식 비교 연구: 공공의식 국제학술회의 자료집』, 한국학중앙연구원

裵祐晟, 1991, 「正祖年間 武班軍營大將과 軍營政策」, 『韓國史論』 24

裵祐晟, 1990, 「正祖代 武班軍營大將과 軍營政策」, 서울대 석사학위논문

裵祐晟, 2001, 「正祖의 軍事政策과 『武藝圖譜通志』 편찬의 배경」, 『震檀學報』 91

변광석, 1996, 「18세기 亂廛·都賈에 대한 정부의 상업정책」, 『지역과 역사』

徐台源, 1999, 『朝鮮後期 地方軍制研究』, 혜안

송양섭, 2000, 「17세기 군영문 둔전의 확대와 경영형태의 변화」, 『역사와 현실』 36, 한국역사연구회

송양섭, 2001, 「17세기 말~18세기 전반 屯田釐整策의 論議와 展開」, 『韓國文化』 28, 서울대학교 한국문화연구소

송양섭, 2001, 「18세기 屯田의 守令收取制 확산과 그 性格」, 『한국사학보』 11, 고려사학회

송양섭, 2001, 『朝鮮後期 軍·衙門 屯田의 經營形態 研究』, 高麗大學校 大學院 史學科 博士學位論文

송양섭, 2002, 「18·19세기 군·아문 둔전의 관리와 둔민의 존재양태」, 『史學研究』 66, 한국사학회

송찬섭, 1999, 「정조대 장용영곡의 설치와 운영」, 『한국문화』 24, 서울대학교 한국문화연구소

송찬섭, 2001, 「정조대 장용영 둔전의 설치와 운영」, 『논문집』 32, 한국방송통신대학교

송찬섭, 1998, 「正祖代 壯勇營穀의 設置와 運營」, 『韓國文化』 24

申大鎭, 1995, 『朝鮮後期 實學者의 國防思想 研究』, 東國大學校 大學院 史學科

염정섭, 1996, 「正祖 後半 水利施設 築造와 屯田經營-화성성역을 중심으로」, 『韓國學報』 82, 一志社

염정섭, 1999, 「정조 후반 화성의 수리시설 축조와 둔전 경영」, 『한국농업연구 200년-전통과 계승방안』, 농촌진흥청·서울대학교 농업생명과학대학

염정섭, 2010, 「18세기 말 華城府 수리시설 축조와 屯田 경영」, 『농업사연구』 9, 한국농업사학회

오종록, 1990, 「중앙군영의 변동과 정치적 기능」, 『조선정치사』(하), 청년사

유미림, 2002, 「조선 후기 王權에 대한 연구(2) : 정조 연간의 의리논쟁을 중심으로」, 『동양정치사상사』 1, 한국동양정치사상사학회

유봉학, 1996, 「正祖代 政局 동향과 華城城役의 추이」, 『奎章閣』 19

유봉희, 2005, 「정조시대 사상 갈등과 문학의 추이」, 『태동고전연구』 21

윤진영·이상해, 「정조대 토목공사의 의의와 역사문화환경으로의 보존 -인공호수 만석거를 중심으로」, 『대한건축학회 논문집』 21, 대한건축학회

李達鎬, 2003, 『華城 建設 研究』, 祥明大學校 史學科 博士學位論文

李泰鎭, 1985, 「北伐計劃과 軍營體制의 확대」, 『朝鮮後期 政治와 軍營制 變遷』, 한국연구원

장필기, 1998, 「정조대 화성건설과 수도방위체제의 재편」, 『조선후기 수도방위체제』, 서울학연구소

鄭景姫, 2003, 「正祖의 義理論에 대하여-思悼世子 문제를 중심으로」, 『韓國學報』 29, 일지사

鄭萬祚, 1997, 「朝鮮後期 良役變通에 對한 檢討-均役法成立의 背景」, 『同大論叢』 7

정연식, 2001, 「화성의 방어시설과 총포」, 『진단학보』 91

정연식, 2001, 「화성공심돈의 유래」, 『역사학보』 169

정옥자 외, 1999, 『정조시대 사상과 문화』, 돌베개

정해은, 2002, 『朝鮮後期 武科及第者 研究』, 韓國精神文化研究院 韓國學大學院 博士學位論文

최기성, 1981, 「朝鮮後期의 軍備策研究 : 軍門屯田을 中心으로」, 『논문집』 7, 전북대학교 의과대학교 부설 간호전문대학

崔鳳永, 1992, 「壬午禍變과 黨爭」, 『朝鮮後期 黨爭의 綜合的 檢討』, 韓國精神文化研究院

최봉영, 1994, 「壬午禍變과 英祖末·正祖初의 정치세력」, 『조선후기 당쟁의 종합적 검토』, 한국정신문화연구원

최성환, 2009, 『正祖代 蕩平政局의 君臣義理 연구』, 서울대학교 대학원 국사학과 박사학위논문

최성환, 2009, 「정조대의 정국 동향과 벽파(僻派)」, 『조선시대사학보』 51, 조선시대사학회

최성환, 2012, 「임오화변(壬午禍變) 관련 당론서(黨論書)의 계통과 '정조의 임오의리'」, 『역사와 현실』 85, 한국역사연구회

최성환, 2012, 「사도세자 추모 공간의 위상 변화와 영우원(永祐園) 천장」, 『조선시대사학보』 60

최홍규, 1997, 「正祖代의 華城經營과 壯勇外營 문제」, 『京畿史學』 1

최홍규, 1991, 「朝鮮後期 華城築造와 鄕村社會의 諸樣相」, 『국사관논총』 30

최홍규, 2007, 「만년제 수축과 역사적 의의」, 『경기사학』 10, 경기사학회

한영우, 2005, 「정조의 화성건설과 화성성역의궤」, 『화성성역의궤 국역증보판』, 경기문화재단